新世纪
高等学校教材

新闻传播学系列教材

广告文化学

鞠惠冰　编　著

北京师范大学出版集团
BEIJING NORMAL UNIVERSITY PUBLISHING GROUP
北京师范大学出版社

图书在版编目(CIP)数据

广告文化学/鞠惠冰编著. —北京：北京师范大学出版社，2013.8(2024.8 重印)
(新世纪高等学校教材　新闻传播学系列教材)
ISBN 978-7-303-15500-2

Ⅰ.①广…　Ⅱ.①鞠…　Ⅲ.①广告文化－高等学校－教材
Ⅳ.①F713.80

中国版本图书馆 CIP 数据核字(2012)第 230446 号

教材意见反馈　gaozhifk@bnupg.com　010-58805079

出版发行：北京师范大学出版社　www.bnup.com
北京市西城区新街口外大街 12-3 号
邮政编码：100088
印　　刷：北京虎彩文化传播有限公司
经　　销：全国新华书店
开　　本：170 mm×230 mm　1/16
印　　张：17.5
字　　数：422 千字
版　　次：2013 年 8 月第 1 版
印　　次：2024 年 8 月第 3 次印刷
定　　价：42.00 元

策划编辑：王　强　　　　责任编辑：王　强　于　乐
美术编辑：王齐云　　　　装帧设计：王齐云
责任校对：李　菡　　　　责任印制：马　洁

目　录

导　论　广告的文化表征

在当代所有的社会文化中，广告是最具影响力的一种，正如丹尼尔·贝尔所言，广告就在我们文明的门面上打上“烙印”。广告是商品形象的标记，是新生活方式的展示和新价值观的预告。由于影响并刺激了需求，消费经济借助于“表面”事物而得以存在。通过在物品上附加意义，广告扮演的角色，是作为整个社会真实或虚拟的购买力的永久海报。

作为商业话语，广告现今已构成人们所在社会文化的主要方面。作为“丰裕的寓言”，广告已经成为最具活力、最刺激感官的文化价值观的代表。对广告文化的解读一般要取决于观测者的角度。例如，历史学家阿诺德·汤因比说：“想不出在什么情况下广告能不是邪恶了。”①富兰克林·罗斯福总统则有另外的看法：“如果我能重新生活任我挑选职业，我想我会进广告界。若不是有广告来传播高水平的知识，过去半个世纪各阶层人民现代文明水平的普遍提高是不可能的。”②詹姆斯·特威切尔教授认为，广告文化的精神实质是“广告崇拜”，广告就是进行中的“文化人类学”。

长期以来，除了一些广告人的“自白”与创作、执行的经验之谈，对广告在广义上的文化重要性的揭示还不多。关于广告的历史、文化和社会学的严肃研究更是少得可怜。如特威切尔所说，除了愤怒的女权主义者和自鸣得意的马克思主义者以外，几乎没有人关心广告业的经营文化以及由广告所创造的商业文化。

广告已经成为这个时代的语汇，它的“兼收并蓄”表现在与其他文化的共生、融合关系中。当代广告业与其说是唯物主义的前锋代表，倒不如说是一种努力使人类从物质世界中解脱出来的文化力量。在此意义上，“广告最重要的是被消费，而不是指导消费”。③ 广告的存在不仅仅是出于推销产品的考虑，广告已经成为占主导地位的制造现代生活的意义的体系。

商界和学术界越来越普遍地将广告视作市场营销交往，这种说法标志着

---

① 转引自[美]大卫·奥格威：《一个广告人的自白》，林桦译，136页，北京，中国友谊出版公司，1991。

② 转引自[美]大卫·奥格威：《一个广告人的自白》，林桦译，136～137页，北京，中国友谊出版公司，1991。

③ [法]尚·布希亚：《物体系》，林志明译，195页，上海，上海人民出版社，2001。

在“权力的运作手段”中正发生着一种转变。广告和宣传，这两个字眼距离所谓“故意强加的交流”和“消极地接受”是最近的，它们分别代表了社会的两大领域——经济和政治对传达交流的兴趣。近年来，这两个概念已经合并到所谓“公共关系”这个概念之中了。

许舜英说，广告人的重要性并不亚于国防部部长，甚至国防部部长可以找广告公司的人做顾问。纽约奥美广告公司前任行政总裁 Charlotte Beers 在“9·11”事件之后就被布什政府请去做全球的宣传，可见广告人在专业上对国家和社会有重要价值。但这个社会没有足够的成熟度去理解这个行业，这个行业的人也没有这个观念去理解自己该做什么。

从单纯的经济诉求或狭隘的美学追求，到更宽广的社会层面的追求，作为市场营销交往的广告是一个在其中顺从就有回报的系统的一部分，而不是一个以取悦人的形象为基础的单纯的“说服”系统。在这方面，黄炳培的“三三制”人生很有说服力：从一个以卖多一双波鞋为己任的广告业者，到艺术家“又一山人”，再到关心社会、祈念世界和平的“社会义工”，他通过不同媒介的创作传达了积极进取的态度。

作为议题的发声，黄炳培最著名的代表作“红白蓝”系列，最早于 2001 年出现在他署名“又一山人”所创作的“香港建筑”作品中。当时香港经济低迷，笼罩在一片阴霾的气氛中。“又一山人”有感于此，希望做一个创作，令大家感受到积极的力量，即使在经济环境不佳的现状下也能保持乐观与正面的态度。红白蓝编织布，是香港百姓日常生活中最常见和常用的物品，这种三色布，廉价耐磨，坚韧可靠，它会在车站、码头出现，装载衣物与梦想；也会在建筑工地出现，为劳工们提供临时的遮蔽所；它在地摊集市上出现，摊开来便是一张便捷又实用的展示台……“香港建筑”其实蕴涵了“重新建设香港”的意思，“又一山人”希望每一位香港人看到这熟悉的红白蓝袋就能重新找回“我是香港人”的自豪感，重获动力去建设香港。

相同的元素运用在相异的结构中，感觉和调性则大不同。2006 年，“红白蓝”的符号出现在路易·威登的服装发布会上，成为最新款包，这个印上了 LV 邮戳的红白蓝手袋，引起舆论哗然。这是创意的好玩之处，也在一定程度上证明了“文本的流动性”在市场营销的网络中起着一种重要的战术功能。有个数年前的老笑话：

两个时尚杂志记者见面了。

记者 A：你这个是 LV 的包吗？

记者B：不是，是路易·威登的。

记者A：哦，我还以为是LV的。

以前，“流行”是要和别人一样，现在“时尚”则鼓吹个人风格不一样的表现。一样或不一样结果其实都一样。所以，曾有中兴百货的广告文案“时尚说：自毁才得永生”。比较令人尴尬的是，“在讲堂上大声疾呼打倒资本家的学者，走下课堂不小心随手就喝了一瓶可口可乐”。① 就像张小虹所说，面对资本主义的象征布置，我们可以大声批判各种阶级与财富的“炫耀”，但面对资本主义的感性配置，我们却往往百般委曲婉转，无言以对那情感与记忆的“渲染”。

深谙商品资本主义的是德国理论家瓦尔特·本雅明和法国理论家罗兰·巴特。前者告诉我们，所有的拱廊街都在我们的五脏六腑；后者告诉我们，所有的理性“知面”都布满情感的“刺点”。广告首先从属于社会学范畴，其次才进入创意范畴。一个对社会发展趋势判断错误的广告不会是个好广告。在中国，广告的发展从《幼学琼林》的启蒙课，已渐至《四书五经》的学问之道。在迈进消费社会的同时，人们很难不被广告的熏风醉倒。如果说文化因情势的刺激而导发种种不同的倾向，那么广告的情势刺激就与消费有关。在这个意义上，一部社会发展史就是一部消费史，一部佶屈聱牙的人类学著作则有可能在广告中散落珍珠，或被形象化地加以诠释。马歇尔·麦克卢汉早在1964年的《理解媒介：论人的延伸》一书中就说过：“总有一天，历史学家和考古学家将要发现，我们时代的广告是日常生活最丰富、最忠实的反映，它们对一切活动领域的反映超过了过去的一切时代。”②广告的文化表征首先是关于“客体”的论述和形象传播的，要解读广告文化，须以此展开言路。

一、展示存在：广告的本体论意义

京特·安德斯在《过时的人》一书中指出：我们所处的世界有一个法则，那就是新的产品尽一切可能飞速地取代陈旧产品，我们在物的面前几乎没有任何留有余地的可能。不要在物的面前有所顾忌！这样的“道德准则”确实存在，而广告就是该准则最为彰显的版本。安德斯这样概括广告的本质：“每一则广告的潜台词都是要求我们放弃我们已有的物品，将它抛在一边，让我

---

① 蔡淑玲：《你的速度必须极慢》，见许舜英：《古着文本》，18页，台北，漫游者文化事业股份有限公司，2011。

② ［加］马歇尔·麦克卢汉：《理解媒介：论人的延伸》，何道宽译，289页，北京，商务印书馆，2000。

们变得毫无顾忌。广告就是号召我们去破坏。”①

我们生活在由物品所组成的世界里，这些物品不仅是可以被替代的，而且也是应该被替代的，在极端情形下甚至是急切地渴望被替代的。这一点不仅理所当然，而且也不可避免地使我们逐渐变成一种举止行为与可抛弃的以及值得抛弃的物相适应的族类。安德斯进一步指出，自从所有的商品中所有的等级档次都实现各自认同以来，今天唯一有效的法则就是：世界从一开始就是一个“广告的世界”。

> 在这个世界里，所有的存在物都在向我们提供自身并对我们提出要求。广告是我们这个世界的表达方式。用本体论的语言来说，那就是：只有那些在个体与个体的对抗竞争的战争中具有更为强烈的展示性和吸引力的东西才能作为“存在着的”而存在。如果隐性表达，那就是：那些不呼唤的、不张扬的、不现实的、不进入聚光灯光环的东西就不具备力量来赢得我们，我们就不会去获得它，我们对它不闻不问，与它无关，我们不会去认识它，也不会去使用它，更不会去享用它。简而言之，它对我们没有本体论意义。②

安德斯通过引入海德格尔的命题来分析广告的本体论意义，海德格尔曾经将“现象”这个极其空洞的词语通过对“自我展示着的”阐述而重新激活，这个阐释成了所有物类的范例，因此海德格尔的阐释甚至具有一种广义性：想进入别人眼帘就必须自我展示。世界已经成了一种展示，成了一种促销展示会，人们无法拒绝参与。

世界的本来外貌(如果曾经有过这样的外貌)已经过时。商品世界千方百计地通过其“可显现性”不断地表现自己：商品表现多于自己本身。安德斯说，商品甚至可以作为一种可消费世界的“前显现”以赢得斑驳陆离的视觉效果。安德斯从“物与外貌之间的差异”角度把我们周围世界中存有的物分为三类：第一类，外貌与物相符合；第二类，可见的少于物本身；第三类，可见的多于物本身。

“前显现”这个概念是布洛赫首先提出的，他在用这个概念的时候是想说

① [德]京特·安德斯：《过时的人》，2卷，范捷平译，27页，上海，上海译文出版社，2010。

② [德]京特·安德斯：《过时的人》，2卷，范捷平译，140～141页，上海，上海译文出版社，2010。

明通过艺术先行来实现乌托邦的幸福。而在这里安德斯用它来描述广告，它先行地显现商品光怪陆离的信息。例如，一则冬季轮胎广告，它竟然借用女人的乳房来比喻自己的质量。

“存在＝广告展示存在”，安德斯的这个等式所表达的是今天非常普通的生产过程：自然原料或者甚至无偿得到的“性别刺激质量”得到了加工，使之变成一种“商品的刺激”，并得以运用。乳房为汽车、大腿为威士忌广而告之。在原材料可以成功地由“性刺激”转换为“商品刺激”的情况下，性刺激完全失去了其忌讳性。这是广告自由的一个必然结果。

人们被那些放在橱窗里的商品以及四面八方的广告所勾引，今天的女妖塞壬就是广告。消费者没有办法摆脱这种勾引，它们越是人为地制造，就越具有渗透力和煽动性。安德斯这样说并不是要表明广告从本质上看是令人讨厌的东西，也不是想告诉大家自我展示在所有的情况下都是刺眼刺耳的，恰恰相反，许多现象说明，刺眼刺耳只是广告的“儿科病”。

> 在广告成熟状态下，它似乎只是在当自己开始发挥作用的时候才会出现，在这种状态下，广告常常只是故意设计和安排好了的不显现，表面上它们似乎看不见，或者是无声无息的。与许多热闹喧哗的广告相比，这种成熟的广告在一种“蕴涵着的以及无意识的说服力”下，它的目的同样可以有效地实现，甚至效果更好，这样它也足以放弃那种热闹喧哗的方式，比如今天有许多广告公司甚至不暴露自己的广告目的。①

虽然，“存在＝广告存在”这个等式在这些广告公司里仍然适用，但是它们只是表达一个公理：就像你并不在做(广告)！有时甚至出现一种现象，广告公司为自己的“不显示性”而做广告，它们把不显示自身视为对顾客的诚信，是一种高尚的广告品位。在这样的情况下，欺骗变得道貌岸然，即便在剥夺你自由的时候也显得温文尔雅。安德斯把这种广告技术称为巨大的“非暴力行动”或“非暴力攻击”。众所周知，“非暴力行动”这个名字源自某些在野党的抗议运动，他们的追随者坚信，如果他们对于攻击采用不抵抗的方法，那么对方的攻击力就会减小。这样的行为正是广告“非暴力攻击”的镜面反映，这种温柔的攻击可以时时刻刻强加在我们身上。因为广告世界对目标对象的攻击采用了“非暴力”的方式，它从一开始就中和了我们的反抗性。作

---

①　[德]京特·安德斯：《过时的人》，2卷，范捷平译，142页，上海，上海译文出版社，2010。

为随大流者，我们已经没有能力去分辨自发性和强制性、需要和被利用之间的差异，我们成为广告的嫁衣。

“并不是人需要商品，人才得到，而是人占有了商品，才不断地需要它。”①在日常消费中，缺少某一件名牌商品，这不单单是有了一个空缺，而是产生了某种占有的饥渴。缺乏这些商品会让消费者坐立不安，一旦得到了它，一旦使用上了它，那么消费者就会不断使用它：需求随着消费的脚步大踏步地前进。安德斯说，“上瘾”是今天商品需求的模式。这里说明一个问题：“商品需求的存在”和“如此之存在”应该感谢某些商品的具体存在。

以可口可乐与人的渴感为例，可口可乐的作用并不是解渴，而是制造渴感，并且它制造的那种渴感绝不是一般的渴感，而是一种渴望可口可乐的渴感。在这里我们看清了商品的供求关系，同时也看到了通过产品制造出来的需求保证了产品的生产积累。事实上，每一件作为“绝对命令”提供给我们购买的商品中间蕴涵着许多其自身的新需求，它们将其转化为我们的需求，商品往往表现出一种极端的模具现象。

> 因为我们的需求不外乎商品自身需求的复制品和这个模具的冲压产品。我们明天还将需求什么，这个问题既没有书写在星星月亮上，也没有写在我们的胸脯上，更没有写在我们的肠胃里面，而是蕴涵在我们前天买的冰柜里，蕴涵在我们昨天买的收音机里，或者蕴涵在我们今天买的电视机里。在它们的需求“绝对命令下”下，我们明天将会揣着一颗忐忑不安的心去屈从顺应。②

倘若人们今天的行为有一种惯例，那么它就会被物所控制。在产品世界中的社会生活是一种被产品世界模式化了的生活。社会心理学“发现”并不存在什么“个体”，不管社会心理学对此有多么自豪，都不能摆脱它的不成熟。因为“社会的人”同样不存在，存在的只是在生产和产品世界中的社会的人。

因此，安德斯认为重要的是如何描述产品世界中人的灵魂，如何描述这些灵魂是怎样在产品的影响下发生嬗变的，也就是说，如何表述产品的交际方式，或者准确地说是产品和人的交际方式。安德斯认为只有在这个框架内

---

① [德]京特·安德斯：《过时的人》，1卷，范捷平译，153页，上海，上海译文出版社，2010。

② [德]京特·安德斯：《过时的人》，1卷，范捷平译，155页，上海，上海译文出版社，2010。

才存在“社会心理学”，“因为与自己家里的冰箱相比，邻居又算得了什么呢？又有谁会像对待自己的汽车那样去对待自己俱乐部的朋友呢？”①

产品（物）制造了人。毫不夸张地说，今天的风俗几乎完全是由物决定并且由物来贯彻的。这样说也许听上去非常怪异，因为我们已经习惯于将“风俗”这个词理解成人与人之间的交际方式，而不会将其理解成人与物的交往方式，但是这种理解已经过时了。现在所剩下的只是产品，它替代了人的位置。它与人一样决定着人与人之间的交往方式。

用瓦尔特·本雅明的话来说就是：理解现代的问题的核心在商品之中。商品才是我们真正的敌人，也是我们真正的朋友、真正的病友。在这里，值得一提的是，安德斯是本雅明的表弟，安德斯《过时的人》一书中多处闪现着本雅明式的语言与调性。

> 没有电灯，仅仅只有日光，商品最多只是可以看得见，商品只能以其本来面目出现在我们的面前，它们从来不会像在夜晚那样挺“胸”而出；没有灯光，它们不会在黑暗中从别的光照较弱的商品中光彩夺目；没有灯光，它们还做不到让人流连忘返。商品和商品的广告完全就像女妖塞壬那样，依赖着夜生活。假如上帝没有创造夜晚，那么广告工业也一定会发明并且创造一个夜晚出来的。②

安德斯的这段话，像是在纪念本雅明。它让我们神游到本雅明巴黎时期的“拱廊街计划”或那不勒斯时期的“单向街”；它让我们想起本雅明所宣称的19世纪的世界首都，波德莱尔是那个发达资本主义时代的抒情诗人；它让我们感受到都市的灯光、空间与夜晚以及工业革命之后似乎使得天堂的俗世实践成为可能。

城市之光，抹去了夜的黑暗——开始时是煤油灯，然后是电气，再后是霓虹灯——在世纪的空间中。城市之镜——在其中群众成为展览的景观——这反映了人们作为消费者而非生产者的形象，让生产的阶级关系在镜像的他端被视而不见。

安德斯指出，今天的“此在”受到了威胁，这个威胁来自我们生活的“主

---

① ［德］京特·安德斯：《过时的人》，2卷，范捷平译，237页，上海，上海译文出版社，2010。

② ［德］京特·安德斯：《过时的人》，2卷，范捷平译，288页、289页，上海，上海译文出版社，2010。

要范畴”，它的名字叫“图像”。在他看来，图像就是对世界的表述，或者说是世界的组成部分，无论它是照片、广告画还是电视画面或者是电影图像都没有区别。之所以说图像是“主要范畴”，那是因为今天的图像不再是以特殊的形式“同样”出现在我们面前的世界，而是因为我们被图像扭曲了，我们暴露在毫无间隙的图像倾盆大雨之中。从前，世界上有图像，而今天，世界在图像中。更准确地说，世界以图像的形式出现。

二、形象修辞：广告的符号学方法

费尔巴哈在《基督教的本质》第二版（1843）前言中谈到“我们的时代”时说，它重图像甚于事物，重复制品甚于原作，重表现甚于事实，重现象甚于存在，他这预兆性的抱怨，在20世纪已变成一种获广泛共识的诊断：当一个社会的主要活动之一是生产和消费形象时，当影像强有力地决定我们对现实的需求、而且它本身就被觊觎为亲身体验的替代品，因而对经济健康、政体稳定和个人幸福的追求起到不可或缺的作用时，这个社会就“现代”了。

居伊·德波在1967年《景观社会》一书的开篇指出：“在现代生产条件无所不在的社会，生活本身展现为景观的庞大堆聚。直接存在的一切全都转化为一个表象。”①在“作为景观的商品”一章中，德波指出，商品拜物教的基本原则——社会以“可见而不可见之物”的统治，在景观中得到绝对的贯彻，“在景观中真实的世界被优于这一世界的影像的精选品所取代，然而，同时这些影像又成功地使自己被认为是卓越超群的现实之缩影”②。

让·鲍德里亚说过：“原始社会有面具，资产阶级社会有镜子，而我们有影像。”③鲍德里亚分析晚期资本主义时所使用的核心概念是形象符码，他认为，在消费社会中，控制需求与社会化过程的是符码系统，而广告扮演了个中要角。广告修辞的统治模式已经从对于客体的功能用途的描述转向了对于它们符号价值的描述，正如商品广告和生活方式广告中那些情感诉求的普及所体现的。

对鲍德里亚而言，广告在使物品转化为符号的程序中，具有强大的地

---

① ［法］居伊·德波：《景观社会》，王昭风译，3页，南京，南京大学出版社，2006。

② ［法］居伊·德波：《景观社会》，王昭风译，13页，南京，南京大学出版社，2006。

③ ［法］让·鲍德里亚：《消失的技法》，金筝译，见罗岗、顾铮主编：《视觉文化读本》，76页，桂林，广西师范大学出版社，2003。

位。同时，广告本身也是作为符号而被消费的对象。在这方面，鲍德里亚显然受到罗兰·巴特的重要影响。1962—1963年，巴特在巴黎高等实践学院所开讨论课即以“当代符号意义组构系统目录：物的体系(衣服、食物、住屋)”为名，而鲍德里亚赫然在座。

1963年，《广告手册》向巴特约稿，巴特给了他们一篇题为《广告信息》的文章，被杂志社以《梦与诗》为题发表，这篇文章吸引了法国最大的广告公司“广告社”的研究部负责人佩尼努的注意。1964年，巴特发表《形象的修辞》，再一次专门论述广告形象的问题。这篇文章分析了Panzani面条的广告画，分析了文本与图像之间的关系以及颜色的内涵。巴特认为，我们阅读这则广告时，可以把信息——这幅广告画中有几包Panzani面条，一听罐头，一袋香料，一些西红柿、洋葱、胡椒、蘑菇，所有这些都从一只黄色、绿色和红色搭配在一起的半开的网袋中显露出来——同“意大利特色”这个文化主题或概念联系起来。这样，在神话或深层语言的层面上，Panzani面条广告就变成了对作为一种民族文化的意大利性的基本意义的一种传播(图0-1)。

巴特指出，“在广告中，形象的意指作用无疑是意向性的：广告讯息的所指是由产品的某些属性先行构建的，而且这些所指必须尽可能清晰地被传送出去。如果说形象包含着符号，那我们就能确信，在广告中，这些符号是充盈的，是以最合适的阅读视角形成的：广告形象是坦率的，或者至少是毫不含糊的。”①

因为受到巴特的影响，佩尼努以“广告符号学”为研究课题，他很快就成为这门新学科在“广告社”以及整个广告界的传声筒。巴特除了给广告社作报告，还接受他们提供的图片、照片和广告画，作为物的符号学的分析材料；巴特还运用一系列使用者访谈的成果具体分析物品的多义性问题。例如，在《汽车，自我的投射》这篇文章中，巴特把汽车的神话学意涵区分为两大群属：一方面是运动上的幻想，强调力度和身体与机械间的接触；另一方面是汽车被视为第二个家，即亲密空间的延伸。这样，物品的使用及由此而来的人的行为，也被整合到物的意义分析之中。

1964年，巴特还在意大利作了一个演讲，题目为《物的语义学》，他在此提出了对物品符号意义组成系统的想法。巴特首先以功能，也就是“使用上的目的性”来定义物品；然而，一旦物品进入生产和消费的社会程序，它们

① [法]罗兰·巴特：《形象的修辞》，见吴琼、杜予编：《形象的修辞：广告与当代社会理论》，37页，北京，中国人民大学出版社，2005。

总是会传递出比这一点更多的意指。因此，一个物品可以被视为是它的功能(本义)和一个剩余事物(引申义)的结合。“物品的意义剩余存在于两组坐标的交会处：一方面是象征的坐标，属于物的隐喻深度；另一方面则是分类的坐标，乃是由社会所赋予的分级类别。”①也就是说，物品要有符号指涉功能，那么它们必须组成体系，其结构基本上是一个由差异、对立和对照所组成的系统。

鲍德里亚说，如果“消费”这个字眼要有意义，那么它便是一种“符号的系统化操控活动”，他想说的是，人们在今天的消费中从来没有消费到物品真正的使用价值，只是消费了“一种被消费的意象”，那是由光怪陆离的广告所制造出来的符号价值的幻境。显然，这也是他对消费关系中暗示性强制和符号控制问题的具象性诠释。

“品牌形象”的概念——广告中的主要概念——可以很好地总结消费“语言”的可能性。作为物向符号转化的具体实践，品牌的功能在于标明产品，但它的二次度功能则是动员一个情感性的潜在意义：“在我们高度竞争的经济里，很少有产品可以长期保有技术上的优势。如果我们要使它们销售良好，引起人们情感上的依恋，那会表达在对品牌的忠诚度上的依恋，那么我们便需要给产品一些有个性意义的回响，使它能产生联想和给它们一个形象，使它们在众多层次上都有意义。”②鲍德里亚引用皮耶·马丁诺《动机与广告》中的这段话来说明广告通过塑造品牌形象对消费者心理结构的重整。

品牌的实质就是“消费的差异化体系”，而所有“差异”都服从于某种微妙的等级制度与阶层细分，而对这一差异编码的侵犯甚至会遭到压制。鲍德里亚以一则趣事为例：一位商务经理买了和老板的车同一型号的一辆“梅塞德兹”，于是立刻被后者解雇；他向劳资调解委员会提起申诉而获得了赔偿，但仍不能重新获得他原来的工作。鲍德里亚就此得出结论：在作为使用价值的物品面前人人平等，但在作为符号和差异的那些深刻等级化了的物品面前没有丝毫平等可言。

因此，购物行为并不是一种自由的交换，而是一种受到事先规范的运作。作为“唯心—沟通”哲学的“物品/广告”的体系，其整体的基础是建立在

---

① [法]尚·布希亚：《物体系》，林志明译，240页，上海，上海人民出版社，2001。

② [法]尚·布希亚：《物体系》，林志明译，212页，上海，上海人民出版社，2001。

用人和物品的"个性化"关系之上的，取代了人和人之间的活生生的、带有冲突的关系，购物过程的整体，就是一个人的个性和产品的个性之间的互动。从这个角度看，消费过程可以从以下两方面来把握：

第一，作为建立在一个符码基础之上的明确意义和交流过程，实际消费行为能够在其中得以实现其应有的意义。在这里，消费是一种交流体系，而且是一种语言的等同物。对其所作的分析应该是一种结构分析。

第二，作为社会分类和区分过程，物和符号在这里不仅意味着对不同意义的区分，按顺序排列于符码中，而且作为法定的价值排列于社会等级中。这里，消费可能是战略分析的对象，在法定的价值如知识、权力、文化等分配中，决定着其特殊的力量。

三、超越真伪：广告的艺术化传达

广告人许舜英在《鲜氧》杂志 2006 年创刊号中说："我并不特别喜欢真相，我觉得假相更加有趣。"[①]从这个角度，可以进入博尔斯坦在其作品《形象》中谈及的伪事件、伪历史、伪文化的世界。广告是这一范畴的战略点之一，"它尤其意味着伪事件的统治。它把物品变成事件。事实上，它是在抹去其客观特性的基础上将其建构成这样的"[②]。在鲍德里亚看来，记者和广告商都是神奇的操纵者，他们导演、虚构物品或事件，他们对其进行"重新诠释后才发货"。

> 在此范围内，他们毫不客气地对其进行建构。因此，如果要就此进行客观评判，就要对他们应用神话范畴：此物非真非伪，而问题亦不在于信或不信。这便导出了那些不断遭到非议的伪问题：
>
> 1. 广告商们相信自己所做的吗？(他们会得到一半的宽恕。)
>
> 2. 消费者们，实际上，不相信广告吗？(他们会得到一半的救赎。)[③]

这样的逻辑会使那些对广告大肆攻击的人深度失望——劝导和神化并不

---

① 许舜英：《许舜英创意之道——在一个笨蛋主导的世界里我如何做广告?》，载《鲜氧》，2006(1)。

② [法]让·波德里亚：《消费社会》，2 版，刘成富、全志钢译，96 页，南京，南京大学出版社，2006。

③ [法]让·波德里亚：《消费社会》，2 版，刘成富、全志刚译，97 页，南京，南京大学出版社，2006。

完全出自广告的“不择手段”，而更多是由于我们乐意“上当受骗”：我们被诱导的愿望与广告诱导的愿望同样强烈。“真相是广告（及其他大众传媒）并不欺骗我们：它是超越真和伪的，正如时尚是超越丑和美的，正如当代物品就其符号功能而言是超越有用与无用的一样。”①鲍德里亚在博尔斯坦的观点“广告艺术主要在于创造非真非伪的劝导性陈述”②的基础上指出，广告是一种自我实现的预言（通过其自身表白而自我实现的话语）：

> 广告既不让人去理解，也不让人去学习，而是让人去希望，在此意义上，它是一种预言性话语。它所说的并不代表先天的真相（物品使用价值的真相），由它表明的预言性符号所代表的现实推动人们在日后加以证实。这才是其效率模式。它使物品成为一种伪事件，后者将通过消费者对其话语的认同而变成日常生活的真实事件。③

在这方面，约翰·伯格也有类似观点：“广告用将来时态表达，而这未来成果的兑现却是绵绵无尽期的。那么，广告如何继续取信于人而足以发挥其影响力呢？广告会保持它的信誉的，因为它的真实性并不取决于它的许诺是否兑现，而是取决于广告推销的幻想同观赏者——买主的幻想之间的关系。广告主要不是作用于现实而是作用于幻想。”④

在现代广告中，产品的“展示论证”事实上的说服力极为有限，广告叙事的功用是使购买行为（越来越溢出于理性的动机之外）合理化。鲍德里亚认为，广告叙事已经异变为圣诞老人的故事逻辑：儿童们不会去问他到底是否存在，也不会认为他的存在和他们所收到的礼物之间有原因和结果的关系——对圣诞老人的信仰是一则合理化的寓言，它允许第二儿童期仍能保存幼儿期中父母给予小孩的神奇恩赐。广告也是同一类型的作为。修辞性的论述或对产品做告知性的论述，对购物者没有决定性的效力。他不会比儿童相信圣诞老人更相信广告，但这绝不会阻止他去跟从一个内化的幼儿情境，并

---

① ［法］让·波德里亚：《消费社会》，2版，刘成富、全志刚译，97页，南京，南京大学出版社，2006。

② ［法］让·波德里亚：《消费社会》，2版，刘成富、全志刚译，97页，南京，南京大学出版社，2006。

③ ［法］让·波德里亚：《消费社会》，2版，刘成富、全志刚译，97～98页，南京，南京大学出版社，2006。

④ ［英］约翰·伯格：《观看之道》，戴行钺译，160页，桂林，广西师范大学出版社，2005。

以此作为购买行为的基准。

如果说鲍德里亚对广告艺术超越真伪的叙事带有一种批判性的立场，那么在广告界，很多知名广告人则是从策略性的角度利用“伪事件”或“谎言”召唤消费者。以乔治·路易斯为例，他一直深信毕加索的说法——艺术是一种说真理的谎言。路易斯认为，当一则杰出的广告出现时，其创意的大胆、新奇、独特、率性等特质，就会成为产品的助力，进而塑造品牌形象，成为消费文化的表征，而毕加索所谓的“谎言”也就成了真理：广告使服装更加时尚、食物更加好吃、消费者更具个性，等等。

> 广告应该领导产品，而不只是面镜子。广告可以是只罗盘，将指针指向消费者满意的新标准。对某些人来说这听起来是有些神秘，讨厌广告的人则可能会对这个想法感到恶心。但对我而言，这理念是我广告生涯中重要的一部分，它给了我存在的力量，也让我的工作有了深度。①

这是路易斯的广告哲学，他用一个故事说明这种观念：毕加索工作了好几个月，为乔楚·史坦茵画像。作品终于完成了，这是件非常独特的艺术作品，有非洲面具般的风格及毕加索伊比利亚祖先的特色。这件作品现在普遍被认为是艺术史上的重要作品，但是当时史坦茵看到她盼了许久才完成的画像时，她的心一下子跌到了谷底，悲伤地说：“亲爱的毕加索，我看起来不像那样吧!”毕加索回答说：“你会的。”

这就是路易斯对杰出广告的看法。广告应该展现的是一种对产品的“感知”而非产品本身，广告的想象力应该要走在产品之前，这得依赖一种感觉敏锐的方式，鼓舞大众去接受产品的形象。艺术家在其内在人格为一个主体下好定义时，就会以超凡的洞察力将这些主体展现出来；同样的，广告有时也可以表现主体(产品、品牌)所能转变成的样子。

品牌化过程的许多方面都在仿效精神或宗教中的某些仪式。例如，耐克宣称自己并不只是一个鞋类企业，而是一个以传达“超越”这一理念为己任的组织；星巴克说自己并不只是一个咖啡店，而是一个社会阶层、一个“第三生活空间”；微软自称不只是一个软件公司，而是一个具有任何可能性的公司。

可以想见，活跃在这些品牌背后的策划者开始逐渐将自己视为文化哲

---

① [美]乔治·路易斯：《蔚蓝诡计——颠覆市场的广告创意智库》，刘家驯译，78页，海口，海南出版社，1996。

人、精神向导、艺术家，甚至政治领袖，如贝纳通，这个服饰品牌不用广告来赞美其服装，却用广告致力传达奥利维耶罗·托斯卡尼所坚信的在不公平的死刑惩罚中的根本真相。较之一般的企业宣传策略，贝纳通认为对于一个企业而言，最重要的是在现实世界中确立一种姿态，而不是使用广告预算来制造不朽的神话，妄图使消费者相信仅仅通过购买某种产品就能获得幸福。

娜奥米·克莱恩在《广告中的真实》中对此批评说，这看起来像一个高贵的目标，然而贝纳通的品牌宣传策略其实是在向消费者暗示另一种形式的幸福感——与时装公司历来宣扬的漂亮、地位或风格不同，它有关道德和承诺。也正是这里出了问题，因为这个主张本来就不真实。贝纳通的衣服与艾滋病、战争或死刑犯的生活根本就毫无关联，而借用这些议题来做广告，等于这个品牌在消费者与这些重要问题之间设置了一种距离和干预力量。贝纳通品牌就代表这种距离和干预力量。换个方式来看，贝纳通的政治宣传活动不是关于广告中的真相，而是关于真相取代广告、真相本身转化为营销。

尽管表露得并不明显，但大多数有野心的品牌意义打造工程中都有这样的影子。据称这种品牌意义宣传活动之下的消费，基本上可以比传统的消费多提供三种东西——社会阶层、超越和纯粹的快乐，但是这样的说法有很大问题，很简单，所谓品牌的力量其实很苍白。贝纳通不是一支政治力量，星巴克也不是一个社会阶层，耐克也不代表超越。

因为启蒙变成了一种永远的不在场，作为品牌经理人，要寻求更深刻的真实和意义，必然要将这种追求与其实际经营的产品和服务联系在一起，因而滋生出更多认知方面的不和谐、不一致。如同蒂博尔·卡尔曼所说，对消费者而言，品牌已经从产品品质的标志演化为一种“标志勇气的风格化徽章”。然而，无论这些“徽章”有多么漂亮，充盈着怎样智慧的见识，一旦与其所代表的产品割裂开来，整个企业的品牌产业就迅速地毒害了我们与真实这一观念之间的联系。

正是这样的过程催生了反对大品牌商品的热潮。迈克尔·摩尔在1997年推出了揭露耐克公司侵犯劳工权利的电影《大家伙》，把耐克公司总裁菲尔·奈特塑造成为吸血资本家的形象代言人。娜奥米·克莱恩在2000年出版的《无标识：瞄准品牌暴徒》一书中，对以品牌为导向的消费文化和大公司的营销运作提出了尖锐批评，耐克就是书中的一个不道德公司的范例。该书在世纪之交的平面设计领域引起了巨大反响，许多设计师也开始反省夸张失实的品牌设计在道德伦理方面的巨大影响。耐克的那道旋风标志和篮球、足球等运动领域的超级巨星们在广告片中的潇洒出演，使耐克品牌和炫酷生活画上了等号。但发达国家的年轻潮人不太知道发展中国家血汗工厂里的故事，即便知道，也毕竟是远方他者的遭遇，可以关心，也可以不关心。

自从耐克在海外开办血汗工厂以来，美国就不断有抵制耐克产品的消费者行动，但2011年12月发生的大批美国人为争购耐克的Air Jordan复古版鞋子而导致警察来抓人的事件表明，耐克在美国拥有稳定的消费群体，这些消费者甚至包括了爱打篮球的贫民区青少年。尽管耐克公司拒绝透露公司向广告明星们支付了多少报酬，但有多个调查报告显示，迈克尔·乔丹一人一年能从耐克公司拿到数千万美元的代言收入，这比印尼一家耐克工厂所有工人的年收入都要多得多。

耐克看待自己对贫苦小孩的吸引力，角度就完全不同。它赞助男孩女孩俱乐部的体育活动，花钱重铺都市篮球场的地面，并且将高效能的运动服变成街头流行穿着。它宣称自己是在传送激励人心的信息：就连贫民窟孩童也可以"Just Do It"。从耐克的广告和文案中，可以发现它对自己在贫民区所扮演角色的看法，带有一种近乎救世福音的特质：受苦的小孩会有较高的自尊，意外怀孕事件会较少，进取心会较高——这全都是因为耐克"将他们视为运动员"。对耐克而言，150美元的乔丹气垫鞋不是一双鞋，而是护身符，让贫穷的小孩能穿在脚上跑离贫民窟，让自己过更好的生活。

营销变得更有野心，品牌身份变得更有深意，诸如耐克、星巴克、沃尔玛和微软一类的企业却愈加感到自己成为了激进分子的目标。激进分子控诉这些企业的血汗工厂，控诉它们滥用掠夺性的商业手段，极力抨击它们的行为。互联网上聚集了越来越多的激进分子，探讨这些企业在营销中所提出的主张，用这些企业所造成的破坏来衡量它们现实中的商业活动。作为耐克和星巴克的前任品牌经理人斯科特·贝伯瑞在评论这些现象的时候，把互联网指为注射在品牌身上的"真实血浆"，积极地帮助消费者们揭露出品牌背后的伪善，再成功的策划也无法幸免。

品牌在真实和意义方面的强力宣言，与产品能够传达的东西以及这些产品的生产过程之间的巨大矛盾，直接导致了反对大品牌的积极性不断高涨。品牌经济是一系列破灭的谎言，其中充斥着无法满足的欲望。人们对"真实"的信赖是品牌生存的基础，商业滥用则背叛了这一基础，并使"真实"沦为装点品牌的道具。显然，广告对"真实"的滥用，其危险在于侵蚀了人类社会赖以维系的对于真相的追求和信任，这一点值得深思。

四、恋物崇拜：广告的人类学效果

在早期的文化人类学著作中，"拜物"主要指原始宗教对山川树石有灵的崇拜投射以及护身符与符咒等。1760年，布罗斯写了一本《宗教中的拜物》，指出拜物是宗教在一般发展中出现的第一阶段，而一神论则是第二阶段。布罗斯笔下的拜物，是指人们选来赞扬并顶礼膜拜的东西。布罗斯认为，这些东西之所以被膜拜，原因在于人们以为它们具有各种各样的力量，并且这样的力量是这些东西本身具备的。中文语境对“fetishism”这个词的翻译，如果着眼于政治经济学，一般译为“拜物”或“拜物教”；若从精神分析学理解，则多译为“恋物”或“恋物癖”。

在卡尔·马克思看来，劳动产品一旦表现为商品，就带上“拜物教”性质。就商品的“使用价值”而言，没什么神秘可言，商品的神秘是从商品的形式而来，来源于其“交换价值”。所谓“崇拜某件东西”，就是指赋予商品本身所不具备的力量。并不是我们认识不到商品的力量，而是说这样的力量原本是由人类的行动所赋予的，但我们却把它想成是这个东西本身直接拥有的。所谓拜物，就是指外界的事物，之所以会有其意义，原因在于它是“整套意义体系”之下的一环，但如果将这样的意义看成是事物本身具备的，那就是拜物。马克思说，商品崇拜就是错把价值当成是内在于物品本身，而没有承认人类才是生产价值的主流：商品的物化，就是把一个“社会”过程，转变成一种“自然而然”的感觉了。

例如，朱迪·威廉姆森在分析广告的意识形态效果时就指出，在广告中，真实的社会结构被掩盖了，取而代之的是由消费某一商品品牌带来的区分。她通过分析一则法国香水广告来说明这个过程，在这则广告中并置着两种形象：一瓶“香奈儿5号”香水和一幅法国著名女影星凯瑟琳·德纳芙的肖像(德纳芙是高贵、优雅的古典美的代表，是法国女性美的典范)，这则广告通过二者的并置，把德纳芙优雅的气质转移到了香水上。从符号学的观点来看，香奈儿5号与德纳芙的美之间的关系完全是人为的、任意的，二者之间没有任何本质的、必然的联系，这则广告却使这种人为的东西转变成了香水的一种自然属性。广告强烈地暗示观众，如果你购买和使用一瓶香奈儿5号香水，你就拥有了德纳芙的优雅和美丽。这一过程就是“自然化”，即把原来属于文化范畴的东西转变成为物的“自然属性”。

广告通常都是挪用或开发拜物教的力量来兜售货物、服务或理念。“一般来说，广告所激发的是一种类似于物恋的、人与物的关系。在以形象、信息和互联网技术为基础的经济体系中，作为置换、机能紊乱以及变态行为的恋物癖，乃是将产品和心理满足、情感满足以及性满足联系起来的一个庞大计划。"①

消费时代的人们不再拜上帝，但转而去拜消费主义的幻象。在德波那里是拜"景观"，在鲍德里亚那里是拜"符号"，在市场里则是拜众多的"品牌形象"。从人类学角度而言，广告乌托邦里最重要的东西，是实现对"物"的拥有与爱恋。理查德·凯勒·西蒙把 Sodomy(一个关于人类和非人类之间性关系的词)和 Commodity(商品)各取一半合成为一个新词——"Commodomy"，为广告乌托邦最独特的活动杜撰了一个名称"人—商"关系。消费者对物品的拥有，即使有"病态"之处，也是使生命具有生命力并可维持神经质平衡的一个面向。因为对拥有物的操弄游戏，可以帮助人们解决由生命迈向死亡的不可逆转性。就好像梦的功能是维持睡眠的延续，物品则维持生命的延续。

---

① 吴琼、杜予编：《形象的修辞：广告与当代社会理论》，190 页，北京，中国人民大学出版社，2005。

第一章　现代性的语境

"广告"是"现代性"的象征之一，是晚期资本主义最重要的"资本"，但大部分的本土企业只有"货物"(Commodity)，没有"商品"，也没有"品牌"，这些本土企业只懂"购物"，而不懂"现代消费"。

……

广告是现代消费社会的产物，也许只有当我们能够谈"现代性"的时候，我们才能回头去看我们的文化给了我们什么。①

——许舜英

现代人生活在一个急剧变动的时代，用马克思的话来说，"一切固定的僵化的关系以及与之相适应的素被尊崇的观念和见解都被消除了，一切新形成的关系等不到固定下来就陈旧了。一切等级的和固定的东西都烟消云散了，一切神圣的东西都被亵渎了。人们终于不得不用冷静的眼光来看他们的生活地位、他们的相互关系"②。

如果说，乡村社会主要被家族权威和宗教品质铭刻，那么可以说，都市生活主要是世俗性的物质主义生活，是大众化的充满激情的放纵感官的消费生活。我们看到，波德莱尔、齐美尔、本雅明全都将目光聚焦在19世纪的都城。正是这个时候，现代都市充满活力地展现了其"现代性面貌"：瞬息万变的商品、纵横交错的街道、拥挤而陌生的人群。这些纷乱、喧嚣、流动的都市意象，不断地将人分化为"碎片"，正如乡村生活总是要将人纳入整体中一样。

伴随着传统社会资讯系统，如宗教、政治和家庭的式微，广告则凭借其"有关客体的论述"来填补这个裂缝。广告提供了现代性的图景，刻画出社会秩序的样貌，而这一点是传统系统所无法达成的。广告所供给的意义让人们能够经由购买模式和偏好，标示出自己的态度、期待和认同感，并将此意义融入生活方式和市场区隔中。

---

① 许舜英：《许舜英创意之道——在一个笨蛋主导的世界里我如何做广告?》，载《鲜氧》，2006(1)。

② 《共产党宣言》，见《马克思恩格斯选集》，2版，1卷，275页，北京，人民出版社，1995。

第一节 现代性的面貌

一、现代生活的画家：波德莱尔的现代性概念

(一)过渡、短暂、偶然

社会理论中的“现代性”一般指急剧变化的时代体验，这是由整个社会结构的改革事业引起的。1863年，波德莱尔在《费加罗报》上发表《现代生活的画家》的文章，宣称现代画家不会在过去的风俗和传统中寻找美。美的古代典范不是永久的。它们不再适合“我们的时代”，它们不是“我们的模式”。我们时代的艺术家必须捕捉现代生活的精神：

> 他寻找我们可以称之为现代性的那种东西，因为再没有更好的词来表达我们现在谈的这种观念了。对他来说，问题在于从流行的东西中提取出它可能包含着的在历史中富有诗意的东西，从过渡中抽出永恒。……现代性就是过渡、短暂、偶然，就是艺术的一半，另一半是永恒和不变。①

在波德莱尔的文章中，现代生活的画家把时间体验为一条势不可挡并向未来奔去的线。由于每一个当下的时刻都会迅速成为过去，艺术家只好从“过渡、短暂、偶然”中释放古典和永恒之物。但时间滋养了如此繁多易逝的新奇和流行之物，以致艺术家经常要面对“倦怠”的问题。他试图让时间停滞，以便从重复中捕捉独特的东西。

波德莱尔定义的“现代性”特点就是他置身于19世纪的现代生活的特性。他强调这种现代性(现代生活)的重要性，是因为这种现代生活中同时蕴涵着美，这种现代生活的过渡性、短暂性和偶然性中包含着美——美既可能蕴涵在永恒性中，也可能蕴涵在短暂性中：“美永远是、必然是一种双重的构成……构成美的一种成分是永恒的、不变的，其多少极难加以确定；另一种成分是相对的、暂时的，可以说它是时代、风尚、道德、情欲，或是其中一种，或是兼容并蓄。它像是神秘有趣的、引人的、开胃的表皮，没有它，第一种成分将是不能消化和不能品评的，将不能为人性所接受和吸收。我不相

① [法]波德莱尔：《现代生活的画家》，见《1846年的沙龙：波德莱尔美学论文选》，郭宏安译，424页，桂林，广西师范大学出版社，2002。

信人们能发现什么美的标本是不包含这两种成分的。”①

在波德莱尔看来，永恒性的部分是艺术的灵魂，而可变性成分是它的躯体。因此，我们无权蔑视现在，无权蔑视现代生活，无权蔑视现代生活中过度的、短暂的、偶然的变化如此频繁的成分，无权蔑视现代的风尚、道德和情欲，无权蔑视现代生活中的全面风俗。所以，那些对现代生活进行全面描绘的画家，堪称“现代生活的英雄”。

波德莱尔的现代性和现代生活指的是“大城市的风光”。这个大城市有妖艳、神秘而复杂的女人，有冷漠、骄傲和挑衅的浪荡子，有雄赳赳、冷静和大胆的军人，有隆重的典礼和盛大的节日，它们拥挤在一起编织了巴黎街头的风光。这个风光被巨大的电能所充斥着，它像一个巨大的万花筒，丰富多彩、瞬息万变，并表现出“运动的魅力”。这个变动不居的世界是现代性的，也可以构成艺术和审美的对象。因此，在波德莱尔这里，艺术、现代生活和审美在短暂性、瞬间性和现时性中融为一体。现代性，在这里同时包含了社会生活的现代性和艺术的现代性：社会生活的现代性成为艺术现代性的源头和内容。艺术和社会生活，只有充满激情的观察者才能连接起来，因此，这种目不转睛的游逛者恰恰是这两种现代性之间的桥梁——这样的游逛者就是现代人。

实际上，只是从艺术的角度，波德莱尔才肯定了现代生活，肯定了现代生活的变易性。在这一点上我们才可能理解为什么他有时将现代生活描绘为“田园诗”，而有时又将它描绘为“反田园诗”。波德莱尔在巴黎行政长官奥斯曼修建的林荫大道(这是现代生活的最显著的标志)上发现了穷人的奥秘，在繁华的街头，贫困和丑陋像伤疤一样嵌入现代生活的眼帘。他在现代性的碎片的光亮面前绝不仅仅只感受到艺术之美，同时感受到如“恶之花”名称中显现的现代性的幽暗一面。在波德莱尔这里，现代生活内部有一种“田园诗”和“反田园诗”之间不可调和的张力。这其实是“作为艺术家的波德莱尔”和“作为历史学家的波德莱尔”之间的张力——瞬息万变碎片般的现代生活和现代性，对于不同的人就有不同的后果和意义。

(二)现代生活的艺术家

波德莱尔对画家康斯坦丁·居伊推崇备至，说他是一位“社交界人物”。波德莱尔提醒我们在很广的意义上理解“社交界人物”——就是与全社会打交

---

① [法]波德莱尔：《现代生活的画家》，见《1846年的沙龙：波德莱尔美学论文选》，郭宏安译，416页，桂林，广西师范大学出版社，2002。

道的人，他洞察社会及其全部习惯的神秘而合法的理由。居伊全神贯注、马不停蹄，四处游逛、观察、寻找，他“在任何闪动着光亮、回响着诗意、跃动着生命、震颤着音乐的地方滞留到最后”①；在芸芸众生之中、在反复无常和变动不居的生活场景中，他获得了巨大的快乐。现代生活的画家与爱伦·坡的“人群中的人”类似，后者刚从一场疾病中复原，试图记住人群中的一切事情，好奇心变成了一种命中注定的、不可抗拒的激情。捕捉“新奇”的能力与这种病后将一切事物都看作新鲜的能力相似。

尽管人群短暂易逝，现代生活的艺术家仍竭力想找出它永恒的美，同时不忽略它最细小、最新近的变化。“如果一种样式、一种服装的剪裁稍微有了改变，如果丝带结和纽扣被饰结取而代之，如果女帽的后饰绸带变宽、发髻朝后脖颈略有下降，如果腰带上提、裙子变肥，请相信，他的鹰眼老远就已经看出来了。”②在波德莱尔看来，现代生活的艺术家就像是“人群一样巨大的一面镜子”，或者是“一台具有意识的万花筒”，它复制生活的多样性和一切生活成分的忽隐忽现的魅力，它每时每刻都用比变动不居、瞬息万变的生活本身更为生动的图像对其进行表现和揭示。

从这个意义上说，广告人就是现代生活的艺术家。詹姆士·韦伯·杨指出，运用“万花筒原理”可以产生广告创意。“构思一个广告就好像为我们所生活的这个万花筒构思花样一样，储存于筒子里的元素越多，则创作出新奇、且令人兴奋的组合或点子的机会就更多。目前汲汲于从通识课程中追求实用价值的广告学生们应该思考一下这个原理。”③

詹姆士·韦伯·杨认为优秀广告人员都具备以下两种人格特质，“第一，由埃及葬礼习俗到现代艺术，太阳底下没有什么事是不新鲜的，生活中的每一层面处处吸引他们。第二，他们是对各种领域都为涉猎的人，因为广告人就如同母牛一般：‘不放牧(浏览)，就没有牛奶(收获)。’”④

作家朱天文说过：“时代若有变动，一定是音乐先变，女人先变，衣服

① [法]波德莱尔：《现代生活的画家》，见《1846年的沙龙：波德莱尔美学论文选》，郭宏安译，423页，桂林，广西师范大学出版社，2002。

② [法]波德莱尔：《现代生活的画家》，见《1846年的沙龙：波德莱尔美学论文选》，郭宏安译，422页，桂林，广西师范大学出版社，2002。

③ [美]詹姆士·韦伯·杨：《广告大师詹姆士·韦伯·杨的创意妙招》，李淑娟译，31～32页，台北，滚石文化股份有限公司，1998。

④ [美]詹姆士·韦伯·杨：《广告大师詹姆士·韦伯·杨的创意妙招》，李淑娟译，30页，台北，滚石文化股份有限公司，1998。

先变，举麦当娜为证。”[1]艺术家必须抓住这些短暂易变的因素，去发现和说明现代性的美。在波德莱尔那里，时尚不只是现代性的一个特征，时尚还是现代性的刺激。波德莱尔强调，现代性存在于时尚稍纵即逝的美中，事实上，时尚保留了“自己时代的道德和审美的感受”。短暂和永恒的辩证法在波德莱尔的美学中已经具备，到了当代，在《大量流出》中，广告人许舜英运用超现实主义和反讽等手法，又把它调换到日常消费中：

> 我在这一季买的白衬衫或许在九三年已经买过一件一模一样的，那又怎样？“当季”就是一种合法。我从不试图矫正流行的“合理性”。流行本身就有可能是坏品味集大成、搞笑、滑冰运动、哥特式建筑、流浪艺人……等等。流行就是一种合法的坏品味。坏品味也可以有很多诠释。是谁的坏品位？……或是川久保玲的坏品味？在流行的光环之下，坏品味就是好品位。为什么我现在看到宽腰带、垫肩西装、黑眼线会觉得低俗不堪？为什么我现在会认为细眉毛、娃娃装、透明薄纱很 chic？我当然可以认为是我的品位“进步”了，我也可以认为我对流行是“选择性”地挪用，然而，流行始终摆出一种专断独裁的告知性。[2]

二、大都会与精神生活：齐美尔的现代性诊断

(一)感觉社会学

波德莱尔的现代性是在 19 世纪的法国都城巴黎中找到的，这是“大都会与精神生活”的经典性现象学描述，半个世纪后，在柏林，这个主题和旨趣又被乔治·齐美尔(一译齐奥尔格·西美尔)重新提起。齐美尔在柏林贸易展中——这个贸易展将现代生活发明出来的所有的新式商品聚集起来——同样感受到了几十年前波德莱尔在巴黎感受到的现代生活的特征。“迥然相异的工业产品十分亲近地聚集到一起，这种方式使感官都瘫痪了——在一种确凿无疑的催眠状态中，只有一个信息得以进入人的意识：人只是来这里取悦自身的。”[3]齐美尔发现，在观看柏林贸易展时，每个人的好奇心被不断地激发出来，同人们擦肩而过的东西，不断地给人们惊喜的印象，这些迅疾而过的印象的丰富性与多样性，非常适合使早已被刺激过度了的疲惫神经再度兴奋起来。

---

① 朱天文、朱天心、朱天衣：《下午茶话题》，9 页，北京，龙门书局，2010。

② 许舜英：《大量流出》，20 页，台北，红色文化事业股份有限公司，2000。

③ [德]齐奥尔格·西美尔：《时尚的哲学》，费勇等译，138 页，北京，文化艺术出版社，2001。

在《大都会与精神生活》一文中，齐美尔明确断言：“都会性格的心理基础包含在强烈刺激的紧张之中，这种紧张产生于内部和外部刺激快速而持续的变化。人是一种能够有所辨别的生物。瞬间印象和持续印象之间的差异性会刺激他的心理。”①这是大都市所创造的心理状态。正是这种瞬间印象对人的持续作用，使现代都市人同乡村人迥然有异，后者置身于一种稳定、惯常和缓慢的节奏中，前者培育出了一种独特的器官使自己免于这种危险，因此，这种器官必须麻木不仁。这就是冷漠、厌世和不敏感。

与那些着眼于大型的、绝对超个人的整体结构的社会学研究不同，齐美尔的研究目标是感官的相互感知与影响对人类的社会生活、共存、合作与对立的意义。互动和社会交往是其核心概念，他感兴趣的正是现象之间的关系。齐美尔明确指出，“感觉社会学”是要去了解把人与人联结在一起的精细丝线。感官的“精细丝线”传达出的“细微差别”，就是其感兴趣的东西。

齐美尔的“视线”分析是很有名的。他认为，“在人类所有的感觉器官中，注定只有眼睛才能完成一项十分独特的社会学任务：个体的联系和互动正是存在于个体的相互注视之中。”②注视或许是最直接、最纯粹的一种互动方式。“当一个人通过注视把他人引入自身时，他也在展现自己。在视线的交流中，没有人只获得而不付出。眼神总是向他人泄露出自己想要表达的自我灵魂。很明显，只有在双方互相注视时这种交流才会存在，既然如此，那么这种注视无疑成就了人类关系域中最完满的互惠关系。”③

例如，在山姆大叔“我需要你……”的征兵广告中，就整个画面吸引注意力的效果而言，说话人凝视的目光及其面部表情可能发挥了最重要的作用。保罗·梅萨里在《视觉说服：形象在广告中的作用》一书中对此分析道：“有关形象的吸引力的这些方方面面展示了对广告中吸引受众注意力这一过程的广泛观察。由于视觉形象所具有的形象性，这一过程主要按照人际互动的相关要素展开。当然，当图像中有人以面部表情或姿态做出现实世界中所使用的面部和身体暗示时(如目光注视，用手指)，这种对现实世界的模仿就十分

---

① [德]齐奥尔格·西美尔：《时尚的哲学》，费勇等译，186～187页，北京，文化艺术出版社，2001。

② [德]齐奥尔格·西美尔：《时尚的哲学》，费勇等译，4页，北京，文化艺术出版社，2001。

③ [德]齐奥尔格·西美尔：《时尚的哲学》，费勇等译，5页，北京，文化艺术出版社，2001。

明显。”①正如齐美尔所说，眼睛所具有的社会学意义首先依赖于脸部表情的含义。作为表情的载体，脸具有形而上的性质。“正是由于脸的存在，个体的内在本质以及已经永久性地化为其中的一部分的私人经验都转化成了完全可见的符号；并且个体随着情况不同，表情也可以随时改变。瞬间的情绪、冲动，使人的面部表情产生特殊的细微差异，它们通常体现出个体总体上的本质。这是人类世界里的独特现象。自我灵魂中那些流动的、易变的以及独特的、固定的本质以绝对的同时性呈现出来，更确切地说，它们是互相以对方的形式展现自身。”②

齐美尔认为，视觉模式在大城市中具有更重要的意义，因为人们更容易在匿名关系中遇到大量的人群。城市提供了一系列的情境(影院、饭馆、商场、地铁、电梯等)，在这些地方，个人处在匿名的其他人的伴随中，只有察看他们的外貌才能对他们有所了解。“纯视觉印象”承担着越来越多的任务，这在现代的、大规模的社会中非常典型。齐美尔总结说，人们生活在这样的社会中，经常受到某些与聋子的痛苦一样的窘困：纯视觉印象的日益浸淫促成了普遍存在的疏离感。

就是在这里，波德莱尔鼓励对现代生活充满激情的地方，齐美尔却发现了乏味的反激情的算计。艺术家从瞬间性中发现了美，但普通的都市人正是为了应对这种瞬间性和不可预见性而发明了世故、务实、冷漠和算计。在现代都市主导性的标准化和货币经济中，都市人只能按照严格的数字换算方式行动，这样才能抵御多样性和可变性带来的困扰。以前人和人之间的个性式的富有特色的交往，现在已经荡然无存。货币制度虽然能够将大部分人关联起来，但这种关联是平均化的、公式化的和理性化的。大都市的生活让理性的心理状态和货币经济形式相互强化。不过，货币同样煽动了现代人的激情。

货币就这样保留了它的两面性：“它一方面使一种非常一般性的、到处都同等有效的利益媒介、联系媒介和理解手段成为可能，另一方面又能够为个性留有最大限度的余地，使个体化和自由成为可能。”③货币文化同都市生

---

① [美]保罗·梅萨里：《视觉说服：形象在广告中的作用》，王波译，22页，北京，新华出版社，2004。

② [德]齐奥尔格·西美尔：《时尚的哲学》，费勇等译，6～7页，北京，文化艺术出版社，2001。

③ 陈戎女：《译者导言》，见[德]齐奥尔格·西美尔：《货币哲学》，陈戎女等译，4页，北京，华夏出版社，2002。

活是一体的，都市生活越来越复杂、紧张，越来越像一些纷乱的碎片，引起强烈的神经刺激，结果是现代精神变得越来越精于算计，越来越排斥那些狂野的本能冲动，排斥波德莱尔式的孩童般的激情和好奇心。烦躁的现代生活，只能借助中性而冷漠的金钱媒介来反向地均衡化。在奔流不息的金钱溪流中，所有的事物都以相等的重力飘落。在都市生活中，人为了生计，不得不同人进行残酷而冷静的斗争。

现代都市物质文化的高度发展以及其复杂性和丰饶性，使齐美尔也发现了都市现代生活的辩证法：一方面，复杂缤纷的现代生活不断地对个体进行刺激，煽动个性，“生活中从各方面提供给个体的刺激、利益和时间与意识的利用，非常有利于个体，它们仿佛将人置于一条溪流里，而人几乎不需要自己游泳就能浮动”①；另一方面，个性的保持难以为继，它被劳动分工、被物质生活吞噬了，“生活是由越来越多非个人化的以及取代了真正个性色彩和独一无二的东西所构成”②。非个体化和个体化、厌世和激情、自保式的算计和高傲的卓尔不群，这两种个体的造型在现代都市的生活舞台上演。

(二)时尚的哲学

都市精神状况的两面性正是现代时期的精神状况。18 世纪的自由主义发现了“普遍本质的个人主义”：所有的人都是具有人性的自由平等的个人；但在 19 世纪，浪漫主义则发现了“非普遍性的个人主义”：自由的个人之间彼此还保持着差异性，这种差异性赋予个体追求与众不同的荣光气质。这两种对个人的理解，恰好都被现代大都市接纳了。现代都市既将个人均等化，也激发了对个性的追逐。如果说大都市的出现是在 19 世纪的话，那么，在这个现代时期，依附于都市的现代人就挣扎在“均等化”和“个性化”的矛盾之中。对都市的狂热赞叹和深仇大恨正是对这种矛盾性的反映。在波德莱尔那里，现代生活的两面是幸福和凄惨、富裕和贫穷；在齐美尔那里，现代生活的两面是“消灭个性”和“创造个性”。

在这种语境下，齐美尔开启了对时尚的研究思路。人类的怎样的一种心理机制促使他们去追求时尚？他提出，人们对“普遍性”和“特殊性”同时追求，导致了追求时尚的倾向。在《时尚的哲学》中，齐美尔说：“一方面，对

---

① [德]齐奥尔格·西美尔：《时尚的哲学》，费勇等译，198 页，北京，文化艺术出版社，2001。

② [德]齐奥尔格·西美尔：《时尚的哲学》，费勇等译，198 页，北京，文化艺术出版社，2001。

普遍性的追求会对我们有所引导；另一方面，我们也需要抓住特殊性；普遍性为我们的精神带来安宁，而特殊性带来动感。”①

> 时尚是既定模式的模仿，它满足了社会调适的需要；它把个人引向每个人都在行进的道路，它提供一种把个人行为变成样板的普遍性规则。但同时它又满足了对差异性、变化、个性化的要求。它实现后者一方面是凭借内容上非常活跃的变动——这种变动赋予今天的时尚一种区别于昨天、明天的时尚的个性化标记；另一方面是凭借时尚总是具有等级性这样一个事实，社会较高阶层的时尚是把他们自己和较低阶层区分开来，而当较低阶层开始模仿较高阶层的时尚时，较高阶层就会抛弃这种时尚，重新制造另外的时尚。因此，时尚只不过是我们众多寻求将社会一致化倾向与个性差异化意欲相结合的生命形式中的一个显著的例子而已。②

在齐美尔看来，时尚的历史就是企图将上述两种对立的倾向越来越完美地调节为流行的个人与社会文化的历史。时尚与认同之间存在着联系，无论是“个性”方面的认同还是“阶层”方面的认同，都是“统合/分化”的辩证法。“如果建构时尚的两种本质性社会倾向——一方面是统合的需要而另一方面是分化的需要——有一方面缺席的话，时尚就无法形成而它的疆域将终结。”③

齐美尔强调，时尚总是蕴涵着两个对立的要素：一方面让个体展示出作为他们自己的一面；但同时，又总是将他们表现为一个群体中的成员。从这个角度看，如果一个人穿上一件时尚服装，就变成了一个活生生的荒谬的存在，因为他同时崇尚并表达着个人主义和顺从主义。

三、辩证意象与拾荒美学：本雅明的现代性表述

(一)辩证意象

现代性累积和浮现出来的日常生活只有在都市中才得以表述。现代性在

---

① [德]齐奥尔格·西美尔：《时尚的哲学》，费勇等译，70页，北京，文化艺术出版社，2001。

② [德]齐奥尔格·西美尔：《时尚的哲学》，费勇等译，72页，北京，文化艺术出版社，2001。

③ [德]齐奥尔格·西美尔：《时尚的哲学》，费勇等译，75页，北京，文化艺术出版社，2001。

都市中展开，而都市一定是现代性的产物和标志。波德莱尔和齐美尔都揭示出现代都市中现代人的生活风格，尽管对其的描述有很大差别，但他们观察到的这种都市生活的独特品质是相似的，即感官刺激、物质性、丰富性、瞬间性和易逝性等。

而瓦尔特·本雅明则像一个“拾荒者”一样关心“现代性的碎片”。在20世纪二三十年代，他的注意力更多地转向大众物质文化的当下世界，尤其是柏林和巴黎的日常生活。在《单行道》一书中，本雅明以格言警句的方式描写了商店橱窗、广告、街道交会点、加油站、摄影师、钟表匠、古董商、手套、玩具等，这本书是意象、思想拼贴画和各色想法的大杂烩，它们开始于日常生活中某一看似琐碎的视角，结束于对当代社会生活轨道更为全面的评论。例如：

> 今天，对物之实质最切实、最具商业性的审视是广告。它拆除了观察得以自由展开的领地，使物近得有点可怕地向我们直冲而来，就像电影屏幕中一辆变得巨大的汽车向我们冲来一样。正如电影从不将家具和建筑物的正面完整展现出来以使人们能用批评眼光去审视，而是仅凭那强行截取的酷似去引发轰动效应一样，真正的广告也以一部优秀影片所具有的速率将事物投给我们。由此也就最终告别了“事实性”，而且面对画在房子外墙上的巨幅图像——比如可以供巨人信手拿来使用的牙膏和化妆品——业已恢复了的感伤便以美国方式释放了出来，正像本来不为任何事情所动的人在电影院又学会了哭泣一样。然而，就一般人而言，正是金钱使他如此接近了物，使他与物有了真正的接触。①

这种“细节思考”的能力，就是浓缩特殊事物直至普遍性从中彰显出来。通过把日常生活中的要素从它们的原始语境中超拔出来并重新布列在一个新的“星丛”之中，本雅明希望能够剥去它们为人所熟知的性质，激发读者摆脱被动状态，获得一种积极的批评姿态。本雅明把这一方法称作“辩证意象”理论。

1927年，本雅明准备为一家杂志写作一篇有关巴黎拱廊街的文章，于是他开始收集材料，计划写一篇论文，题目叫作《一个辩证法的童话王国》。但在这个过程中，随着资料范围的扩大，研究规模也越来越大，很快他便决定

---

① ［德］瓦尔特·本雅明：《单行道》，王才勇译，112页，南京，江苏人民出版社，2006。

将之写成一本书，名为《巴黎，19世纪的首都》。于是所收集资料的范围远远超出了拱廊街话题，进而包括巴黎的各种景观，从埃菲尔铁塔到地铁，无所不包，时间跨度则涵盖巴黎19世纪到20世纪100年的现代性历史，研究触角涉及资本主义政治、经济、文化、哲学、艺术等诸多方面。但是本雅明的着眼点完全不是传统史学惯常所关注的重大历史事件，而是历史的“废弃物”“垃圾”，即最卑微的、为传统史学所不齿的零碎、另类的事件、行当和人物。

本雅明的《拱廊街计划》最终没有完成。在紧张的政治氛围与恶劣经济状况的干扰中，从1927年到1940年自杀身亡，在断断续续的13年时间里，本雅明收集了大量的笔记与资料。后人根据本雅明的编号分类，将其整理成《笔记和资料》，其目录如下：

A 拱廊街，时新服饰商店，店员
B 时尚
C 古老的巴黎，地下墓穴，破坏，巴黎的衰落
D 沉闷，周而复始
E 奥斯曼化，街垒战
F 钢铁建筑
G 各种展示，广告，格兰维尔
H 收藏家
I 居室，痕迹
J 波德莱尔
K 梦幻城市和梦幻住宅，未来之梦，人类虚无主义
L 梦幻住宅，展览馆，室内喷泉
M 游手好闲者
N 知识论，进步论
O 卖淫，赌博
P 巴黎的街道
Q 回转全景
R 镜子
S 绘画，青春艺术风格，创新
T 各种照明
U 圣西门

V 密谋，手工业行会

W 傅立叶

X 马克思

Y 照相术

Z 玩偶，机器人①

从目录中，我们可以窥见本雅明的宏大架构，这是一个视野广阔的社会文化研究。本雅明意欲将《拱廊街计划》作为他毕生事业的顶点，他希望通过对时代生活形式的寓言式解读，使这个时代的真理内容透过其物质内容的表象和碎片而显现出来。

在这些笔记中，“N”项具有特殊的地位，包含着本雅明的方法论和历史哲学思考，是理解整个研究计划的一把钥匙。本雅明的本意是将“蒙太奇原则”带入历史，“这个项目的方法：文学蒙太奇。我不评述，只是展示。我不会偷走任何有价值的东西或挪用任何独到的立论。但是那些破布、废品——这些我将不会将之存盘，而是允许它们，以唯一可能的方式，合理地取得属于自己的地位，途径是对之加以利用。”②

本雅明意欲通过从现实表面提取历史的方法，去利用历史的“琐碎和垃圾”。作为与破碎的真理传统状态对应的“碎片”，它是从历史的废墟中拯救真理本身，而不是再现历史全部的、线性的物质面貌，因此每块“碎片”都是对许许多多“永恒的时刻”的表征，它们的互补必将指向原初的整一。为了充分实现碎片的意义，那些收集的碎片必须被调整，以适应它们通常的语境。它们必须与其他碎片一起被重新装配。这种马赛克状、迂回性和多层次展开的形式，最终都在对理念的表征这一层面上汇合。

本雅明的方案是要努力找到一种尽量与传统的哲学概念化没有近似性的知识表征方法，因此便有了“以形象为目标”的接近真理的方法，其基本原则与超现实主义蒙太奇原则极为相似：放弃传统的哲学叙事，而采取一种要求将洞见直接并置的途径。

本雅明试图通过一系列具有代表性的“辩证意象”捕捉资本主义现代性的内在矛盾。基于以历史唯物主义的立场对历史的理解，他指出辩证意象是“基本历史现象”。他强调，历史是辩证的“实现”——每一历史时刻都是对立

① 刘北成：《本雅明思想肖像》，188页、189页，上海，上海人民出版社，1998。

② [德]瓦尔特·本雅明：《〈拱廊计划〉之N：知识论，进化论》，见汪民安主编：《生产》，1辑，312页，桂林，广西师范大学出版社，2004。

斗争的角斗场。在《发达资本主义时代的抒情诗人》一书中，本雅明解释了“辩证意象”概念的结构。对每一个社会形态来说，集体意识中都存在着相应的形象，在这里新的和旧的东西是相互交织的。本雅明的“辩证意象”既是一个历史范畴又是一个文化范畴。

就历史范畴来说，历史是各种力量的交织，任何一个“当下”历史时刻都是辩证的现实，都映现着时代的总体形象，它们之间存在着相互呼应的关系，现代性表现在各种各样的场景和主体的反应之中。就历史时间来说，过去与现在是辩证地结合在一起的。

就文化范畴来说，辩证意象是一个时代的文化符号体系。它既是由经济体系决定的，同时又是这个时代的幻象。在这里，既有被压抑的欲望，又包含乌托邦理想。本雅明把这种文化表达的辩证意象说成是集体的梦幻意象。

(二)收藏癖

如果说本雅明分析历史的方法是辩证法，那么他展示这种分析成果的方法则是“文学蒙太奇”。这样看来，本雅明既没有丧失马克思主义历史观的直观性，又捕捉到了一个社会生产方式与其集体意识之间的关系。因此，《拱廊街计划》既要大量展示意象，又要把各种意象拼贴在一起，蒙太奇式地展示19世纪的社会文化。

本雅明在笔记中写道，“这项研究——主要研究最早的工业产品的表意特征，包括最早的工业建筑，最早的机器，也包括最早的商店、广告，等等——因此在两方面对马克思主义具有重要意义：第一，它探索马克思的学说起源的环境如何通过其表意特征(即不仅是通过因果联系)而影响了这个学说；第二，它也将揭示马克思主义与同时代的物质产品所共有的表意特征。”①

本雅明与马克思在此交会，但却像古罗马的两面神杰努斯一般。阿多诺曾说，本雅明的多数独创观点，系得益于他那种显微镜式的观察，显微镜是现象的、实物的观察方式，完全不同于马克思那种宏伟的、历史巨斧的抽象概念分析思考方式。唐诺也这么说：

> 马克思的“物”。基本上是个概念，还不能称之为“物质”，这太物理了，而是“经济”，作为历史理论必要的分析暨演绎的总体经济；至于本

---

① [德]瓦尔特·本雅明：《〈拱廊计划〉之N：知识论，进化论》，见汪民安主编：《生产》，1辑，312页，桂林，广西师范大学出版社，2004。

雅明的“物”，则是“东西”，种类千千万万不及备载——他们在“唯物”这个点上相遇，也在这个点上分离。①

本雅明始终保持着对于“物”的忠诚，他喜欢发掘那些无人问津的事物。最吸引他的是微小的事物，他喜爱旧玩具、邮票、带画的明信片、有趣的现实缩微景观。缩微变小是为了便于携带，对于游荡者或难民来说，这是一种理想的拥有物品的形式。本雅明既是一个游荡者，四处漂泊，又是一个收藏家，为物品所累。他总是处在游荡和收藏的激情之中。

曾任广告公司文案的李欣频说：“瓦尔特·本雅明体内有个图书馆般地，不惜变卖家产拼命买书，我体内亦感觉到有一座博物馆的需要，这座博物馆虽然空着，但早已分好类别等着我去旅行填满——我以广告文案的收入，供应自己从28岁以后每年出国败家六次，每次旅行都像中蛊，买一堆奇怪却用不到的东西，把家里摆得像是精神病患的收藏院。”②就像本雅明在情感上深刻地认同巴罗克和超现实主义一样，李欣频也通过旅行和购物等来建构自己的个人收藏型录，如《食物恋》《恋物百科全书》等。

许舜英在《大量流出》中说：“相对于启蒙主义人文传统对思考及意义的强调，这个年代的焦点与其说是资讯，不如说是‘嗅觉’——对资讯的嗅觉，对资讯的市场性的嗅觉，对资讯如何挪用变形的嗅觉，对发现别人尚未发现的资讯的嗅觉。出身冥想是一种症状，收集癖是一种专业技术，收集癖更是一种现代创作的特色。‘坏品位百科全书’是典型的收集癖产物。世界五大都市咖啡厅最新图鉴。日本最畅销的一百种速食面(九州风味)巡礼。公开征求使用过的卫生棉。”③

“收集癖”是一种“现代创作的特色”，专注于某类肤浅杂碎的资讯是极具魅力的。在某些次文化圈里，资讯是一种社交礼仪，甚至于是一种身份认同的密码。在符号学方法中，各种词语和形象，还有各种物品本身都担当产生意义的能指功能。例如，朱天文在小说《巫言》中借用“马汀大夫”这个符号建构小说中的当下族：

人行道郁郁荫荫至少一里，至少三十五年树龄的本岛土芒果树下，牛仔裤，黑T恤，车狂崔哈厚重皮靴重得会踢死人的(鞋帮裸着黄色车

① 唐诺：《读者时代》，81页，上海，上海人民出版社，2011。

② 李欣频：《恋物百科全书》，8页，北京，当代中国出版社，2008。

③ 许舜英：《大量流出》，23页，台北，红色文化事业股份有限公司，2000。

线)果然是马汀大夫经典八孔靴。超重版之圆形鞋头内镶钢片，对，就是欢乐分队主唱二十三岁红翻天自杀身亡时跟他的超重版马汀大夫吊在空中低荡。而我妹妹，Laura Ashley 英式碎花连身长裙底下一双马汀大夫，曾经一整年那是她的出门装因为搭配成功不必再花精神搭配了。①

在鞋类产品中，马汀大夫(Dr. Martens)是次文化的象征、街头流行的鼻祖，是时尚文化不可或缺的符码，同时也是永不妥协的印记与联结新旧时代的流行密码。“巫言”，巫的文字语言，巫师这门行当最重要的工具或说技艺，唤醒万事万物的灵魂，改变现实的面貌。在某种程度上，广告创意就是收集碎片和重新组合的过程，创作者就是文化领域里的拾荒者，从垃圾桶筛选出他的财富。例如马汀大夫的广告文案所说：

没有什么比这种感觉更好。我单身/我收集沙子/我看弗洛伊德/我穿 Dr. Martens……自信·固执·永不妥协。

不要告诉我做什么才是对的。我逛二手店/我吃棒棒糖/我看 NBA/我穿 Dr. Martens……自信·固执·永不妥协。

只有你清楚自己想要什么。我走路/我听 UNDERGROUND/我喝白开水/我穿 Dr. Martens……自信·固执·永不妥协。

第二节 消费文化的展现

一、世界博览会：商品膜拜的圣地

1851 年，世界艺术与工业展览会在伦敦的海德公园开幕，这一展览被视为设计在 19 世纪中叶的一个分水岭，同时进一步确定了在欧洲存在着一种具有异质性的中产阶级消费文化，这种文化将普通商品同大量进步的理念以及社会变革紧密地联系在一起。这次博览会的入场人次高达 600 万，是当时伦敦人口的 3 倍。世界艺术与工业展览会正如它曾经宣称的那样，是作为一个国家性的博览会存在，在举办过程中，由于吸引了 14000 多名制造商，而且其中半数以上来自英国以外的国家，因而变成了一个国际性的博览会。这一博览会在一个临时性建筑物中举行，由从园艺师转为建筑师的约瑟夫·帕克斯顿爵士担任设计。他对于铸铁和熟铁构架的大胆使用，赢得了广泛的关注。它那非凡、广阔而坚硬晶莹的玻璃幕墙，完全取代了对传统建筑材料如

① 朱天文：《巫言》，190 页，上海，上海人民出版社，2009。

石料的使用。这座被同时代作家们称颂为“水晶宫”的建筑物，在工业科技所展现出来的诸多可能性中，成为现代、进步和信心的有力注解与诠释。尽管参展的产品并不是用来销售的，但是参观者对如此众多的产品近距离地欣赏，将参展产品同中产阶级对远景的遥想以及对所有渴望的实现联系了起来。

理查德曾举办过一个以 19 世纪为背景的戏剧表演展，暗示当商品进入人们的“联想世界”时，它已经不再是以前的商品了，在某种程度上被人们变形了。他特别提到 1851 年伦敦世博会含蓄地置换新近的“1830 年代与 1840 年代的社会动荡”的方法：

> 它着手修正历史的方法就是遮蔽它。每件展品附带的难以阅读的小卡片，几乎都没有告诉读者这件物品是何时何地制作的，也没有说明其使用者和用途。与博物馆不同，博览会很难让人们认清个别物品的来源。恰恰相反，它的空间通过使过去完全在场而修订了过去……通过以现在的光亮外壳包装过去，博览会既庆祝了过去又彻底消灭了它。①

随着 1848 年革命的失败，政治分歧和动荡也告一段落，维多利亚女王的丈夫决定借机转移全世界的注意力。“由于人与人的关系融入了物与物之间的关系，物与物之间的关系又物化入奇观的社会中，1851 年的博览会为人们提供了乌托邦热望的一种新形式和社会存在的一种新方式。”②其实，限于当时个人的消费水平和经济状况，参观博览会的大多数人并非去购物而是去欣赏、浏览、观看。博览会实际上提供了一个形象的世界，它展览的不仅仅是物品，而且是物品的表象。商品在摆设和展示的过程中，其审美价值、符号价值取代了它们的实用价值。

如果说，当时英国伦敦通过世界博览会展现了强大的工业力量与大众生活的样式，那么，19 世纪中期的法国，则积极地将巴黎从一个闭锁的城市转型为开放的城市。从 1855 年巴黎首次举办世界博览会以来，到 20 世纪初为止，巴黎共举办了 5 次世界博览会。瓦尔特·本雅明在评论巴黎世界博览会时指出，“世界展览会为商品的交换价值增添了光彩，它们创造了使商品的

① ［英］劳拉·穆尔维：《恋物与好奇》，钟仁译，8 页、9 页，上海，上海人民出版社，2007。

② ［英］劳拉·穆尔维：《恋物与好奇》，钟仁译，9 页，上海，上海人民出版社，2007。

使用价值退居后面这样一种局面，它们打开一个幽幻的世界，人们到这里的目的是消遣。娱乐业通过将他们提升到商品的水平而使他们更容易获得这种消遣。人在享受自身异化和他人异化时，也就听凭娱乐业的摆布”①。商品博览会使商品的形象因素大为突出，这种形象的幻觉效应使商品崇拜获得了感性基础。

本雅明说：“世界博览会是商品膜拜的圣地。”②商品登上了使人膜拜的宝座，它射向四周的光芒熠熠生辉。本雅明说，资本主义文化的梦幻在1867年的世界博览会上显示了其最灿烂的光彩。当时，法兰西第二帝国正处于权力的鼎盛时期，巴黎被公认为是最豪华与时尚的都市。

时尚则确定了被爱慕的商品希望的崇拜方式。本雅明说：“时尚是与有生命的东西处于抗争中的，它将有机躯体与无机世界联系在了一起，它在有生命的东西上感受到了躯体的权力。屈服于无机物之性诱惑的恋物欲是时尚的命脉之所在，商品膜拜助长了这种恋物欲。”③

本雅明这段著名的论述，被当代广告人许舜英在《超越物件——无机物性魅力之诞生过程》一文中重新做了演绎，她说：“Fashion Model代表了无机物性魅力表达手法的一种文化装置。透过这种文化装置，恋物癖患者才能享受物件的快感。物件的快感与对物件的文化教养的程度有绝对的关系，而物件的教养程度越高的人是否意味着‘动物性能量’的减弱?”④

“超越物件”，是符号价值对使用价值的超越；“无机物性魅力之诞生过程”，是许舜英对广告文化的界定。“无机物性魅力”这个说法，是许舜英间接引用自本雅明，而本雅明则是间接引用在波德莱尔研究中起重要作用的一个文本——弗洛伊德的《超越享乐原则》。在那部作品中，弗洛伊德把享乐原则看成是一种为了服务“某种职能”而运作的倾向，而那种职能是为了把精神器械完全从亢奋中解放出来，或是保持里面的亢奋程度不变，又或者是把它保持在尽可能低的一种状态。这种职能关注的是一切生物最广泛的努力，即回到无机世界的静态中，“可以说，死亡是终极灵韵，有机体能在其间最终

① [德]瓦尔特·本雅明：《发达资本主义时代的抒情诗人》，王才勇译，176页，南京，江苏人民出版社，2005。

② [德]瓦尔特·本雅明：《发达资本主义时代的抒情诗人》，王才勇译，175页，南京，江苏人民出版社，2005。

③ [德]瓦尔特·本雅明：《发达资本主义时代的抒情诗人》，王才勇译，176页，南京，江苏人民出版社，2005。

④ 许舜英：《古着文本》，48页，台北，漫游者文化事业股份有限公司，2011。

找到一个避免震动撞击的安全避难之所；而据此就可推测，对商品的情欲或迷恋为这种状况提供了一种征象。”①

吕迪克·亨切尔写道：“我会爱上宏达广告画上女摩托车手撅起的屁股；在一点也没有被爱的情况下，我始终会意识到自己爱上的是‘无机物的性感’。只有在最后一次失败中，我要是又一次增强了我的无意识的意识，我就会是一个现代人。他只有通过沮丧难受才能经历这种心醉神迷。”②正如特里·伊格尔顿所说：“在这一意义上，商品拜物教可以说具有一种充满矛盾的心理分析的含义。只要它是拜物教，它就构成了逃避死亡——试图用一个想象的客体填塞那首先在阉割情结中被提示的威胁重重的鸿沟。就它是一项与无机物质的性爱游戏而言，它让我们有机会一瞥爱神致命的意图。”③

二、拱廊街：闲逛者的现代性

拱廊街是 19 世纪 20 年代以后巴黎出现的一种商业街区建筑，两边是店铺，两排店铺上面以玻璃拱顶连接为一体，本雅明在《拱廊街计划》的提纲中曾借用一份巴黎导游图上的话这样描绘它：

> 这些拱廊街是豪华工业的新发明，它们用玻璃做顶，地面铺的是大理石，这些大理石过道通向整个一大批建筑群，那些建筑的主人们就以这种方式协同经营。通道两侧尽是些最高雅豪华的商店，灯光从上面照射下来，因此可以说，这样的拱廊街是一座小型城市，甚至是一个小型世界。④

支持拱廊街发展的是新的生产技术和材料：平板玻璃制造技术的进步和铁加工技术、煤气照明、沥青以及之后的电。这些使散步需要的光滑的街道路面、拱廊街市的陈列橱窗和室内装饰成为可能。这些技术也为巴黎的城市改造和世界博览会以及百货商店的消费景观提供了基础。

休闲逛街者就在这样的世界里寻得了他们的场所，本雅明说：“街道成

---

① ［英］特里·伊格尔顿：《沃尔特·本雅明或走向革命批评》，郭国良、陆汉臻译，44 页，南京，译林出版社，2005。

② 郭军、曹雷雨编：《论瓦尔特·本雅明：现代性、寓言和语言的种子》，336 页，长春，吉林人民出版社，2003。

③ ［英］特里·伊格尔顿：《沃尔特·本雅明或走向革命批评》，郭国良、陆汉臻译，44 页，南京，译林出版社，2005。

④ ［德］瓦尔特·本雅明：《发达资本主义时代的抒情诗人》，王才勇译，33 页，南京，江苏人民出版社，2005。

了休闲逛街者的居所，他靠在房屋之间的外墙上，就像一般市民在家中的四壁里一样安然自得。对他来说，闪闪发光的珐琅商业招牌恰是墙壁上的点缀装饰，它们不亚于一般市民客厅墙上挂的油画。那些墙壁是他垫笔记本的书桌，书报亭是他的图书馆，咖啡店的露台是他工作之余俯视他那居家感的角落。”①

本雅明在这些场景中看到了对商品的新的展示，并在街道人群中的“闲逛者”身上看到了商品陈列与消费者之间的新关系的寓言表征。这些游手好闲者被爱伦·坡称为“人群中的人”，被波德莱尔称为“浪荡子”。对于本雅明来说，这些游手好闲者也是一些“逍遥法外者”，他们既抗议劳动分工也不愿勤劳苦干，于是，任何一个工场都不是他们的合适场所。街道成了他们的去处，市场成为他们最后一个场所。闲逛者就是被遗弃在人群中的人，在这一点上，他与商品的处境相同。这种处境使他沉浸于幸福之中，一如商品陶醉于周围潮水般涌动的顾客。

波德莱尔笔下的浪荡子表面上漫无目标，这反而使他得以关注偶然事情和毫无联系的物体之间的“交流”，把精神和物质共鸣联系起来，把平凡之事变成不平凡之事。本雅明认为，这个群体的主体是职业密谋家、文人和流氓无产者。在 19 世纪资本主义高度发达的物质文明面前，这个人群处在社会的下层和边缘，他们是社会的弃儿，除了流浪与密谋，别无选择。在波德莱尔的作品里，闲逛者是设立于城市风景线上的现代英雄姿态之一。他们在那个庞大的、物化的资本主义机器面前产生了一种“震惊”体验，这种震惊进一步导致了他们的厌恶、恐惧和孤独感。他们总是以异化的眼光凝视着巴黎这座物化的城、梦幻的城。当然，他们的反应不仅是闲逛、浪游、厌恶、恐惧，他们还要试图寻求克服资本主义异化的出路。

作为“市场的旁观者”，闲逛者以威胁的姿态作为一场社会运动尤其是作为一场革命运动而不受欢迎，但是作为“消费大众”，他们可能更愿意参与到商品交换和流通世界的迷宫里。本雅明意识到了闲逛者的“转型”，这种转型伴随着大众消费主义的发展，也伴随着大众本身作为商品和消费者的转变。

本雅明对于东张西望者的描述暗示了对于一种开始与拱廊街市和奢侈商品以及昂贵的小商品的窗口陈列相关的“景观消费主体性”的建构。此外，本雅明还强调了这一消费主体不只是确立了一系列对商品陈列和商店室内布置

---

① ［德］瓦尔特·本雅明：《发达资本主义时代的抒情诗人》，王才勇译，33 页，南京，江苏人民出版社，2005。

和细节的观看方式，而且还把自己作为观看的对象——往往通过看见镜子或商店陈列窗中自己的身影。于是，一种“自我调控的观看”就默默地设定于这些观看方式中了。

与在拱廊街中所用的展示技术一起的还有都市的当下情景——尤其是充塞像巴黎这样的大都市的人群——在本雅明的阐述中形成了观看的特别的方式，这里所产生的是一系列被打断的观看和张望。对于拱廊街市和人群中东张西望的闲逛者而言，现代生活在视觉上是通过这样一种稍纵即逝的、隐而不显的转变得很快的因素来理解的。本雅明曾评述过波德莱尔的一首十四行诗——《给一位交臂而过的妇女》，进一步强调了受制于城市环境的观看新形式的形成。

> 大街在我的周围震耳欲聋的喧嚷。
> 走过一位穿重孝、显出严峻的哀愁、
> 瘦长苗条的妇女，用一只美丽的手
> 摇摇地撩起她那饰着花边的裙裳；
>
> 轻捷而高贵，露出宛如雕像的小腿。
> 从她那像孕育着风暴的铅色天空
> 一样的眼中，我犹如癫狂者浑身颤动，
> 畅饮销魂的欢乐和那迷人的优美。
>
> 电光一闪……随后是黑夜！——用你的一瞥
> 突然使我如获重生的、消逝的丽人，
> 难道除了在来世，就不能再见到你？
>
> 去了！远了！太迟了！也许永远不可能！
> 因为，今后的我们，彼此都行踪不明，
> 尽管你已经知道我曾经对你钟情！①

在这首十四行诗里，男性叙述者瞥见并着迷于一个在人群中穿过的女人，不过在他的欲望被激起的那一瞬间，那女人已在人群中消失。对于本雅

① [德]瓦尔特·本雅明：《发达资本主义时代的抒情诗人》，王才勇译，125页，南京，江苏人民出版社，2005。

明而言，这一都市中男性欲望的表征是很重要的。他暗示这与其说是“首见钟情”，还不如说是“末见钟情”。

“最后一瞥之恋”是典型的城市体验，“永远不可能”标志着邂逅的顶点。换句话说，叙述者在看见那个女人时所经历的欲望，是他的观看的稍纵即逝的特质和偶遇的短促性质的产物。它是对于擦身而过的陌生人所产生的震颤的表征。更进一步，《给一位交臂而过的妇女》中的观看方式还隐含于性别化观看的权利关系中：东张西望者的目光表达产生了一种男性性态，它在现代的性经济中享有观看、赞赏和占有的自由。重要的是，这种观看方式也涉及当今消费活动中男女两性购物者的消费实践与消费体验，因为购物也是一种视觉探寻和触摸现代性的途径。从 19 世纪的“拱廊街”到“百货公司”再到当代“购物中心”，不断拓展的是其中的“梦幻”结构，在以休闲、娱乐和消费为一体的功能中，消费的体验既是一系列的购物机会，又是一种精神状态。

三、百货公司：现代爱丽丝的梦游仙境

到 19 世纪 60 年代，一些极具胆量的投资者、发展商，将世界博览会这种广阔的空间转换为一种全新的消费经验，即大型百货商店。世界上第一家百货商店于 1852 年在巴黎开幕，名为廉价百货；紧跟着的则是 1855 年的罗浮百货。这个时期，伦敦还兴建了有名的哈罗兹百货和怀特利百货。在本雅明看来，19 世纪中期以来连续出现在巴黎及其他大城市中的新式百货商店和商业广场，其实就是“梦幻世界”。各式各样商品的巨大幻觉效应，经常被转化为资本家和现代主义者的一部分寻求新奇的动机，成为梦幻影像的源泉。

人们不只是去百货商店买东西，同时也在消费这个空间提供给身体的许多快感、游戏与乐趣。除了视觉的浏览外，还包括嗅觉、身体流动及搜寻快感，还有虚构理想中的生活趣味。百货商店是一个超现实主义的空间。本雅明说超现实主义的爸爸是达达主义，妈妈是商场拱廊。百货商店就像童话里着魔的森林，树木、花草都具有灵魂，就像陈列其中的商品一样，你在看它，它也在回看你。

2000 年的时候，为配合艺术家赖纯纯在环亚百货替代空间的展览《现代爱丽丝的梦游仙境》，杨泽邀请辜振丰、张小虹和许舜英在台湾环亚百货公司以“百货公司：现代爱丽丝的梦游仙境”为主题座谈，探讨百货公司的发展以及奇观、展示和超现实的消费文化等。

《爱丽丝梦游仙境》创作于 19 世纪中叶维多利亚时代的英国，作者路易斯·卡洛尔是牛津基督教堂学院数学教授，终生单身，生活有条不紊，信函、相片等都编码记录，自 21 岁到 65 岁的日记从不间断。卡洛尔有口吃毛

病，喜欢小女生，喜欢为女孩拍照、讲故事、写有趣的信函或发明新游戏。卡洛尔与院长女儿爱丽丝三姐妹在游船时，经常为她们讲故事，后来应请写成书，成为传颂百年的经典童话。

为了吸引小孩，卡洛尔准备了一些诱饵：游戏、谜语、数字谜、故事，一种深具个性且充实的交往方式；尤其是那一系列放在书房中央柜子里的玩具：有关节的熊宝宝、舞蹈木偶，甚至一只光秃秃的电动老鼠以及其他各式各样以聪明才智构想出来的发明。然而，最具吸引力的，应该就是那台摄影机了。首先，由于摄影技术所需要的物料难以用三言两语说清，所以对孩子们而言就成为了一些奇妙的东西，包括那些瓶子和化学物质、明胶和玻璃底片、秤和尺、试管和漏斗，一切当时还被列为“化学道场”的工具；其次，由于当时设置布景和摆姿态所需的时间能容摄影师跟模特儿做长时间的对话，这些喜不自禁的小女孩就浑然将维多利亚时代的矜持抛诸脑后，乔装成公主或蛮族，甚至像卡洛尔在日记里描述的一样，在公寓内裸奔。

当时，摄影术刚发明不久，新的摄影媒介中贯穿着富有“魔力”的行为。本雅明在《摄影小史》中将达盖尔照相法发明后(1837 年)的年代确定为摄影的初始繁荣时期。达盖尔法制成的相片是一些上过碘的在暗箱里被曝光的银制影片，这些影片必须来回翻转，直到人们在合适的光线里能看见上面一幅柔和的灰色图像为止。这样制作的相片都是“孤本”。1839 年人们为一幅这样的相片平均要支付 25 金币法郎。这些相片通常被像珠宝一样保存在一个小盒子里。

“爱丽丝”的创作年份是 1858 年，而欧洲的物质文明在 19 世纪中叶也开始出现一些有趣的征兆，如百货商店的出现以及与此相关的新的商业景观和消费文化。当然，不同的时代会有不同的百货商店，也有不同的“爱丽丝”。

2000 年，路易·威登的设计总监马可·雅克布邀请日本艺术家村上隆进行合作。村上隆将小花、蘑菇、樱桃或多彩图案用在 LV 的经典图腾 Monogram 系列上，推出的樱桃包等款式引发了消费者一阵抢购潮，同时也引领了时尚跨界与艺术家合作的风潮。为了配合这季产品，村上隆还特地为 LV 献上了动画广告作品《SuperFlat Monogram》。这部长达 5 分钟的动画，把《爱丽丝梦游仙境》的故事移植到了现代东京。故事发生在东京闹市的一个下午，主角是个充满灵气的小女孩 Aya，她在 LV 店门口等待朋友赴约。等得不耐烦了，于是她拿出手机，却不小心掉在地上。这时，眼前出现一只全身满是 Monogram 图案的巨型熊猫，把 Aya 的手机拿起来放入口中，最后把 Aya 也给吞了，于是 Aya 暂别现实社会。在她进入 Monogram 的缤纷世界后，她摆脱了地心引力的束缚，飞了起来。而村上隆为 LV 设计的三个形象——熊猫、戴彩虹花帽的小精灵花帽仔、洋葱头，则是Aya梦幻之旅的伴侣。最后的广告画面定格在LV专卖店的Logo上。

鲍德里亚在论述消费的神奇地位时指出，对于商业选择来说，从杂货店到高档时装店，两个必要的条件是商业活力和美学感觉。需要特别指出的是，百货商店里许多消费品对女性具有吸引力，所以对当时许多行动被限制、不得自由在街上行走的少女来说，百货商店这个既是户外但又具备室内安全性的空间，逐渐吸引了女性消费者的光顾。

一百多年前，当百货商店越来越普遍，女性也将逛百货商店当成生活中的重要消遣时，出现了一种精神症状叫Kleptomania，也就是顺手牵羊、偷窃癖。“偷窃癖”一词在19世纪初期就已被提出，当时认为偷窃癖患者并非为了生活所需才偷东西，偷的东西也不一定值钱，所以被定义成一种心理病症，原因是个人心理状况的不能协调。但是到了19世纪末期，偷窃癖的定义转变成妇女百货商店偷窃症，一种女性的心理征候，并认为月经中或怀孕期妇女特别容易顺手牵羊。19世纪时人们认为许多疾病如歇斯底里与女性生理有关，而偷窃癖的原因除了这种原因外，还包括百货商店的空间规划与商品陈设诱使女性犯罪。

> 各种类型的女性，被性别的天性吸引到这些优雅的环境中，被众多轻浮的刺激迷住，大量的小装饰品和花边让她们神魂颠倒，发现自己被突如其来、不假思索的、几乎是野蛮的冲动所袭击。她们笨拙的手鬼鬼祟祟地放在一件展示品上，瞧吧！就是这不假思索地一摸，使她们最可贵的颜面扫地，临时的作案却使她们成为了罪犯。
>
> 过去一年来她一直在偷窃，被猛烈的，难以抗拒的热情所毁灭。这种发作变得越来越糟糕，与日俱增……扫空了谨慎的理智……尽管口袋装满了钱，她还是要偷窃，她把偷窃当成了一种乐趣，就像恋爱者追逐爱情的乐趣一样，被欲望驱使，被各种偷窃癖敦促，从前看到商场里巨大而野蛮的诱惑，使她对奢华未满足的欲望膨胀起来。①

张小虹指出，因在百货商店偷窃而登记在案的绝对不只是女性，虽然男性也有百货商店偷窃癖的问题，但在19世纪的论述建构上，却彻底将此种症状刻板化为女性专有，这不仅是强化视女性为生理与心理的病态，更是复

---

① ［美］露丝·E·爱斯金：《印象派绘画中的时尚女性与巴黎消费文化》，孟春艳译，92页，南京，江苏美术出版社，2010。

制现代性中“生产”(男性、进步、理性、自制)/“消费”(女性、退缩、非理性、无法自制)的性别二元对立。而其中将百货商店偷窃癖歇斯底里化的论述，更是与19世纪末将女性身体病态化的性学论述沆瀣一气。

实际上，现代性作为一种叙述和体验，更大程度上是被女性的物质和想象的在场意义深远地标示出来。从20世纪早期开始，很多研究者对大众文化的矛盾心理和对商业的轻蔑是以复杂的方式糅合在一起的，这种情绪深深蕴藏在对消费的看法的建构中，它导致了对商品和购物的拒斥，也导致了对女性参与建构现代性所具有的理论上的中心地位予以坚决的不承认。

批判“商品拜物教”的男性大师们的心理机制，在一定程度上来自性焦虑，所以我们看到，在本雅明的思想中，“妓女、灵韵和商品”不可思议地融合在一起。他的《拱廊街计划》对消费的理解相当矛盾，其通篇表达的对商业的正反感情并存，这可以追溯到他成长的商业和爱欲经历——本雅明在自传性散文《柏林纪事》中写到年少时对妓女的性幻想以及“商品的巨洞”。

作为女性的性征意象，商品的“巨洞”使本雅明同时感到迷恋和排斥。这个耐人寻味的“隐喻”让我们发现，男根焦虑和文化焦虑是怎样在修辞上自然而然地相遇了。那么，所谓文化的困境，也可以是男根文化对阉割的想象。消费社会的“阴性化”，使得某种不曾有过的心理危机和宏大叙事破产了，这可能是现代性拒不承认女性和消费的深层原因。正如大多数男人对商场的厌烦和对女人购物的焦虑一样，看着女人在消费空间自由地穿梭，此刻，商品就是他们的情敌，这就是斯拉沃热·齐泽克在分析电影《钢琴课》时所说的，男人对“他者快感”所持有的绝望态度。而亲近商品的女人，就成了道德秩序的“内在敌人”。

第三节　广告海报的热潮

一、印象派绘画与消费文化：福利-贝热尔的酒吧

(一)诱惑与消费展示

印象派绘画与巴黎的消费文化均发端于19世纪60年代后。当时的巴黎是大众消费的试验工场。随着新零售模式的引入，现代消费文化拉开了消费与生产的距离，形成前所未有的消费风格。爱德华·马奈等印象派画家的前卫绘画与巴黎消费文化之间的关联性问题是社会艺术史研究中不可或缺的主题，在这方面，露丝·E·爱斯金的《印象派绘画中的时尚女性与巴黎消费文化》一书提供了一种新视点，它密切关注现代巴黎的物质消费文化，即广告

业和商品展示的新体制，并且重新阐释马奈与印象派画家作品中的某些主题，试图寻找现代画家描绘巴黎消费文化的显性与隐性证据；在此基础上着重关注女性作为消费者和劳动者融入现代城市生活，在女性角色变化的语境下重新考察印象派画家的作品含义。

前卫绘画出现的历史语境是视觉消费文化，这主要指的是广告形象，包括海报、时装插画、新闻图册和商品展示等。巴黎的消费文化以其林林总总的广告图像改变了城市的面貌，日常生活中充斥着各式各样的传媒形象。历史学家拓宽了消费文化的定义，除购物之外，消费文化还包含若干活动，如读报、参观旅游胜地、集市闲逛等。根据这一界定，印象派画家通过描绘不同的场景来反映消费这一主题：逛商店、销售、购物以及柜台、橱窗、市场中货物的展示，还有大量的咖啡馆、剧场、酒吧、餐厅以及野餐等场景。

1882 年，爱德华·马奈的画作《福利-贝热尔的酒吧》在沙龙上展出，同一年，埃米尔·左拉的小说《妇女乐园》以连载形式首次出版。左拉对巴黎商场的描写是以黛妮丝为主角的，她从诺曼底来到巴黎，在“妇女乐园”(百货公司)找到了工作，并逐步从女销售员做到高级经理，最终成为商店所有者慕雷的妻子。尽管马奈画作中吧台女郎销售的货物与左拉小说中女主角销售的服装不同，但两人的作品中都描绘了女售货员。在左拉的小说中，黛妮丝在柜台边接待顾客，柜台上的服装一片狼藉，拥挤的促销结束后需要整理；而在马奈的绘画中，衣着时尚的年轻女郎站在吧台后，吧台上陈列着装满酒精饮料的闪闪发光的瓶子。

销售与消费是理解这幅画作的关键，柜台上摆满了商品，售货员站在后面，前面有一个或多个的顾客，这一场景在 19 世纪下半叶的视觉图像中常常被描绘到。女售货员的穿着必须取悦中产阶级客户，这已成为当时销售与消费日常话语的一部分，而柜台交易是这一话语的中心。很多人评论过吧台女郎所穿的衣服，亨利·豪塞耶注意到画中女子穿着“媚俗的蓝色连衣裙”，波洛克谈到“她对紧身上衣的盲目崇拜”，弗拉姆和吉尔伯特-罗尔夫声称马奈很关注酒吧女招待的性特征。弗拉姆谈到她的衣服扣子让我们的眼神直接注意到下面被衣缝分成两半的灰色三角，那里会发生令人极度不安的事情。

大部分阐释者都设想马奈《福利-贝热尔的酒吧》中的镜中男子正不怀好意地注视着吧台边的年轻女郎，如果他没有明目张胆地进行“性引诱”，一般也认为女郎的身体是卖点。但是，考虑到现代女性角色不仅是为销售商品而创作的被动肖像，她们还是主动的生产者、消费者和经销商。因此，马奈与印象派画家的一些作品也描绘了现代女性的主动角色，她们融入现代巴黎的公众空间，而不是被动和遭排斥的。女售货员成为新兴的阶层和有抱负的小资。通过每天与富有的顾客打交道，她们获得了优雅的形象，最终形成一个身份模糊的无名阶层，处于劳动女性与中产阶级女性之间。

(二)现代女性的观看

19 世纪下半叶的巴黎，女性的观看话语经历着重大的变化。这些变化在马奈《福利-贝热尔的酒吧》等前卫艺术家的作品中以及当时从广告海报到传媒杂志插图等膨胀的现代视觉文化中都能看到。在此，女性作为展示物与男性拥有注视权之间的明晰划分已经不适于解释现代历史的发展。意识到女性观众或消费者是现代观看的典范非常重要——这是在群众中上演的观看以及大众消费年代的特征。

女性作为观众或消费者的在场，与 19 世纪法国社会女性地位的改变有关，众多辩论都是关于她们在各个领域的权利，如离婚、教育、工作、更好的薪酬以及选举权，《福利-贝热尔的酒吧》的女店员及看台上的女观众都可作为楷模，证明女性日益参与公共领域。19 世纪下半叶的巴黎为女性提供了众多观看、浏览、购物的场所。到 1882 年为止，福利-贝热尔酒吧的营业对象已锁定了女性顾客，它在《女性公报》上为其晚间娱乐节目做广告，而《女性公报》则是一份推动妇女在文学艺术领域取得成就的女性出版物。

马奈在福利-贝热尔酒吧吧台前部画了两位时尚女子，其中一位正用望远镜观看。这说明，马奈对当时海报与插图中大众消费新视觉话语很熟悉。早于马奈 7 年，埃米尔·利维创作于 1875 年的《福利-贝热尔酒吧》中就有一位时尚女子正用望远镜观看娱乐表演，望远镜使她的观看与旁边戴单边眼镜男性同伴的观看一样显眼。左拉在创作于 1880 年的小说《娜娜》的赛马场景中，也描写了“娜娜用巨大的野外双筒望远镜细看比赛场景”。

只有在 19 世纪下半叶现代观众群的语境中，才能最好地理解马奈创作背景中的人群，因为在群众时代，个人，无论男性还是女性，都湮没于大众之中。马奈将印象派的现代人群形象化为难以辨认的大众。从某种意义上说，这和左拉描绘娜娜在赛马场观看到的人群景象极为相似：“娜娜通过野外望远镜观看他们。那么远，她只能区分紧密的、混乱的人群，一排压着一排，黑压压的背景衬托着苍白的色块，那是观众的面部。”①用这种粗率的方式，马奈表明人只是人群中难以辨认的单元，这种方式成为适宜于表现现代

---

① [美]露丝·E·爱斯金：《印象派绘画中的时尚女性与巴黎消费文化》，孟春艳译，58 页，南京，江苏美术出版社，2010。

人群的范式。如同印象派的笔法，人群中的每个人都是整体构图的一小部分。

“都市中的人群”是现代社会的特有现象。这不是前现代社会中朋友、亲戚或熟人在一起时形成的那种人群，而是现代社会中互不相识的人聚集在城市某一空间时出现的人群。在这方面，瓦尔特·本雅明的观点有助于我们理解印象派绘画对巴黎消费文化的描绘。本雅明的“拱廊街计划”以波德莱尔为切入点就是因为他是第一个从大城市人群中寻求灵感的作家。波德莱尔对巴黎女子及这座城市都没有直接描绘，然而，“人群”却秘密在场，几乎无所不在。本雅明评论说，人群是一层面纱，透过这层面纱，熟悉的城市如同幽灵般向休闲逛街者招手。

福利-贝热尔酒吧的人群是都市娱乐与景观的消费者。他们的目光不再是孤独的沉思和单一的判断，而是多感官社会互动整体的一部分。就像左拉抱怨的那样，在沙龙浏览艺术品的观众边走边看、相互对视、谈笑风生，很少涉及审美判断，更多的是世俗的享乐，表达观点、大笑和调情。观看艺术的现代经历，就像观看商场里的商品，发生在活跃的社交界，在这里销售是其存在的隐形理由。个人对艺术的冥想已经被公众对销售品的喜爱所取代，在此主要模式是参与和互动。

（三）公众的目光

马奈对人群/公众的描绘也可以纳入社会学语境中的群众描写来思考。这要归功于古斯塔夫·勒庞在1895年出版的《群众心理学》，勒庞把现代群众视为前现代都市家庭生活精神的威胁，视为带来社会与政治平衡的手段。按他的评价，进入了群体的个人，在“集体潜意识”机制的作用下，在心理上会产生一种本质性的变化。就像“动物、痴呆、幼儿和原始人”一样，这样的个人会不由自主地失去自我意识，完全变成另一种智力水平十分低下的生物。

但是马奈的画作并没有笼罩于19世纪下半叶这种对群众心理描写的负面光影中，《福利-贝热尔的酒吧》里的公众被描绘为训练有素的人群，进行着全体娱乐消费。马拉美在一篇有关马奈的文章中写道：今天的群众要求用自己的眼睛去观看。他们的目光具有典型的现代多样化的特征。这种群众“用自己的眼睛”观看，包括观看的对象以及观看的有利位置等成为马奈画作的主题。

实际上，这幅画体现了几种观看者的身份：镜中的男顾客、用望远镜观看的女子、观看场景的观众。这种内置目光的多样性，也许就是《福利-贝热尔的酒吧》著名的空间不连贯性存在的原因，即镜中反射出来的与画作前景中描绘的不匹配。这也是当时很多人批评的所在——画面中的镜子与镜中所反映的事物是不准确的，镜中女招待的影子并不符合光学原理。照这样看来，观众的文化视觉方式似乎期待单一的视点，这是西方艺术公认的图画符码。如果我们视绘画为描写，的确源于多种视点而非一个，那么这幅画的意义就不同了。根据这一解释，马奈的《福利-贝热尔的酒吧》标志着图画符码的转型，从排他性单一的男性目光到伴随着女性观看的目光，并且男性旁边陪伴着女性的新观众群模式形成了。

爱斯金评价说："在19世纪最后几十年中，将女性与景观、诱惑相联系的老套话语，再次宣布了它在世纪末高雅艺术与广告海报中的新活力。后者普遍在产品旁边展示魅惑的女性形象。然而，在当代海报中，女性还是不断地被描绘成观众，证明了她们作为消费者的新角色，并用来吸引女性顾客。尽管将女性描绘成展示中的物品不亚于剥削，但是将女性想象为观众则代表着一个转变，在此转变中她们的主体性得以实现。女性不仅仅等同于客体/产品，她们的观众/消费者的身份蕴涵了某种行事风格。"①

很多海报公开地使用有诱惑性的女性形象，甚至是吸引女性消费者的海报也这样做。19世纪与20世纪之交，有众多此类为酒精饮料与非酒精饮料做广告的例子，其中之一就是弗朗西斯·塔梅格诺1905年的《美酒醉人》：一位现代女郎朝观众抛媚眼，炫耀她的魅力，并用调情般的眼神看着前景中的物品。这张海报可能是为了吸引女性顾客的，因为甜味美酒很受她们的欢迎。其实这里暗示着女性极度幸福的状态以及她迷人的魅力只需通过美酒就能获得。此外，这张海报也通过暗示买这种饮料来获取她的芳心，以此来招揽男顾客。因而《福利-贝热尔的酒吧》中的酒瓶就不能仅仅被看作静物了，而应注意其完全处于展示广告业商业话语中的待售商品并引起人们注意这一事实。

(四)商品的符号

马奈《福利-贝热尔的酒吧》构图大胆，它将货物放在画作的前景中，最大限度地靠近观众，仿佛柜台上的产品触手可及，而女店员则在画面前景中似乎准备好随时招待观众。将货物与美丽女性联系在一起同时诱惑观众，成为大众消费广告文化中的普遍策略，马奈画作的构图类似于海报、插图中常

① [美]露丝·E·爱斯金：《印象派绘画中的时尚女性与巴黎消费文化》，孟春艳译，64页，南京，江苏美术出版社，2010。

见的直接召唤观众的构图方式。“商家直接召唤观众，展示销售的商品，这类似于现代画家的境遇，他们因缺乏政府的赞助，不得不在公开市场卖画。此画本身就显露了马奈将艺术与销售等同的迹象。”①爱斯金提醒我们关注一个极小但却有意义的画面细节：马奈的名字与这幅画的创作时间“1882”签在吧台最左边淡红葡萄酒瓶的商标上。这实际上是同时在酒瓶商标与画布上签了名，马奈这样做是玩笑地影射销售与消费话语不仅侵入了日常商品，也侵入了美术作品中。

在爱斯金看来，如此安排画作，马奈绘画般的签名产生了虚构：画家、画作与酒吧里待售的商品之间差异的瓦解。签名旁边的日期很幽默地将《福利-贝热尔的酒吧》标志为马奈自己 1882 年的沙龙葡萄酒年份，说明这是一张现代生活的画作，很有可能与波德莱尔有影响力的文章《现代生活的画家》的结语相关。在这篇文章中，波德莱尔指出现代艺术家的绘画集中描绘了“辛酸或令人陶醉的如葡萄酒般芳香的生活”。

> 这幅画中马奈对酒瓶的展示在高雅艺术背景中是全新的，与西方静物画的传统大相径庭，而更像 19 世纪 60—90 年代在巴黎随处可见的酒精饮料的广告形象。他的城市商品“静物”象征着公共领域的消费，目的是吸引观众、潜在的顾客和消费者。酒吧里的男顾客，带着一丝享乐，就像商场里潜在的女顾客，常被巧妙的展示方式诱惑。我们对酒吧女(以及对整幅画)的注视被吧台上豪华的“静物”调和。闪亮的酒瓶、盘中的橘子以及玻璃瓶中精美的玫瑰花都放在显眼的位置，是为了刺激嗅觉、味觉和触觉，真切地吸引观众走进酒吧、走进这幅画。②

《福利-贝热尔的酒吧》中的香槟酒、巴斯啤酒和淡红甜酒是作为重复的名目来描绘的，是营业中批量生产的商品(除了右边的薄荷甜酒，吧台上没有一只酒瓶是独特的，它们的“同系列”本性进一步被镜中的反射强调)。至此，《福利-贝热尔的酒吧》的“静物”特性已经很清楚，是批量生产供销售的商品。其中最显眼的当属“巴斯”公司的红三角标志，它于 1876 年成为英国第一个注册商标。巴斯是世界公认的英国最好的啤酒品牌。关于这个细节，

---

① [美]露丝·E·爱斯金：《印象派绘画中的时尚女性与巴黎消费文化》，孟春艳译，48 页，南京，江苏美术出版社，2010。

② [美]露丝·E·爱斯金：《印象派绘画中的时尚女性与巴黎消费文化》，孟春艳译，49 页，南京，江苏美术出版社，2010。

有研究者认为，也许马奈是通过表现福利-贝热尔酒吧只出售英国啤酒这一点来表达一种民族主义的，甚至是沙文主义的情绪：虽然德国是享有最高声誉的啤酒生产国，但画面中看不到德国啤酒。普法战争使得德国产品在法国不被接受。战败羞辱了法国，而且因为阿尔萨斯被割让给了德国人，阿尔萨斯啤酒也不再能够满足任何沙文主义的诉求。马奈油画中巴斯啤酒的显著位置代表着对德国的厌恶，这是对法国的敌人的产品的抵制。

如果说酒瓶集体象征着公共领域的商品，那么酒吧的水果和玫瑰花就属于公认的家庭静物。在此它们起到了装饰性的作用，和旁边的女性形象一起，隐喻着古老家庭生活体制的介入促进了公共环境的销售。这双重“符码”的静物成为诱饵，吸引了消费者。这样，在《福利-贝热尔的酒吧》这幅画中，诱惑来源于复杂的符码，混合了感官娱乐性与性暗示、丰饶的家庭物品与公开展示的批量生产的商品、静物传统与广告商品的新兴视觉话语。

二、新艺术运动与新女性形象：穆夏的艺术时代

(一)穆夏风格

19 世纪末 20 世纪初是欧美商业兴盛的时代，资本扩张带来了社会和人们思想及生活的转变，新阶层和新时尚也不断涌现出来。这个时期，自然科学和工业水平的发展已体现在人们的日常生活中，电话、汽车、火车等已被广泛使用，大量新住宅、新馆舍的修建使人们的生活日新月异，经济基础的改变促使文化思想也发生着改变。财富的拥有者企望改变自己的生活状态，来寻求一种既能使生活快乐又能挣到更多钱的社会生活新方式，这种寻求新生活的思潮在中产阶层那里得到了更大的回应。人们要充分享受人生快乐，他们假装内行，成群结队地出入艺术场所，他们奇装异服，名为看画展、听歌剧、出席沙龙，实际是借此来炫耀自己。而商家则以此大做文章，推波助澜，用它来向需求者表明，这是新的时尚，是新艺术，而阿尔丰斯·穆夏此时所创作的海报，正好迎合了这个新时代的到来。

“穆夏的艺术时代”由此诞生。他以当时的名伶萨拉·贝纳尔为模特所设计的戏剧海报、商品广告和装饰画，以绚丽多彩的画风和形式感，给他带来了巨大的声望。1894 年圣诞节隔日，萨拉·贝纳尔因为《吉斯蒙达》预计于新年后公演而急电勒梅尔谢印刷厂，却因为签约画家休假，而不得不由印刷厂经理委托当时在场试印版画的穆夏临时制作。这幅海报一经贴出，震惊巴黎，使得穆夏一夜成名。萨拉·贝纳尔也十分满意，一次性与穆夏签订了 5 年契约，除了海报设计外，也包含舞台与服装设计。《吉斯蒙达》的创意不仅改变了穆夏的职业生涯，也奠定了他的新艺术风格。他的这一作品更新了海

报的制作形式，人物修长，面容高贵优雅，细腻的粉彩色调，加上峨然矗立的动作，使得崇高与细腻获得了调和。优雅动人的姿态和流线型的女性，配合写实而自然主义的芳香花草，“穆夏风格”被人们认为是时尚的代表，这些海报和广告画成为人们争相收藏的艺术品。

19 世纪末的巴黎，热力四射，生动多彩，以香榭丽舍大道和新开发的蒙马特、蒙巴那斯为中心，兴起了歌剧院、小型剧场、夜总会、咖啡剧场、啤酒屋、舞厅等，流连于这些娱乐场所的人士不分阶层。1889 年蒙马特地区开业的红磨坊即使被定位为下层阶级的娱乐场所，却也活力四射。每个娱乐场所都有相当受欢迎的艺人，如文艺复兴剧场的萨拉·贝纳尔、蒙马特舞厅的歌手亚里斯蒂德·布瑞安、红磨坊的康康舞蹈者尚·阿芙利尔等，都深受欢迎。劳特累克的作品《亚里斯蒂德·布瑞安》将当时活跃于大使馆区的餐厅名歌手做最大限度的凸显，神情崇高，格外引人注目。马奈时代首次出现的咖啡剧场到了 19 世纪末，娱乐气氛达到顶峰。这些娱乐场所成为名人荟萃之地，带来了新生活与新流行。

然而，就这些娱乐文化而言，如果没有当时流行的石版画印刷的海报，恐怕无法增加娱乐效果。这些海报设计者中相当出色的有格拉塞、谢雷、劳特累克、穆夏等，他们的共同特点是表现娱乐场所的女性形象。

(二)新女性形象

19 世纪末除了娱乐业发达以外，交通工具的新发展也反映在艺术表现上。1891 年米其林发明了橡皮充气轮胎，自行车顿时成为人们的最爱。因为自行车轻便，与新艺术时代的气氛相通，女性也搭上了这股热潮。自行车与运动结合起来，成为女性解放的动力。《完美的自行车》是穆夏接受自行车公司委托而设计的作品，其现代感与动力十足。画面中发丝飞扬的少女脸上洋溢着幸福感，她似乎想要将充实的感觉倾泻出来。迎风的快感，使人跃跃欲试。自行车解放了女性，动感也与自行车的效能融合为一，深深打动人心。

19 世纪末的巴黎，自行车成为身体解放的工具，同样，近代机械文明也得以发展，汽车取代了马车。1898 年巴黎让·德马尔斯的商业展览会举行了自行车、汽车的展览。巴尔的《自行车、汽车沙龙》的海报中，装扮成胜利女神的女性双手举着自行车与汽车，出现在展览会场前方。十年前建成的埃菲尔铁塔俨然成为巴黎的新地标。自行车、汽车标志着钢铁文明带来了交通的便利，因为交通的便捷，旅游业也就随之兴起。穆夏以一幅《摩纳哥·蒙特卡罗》的旅游海报博得受众好评。海报中，一位少女跪在百花前面，绣球花、紫罗兰、紫丁香等花卉构成圆弧形，隐喻着旋转的车轮，少女与头上的鸟儿相望，画面上鸟语花香。少女的正后方是蒙特卡罗的著名娱乐场所。这幅作品充分描绘出“春天出现于地中海沿岸”的主题，使人们憧憬不已。

除了娱乐业、交通业和旅游业，19 世纪末的巴黎，各种商品都跃上宣传海报的版面，香烟、香槟、红酒、牛奶、巧克力、饼干，还有日常使用的肥皂、化妆品等，这些商品的宣传设计因为彩色石版画的技巧而动人逼真。谢雷设计的《马利亚妮红酒》从宣传红酒对身体健康层面的影响着手，画面色彩光鲜，画中舞蹈女子的夸张动作使人们觉得只要一沾红酒，身体的机能就可达到无限喜悦迷狂的境界。

当时的广告招贴画以及促销海报，是把女性作为男性的欲望和盲目崇拜的对象来表现的。这样，阶级问题以及“新女性”所带来的有威胁性质的问题便得以缓解，或是轻而易举地被表象遮掩起来。

穆夏的宣传海报以其理想美的手法为商品做了充分代言。穆夏的《沐斯啤酒》中脸庞红晕的少女，使人感觉到她已醉意甚浓。她头顶上插满酿酒的麦穗以及大红的花朵，一手扶着装满沐斯啤酒的杯子，一手托着下巴，红润的双手也印证了她的醉意。美妇为啤酒代言，令人未饮先醉。《蓝色德尚》中的妇女微笑地望着手中的衣物，显然十分满意洗衣粉的功效，这位女性背后的圆环上写着“蓝色德尚风行全球”，画面下方则写着“在此贩卖”，其现代广告文案的意味十足。

(三)象征主义理论

在穆夏的海报中，吸烟也变成了人们的梦想。其中有两幅若普公司品牌的香烟宣传海报是穆夏的代表作。这两幅海报都是以美女为代言人，在发丝与鲜花的烘托下，画中女子娇美动人，香烟的烟雾缭绕与她陶醉的表情非常具有刺激消费的效果。穆夏的海报招贴画从视觉上通过图像的表现形式，赞美了新兴的资本主义文化。人类自身也与广告中的商品及其通过象征性表现出来的商品化密切结合在一起，对此，凡勃伦在《有闲阶级论》中婉转地表述了他在 1899 年论说的物质主义思想，其论述的实质特征，在 20 世纪 20 年代以及后来的摄影广告中得到了更加具体化和更加敏锐的表现。

19 世纪末的巴黎，产业革命与资本主义日益发展，市民社会的消费心理与条件都达到了一定水平，穆夏为新艺术树立起典范，成为新艺术的代言人。穆夏在 1900 年巴黎万国博览会上扬名，“波西米亚・捷克馆”的装饰设计使得他获得了银牌奖，而“新艺术”也在这一年成为通用词汇。这不仅是因为一举确立声望的穆夏采用了“新艺术”词汇，而且也因为一位“新艺术”商店的主人在博览会上的陈列馆获得了英美新闻媒体的报道。“新艺术之家”的商店是1895年由山姆·宾在巴黎开设的，他为了创造新的时代品位，邀请当时一流设计师从事设计，在所有领域拓展出新风格，领导了巴黎的新审美品味。

当山姆·宾开设“新艺术之家”的时候，穆夏与萨拉·贝纳尔的邂逅所产生的《吉斯蒙达》海报，几乎掩盖了当时海报界的谢雷、格拉塞、劳特累克等名家的风采，往后穆夏在海报、装饰画、商业设计等领域独占鳌头十余年。穆夏继《吉斯蒙达》的海报设计后，完美而崇高的女性形象成为他的风格特征，对象的理想性越来越明显。这样璀璨的世纪末的官能女神深深抓住消费者的偶像崇拜心理，社会心理学的效应出现在19世纪末的商业海报上。

法国的社会心理学家让·加布里埃尔·塔尔德以心理学的要素来探讨社会的本质，认为信念与欲望是社会现象的原动力，模仿是客观地表现人与人的心理关系，它们对于社会的成立具有重大意义。这种观点是与无意识、暗示的力量、催眠的理论相结合的，于是塔尔德认为，当人们想要获得商品时，问题在于是否能够获得有名的象征符号。此时，消费者对于商品的选择，一时之间陷入某种不完整的半意识的梦游状态。从穆夏的商业海报，如《MOET CHANDON香槟酒》的海报中，即能清楚地窥见19世纪末那种商品在社会上的集体催眠效果。

波德莱尔在《1846年的沙龙》一文中提到了“万物交感”理论：“不仅仅在梦中，在睡眠之前的轻微的幻觉中，而且也在醒着的时候，当我听见音乐的时候，我就发现颜色、声音和香味之间有一种类比性和隐秘的融合。我觉得所有这些东西都产生于同一条光线，它们应该汇聚在一种美妙的合奏之中。褐色和红色的金盏花的气味尤其对我有一种神奇的效果，它使我陷入深深的梦幻之中，于是我就仿佛听见了远处有双簧管庄严而深沉的声音。”①声音、香味、色彩都能因为人们的想象力而有互动关系，并且可以相互转换，产生交感的共鸣，而其基础就是波德莱尔所说的“普遍的类似”。在《1859年的沙龙》一文中，波德莱尔又说：“是想象力告诉人颜色、轮廓、声音、香味所具有的精神上的含义。它在世界之初创造了比喻和隐喻，它分解了这种创造，然后用积累和整理的材料，按照人只有在自己灵魂深处才能找到的规律，创

① [法]波德莱尔：《1846年的沙龙》，见《1846年的沙龙：波德莱尔美学论文选》，郭宏安译，197页，桂林，广西师范大学出版社，2002。

造一个新世界，产生出对于新鲜事物的感觉。”①

波德莱尔的象征主义理论就是主张以想象力构成绘画世界的对象、秩序、构成与色彩。穆夏的作品一直都承袭了这种理论，他的《装饰资料集》《装饰人物集》正是这种万物交感理论的装饰图案的百科全书。但是，波德莱尔的忧郁或劳特累克的那种病态感受，在穆夏的装饰画中却是看不见的，我们看到的只是理想美的高昂。因为，根据穆夏对伟大世界神灵的信仰，人们可以因为神灵而从蒙昧状态飞扬到更高境界，即使经历了困难也能达成。

三、唯美主义与生活艺术化：王尔德的美学原则

(一)生活艺术化

在西方，19世纪晚期发生的唯美主义运动预示着一个新的消费时代的到来。提到“唯美主义”，人们首先想到的是那些以美和纯艺术为理想归宿的文学艺术家和批评家，如瓦尔特·佩特、奥斯卡·王尔德、威廉·莫里斯等，他们的文艺观主要源自德国古典美学，特别是康德和席勒的美学思想，这是一个高雅文化的范畴，可以用“为艺术而艺术”这一口号加以概括。但是，与这种“作为一种艺术观”的唯美主义同时存在的，还有另外一个层面的内容，即“作为一种生活观”的唯美主义；这是唯美主义不仅作为一场文艺思潮而且作为一场社会改造运动的主要内容，可以用“为艺术而生活”这一口号加以概括。

在《文艺复兴史研究》中，佩特就倡导一种生活艺术化的美学。从佩特对“最高品质的瞬间”的推崇中可以看出，他的唯美主义理论是对“体验性”在现代符号消费活动和经济活动中的重要性的一种预见。其追随者王尔德则把生活艺术化的美学原则广泛地付诸生活实践，从服装用具到举止谈吐，从室内装潢到书籍装订，从青瓷花瓶、日本屏风到中国明代家具，日常生活的一切方面无不奉行艺术化原则以追求审美效果的极致。王尔德1882年到北美各大城市演讲时，大量涉及生活艺术化的问题，他认为应该美化我们的城市和居所，用装饰艺术改变生活环境。王尔德对此身体力行，他以其奇特的美学服装吸引公众，并经常手持一枝向日葵或百合花且称之为“唯美主义青年的食品”。王尔德的追随者和模仿者马克斯·比尔博姆把化妆品称为艺术；阿瑟·西蒙斯写过讴歌胭脂的诗歌；埃拉·达茜则把面具、多重自我与艺术相提并论。

---

① [法]波德莱尔：《1859年的沙龙》，见《1846年的沙龙：波德莱尔美学论文选》，郭宏安译，355页，桂林，广西师范大学出版社，2002。

在理论上倡导精英文化的唯美主义者在实际生活中却不断地向日常生活和流行文化靠拢，这从王尔德在美国受到学生、矿工、市民，特别是女性的热烈欢迎即可看出。瓦尔特·汉密尔顿在《英国唯美主义运动》一书中也预见了唯美主义的核心特征，即同时作为高雅艺术和大众文化运动的双重性质。在19世纪末，没有哪一个文艺流派像唯美主义那样在社会公众中产生如此广泛的影响，也没有哪一个作家像王尔德那样以自己的身体、服装、家居和举止谈吐以及同性恋生活方式来全方位地表达其艺术信念。实际上，这也是唯美主义运动本身的悖论：一个崇尚艺术自律的文艺思潮却在日常生活即非艺术领域取得了令人瞩目的成就。唯美主义的文艺观念与生活实践之间的内在张力体现为两张面孔：唯美主义不仅具有高雅文化的一张面孔，还有通俗文化的一张面孔，而后者是传统的现代主义和形式主义批评家所刻意忽略的。

法兰克福学派的阿多诺认识到这一点，他指出，唯美主义者诸如王尔德、邓南遮、梅特林克是“文化工业的先驱”。在这个意义上，阿多诺说，“为艺术而艺术”的口号所掩饰的正是它所倡导的反面。从根本上说，这正是资本对审美感性全面渗透并加以控制的表现。人工制品与图片的大规模生产，允许每个人都可以变成自己的“美学家王尔德”。杰克逊·李尔斯在《丰裕的寓言：美国广告文化史》一书中指出：“同尼采一样，王尔德努力要宣传一种摧毁传统的对立的世界观；他承认面具的存在，承认戏剧中的严肃性，以及幻想中的事实。不过很多王尔德式的装腔作势者却忽略了这些问题。在审美主义中，他们找到了通过购买与展示等方式来重新塑造自我的可能性，同时他们也希望满足自己想永远获得新鲜感的欲望。”①

实际上，在基督教衰落之后，在一切人和物都有一种失落感的时候，商品和艺术分别在不同领域充当起重建自我的某种角色。商品文化中纯外观形象的发展和运用，使商品变成脱离其使用价值的符号，这导致了新的商品崇拜。商品问题也关系到人的身份问题，从这个意义上说，商品变成一种后结构与后现代理论中所说的“能指”，它也能构造主体。

例如，王尔德对穿着十分讲究，而且把服装看成是一种艺术。他说：

---

① [美]杰克逊·李尔斯：《丰裕的寓言：美国广告文化史》，任海龙译，199页，上海，上海人民出版社，2005。

"衣服的首要品质之一就在于它们的表现性。"[①]汉密尔顿在《英国的唯美主义运动》一书中特别强调王尔德的服装观念在他的唯美主义思想体系中的重要地位以及他对服装的种种"艺术的运用"。1882年王尔德在北美各大城市演讲后，各种报刊更是十分热衷于描述他的唯美主义形象和奇装异服。

(二)形式的范畴

王尔德反对19世纪文艺领域泛滥的现实主义，在《作为艺术家的批评家》一文中，他指出，形式就是一切。在《谎言的衰落》一文中，他说："我们彼此之间的不同，完全是依靠如服装、风格、嗓音、宗教观点、人物外貌、小习惯等此类的次要属性来区分的。"[②]在这篇文章中，王尔德表达了这样一种观点，即生活模仿艺术远甚于艺术模仿生活。他甚至提出，自然与生活一样也是对艺术的模仿这一惊世骇俗的观点。

> 生活模仿艺术远甚于艺术模仿生活。这不仅仅是由于生活的模仿本能，而且是因为以下这个事实：生活的自觉目标是寻求表达，而艺术给它提供了某些美妙的形式，通过这些形式，生活便可以展现自己的潜能。这是一种从未被提出过的理论，但是它很有成效，并在艺术史上投下了一束新光。由此可推出的结论是，外在的自然也在模仿艺术。她能向我们展示的唯一印象就是那些我们已从诗歌或绘画中得到的印象。这是自然的魅力之谜，也解释了自然的弱点。[③]

他以法国印象派画家莫奈的画作《伦敦的滑铁卢桥，雾中的太阳》为例，指出如果不是从大师那里，"我们从谁那儿得到了那些笼罩着我们河流的可爱的银色薄雾？它们为曲折的桥梁和颤摇的驳船赋予了消失中的优美所具有的黯淡形式"[④]。在王尔德看来，自然不是生养我们的伟大母亲，她是我们的创造物。事物存在是因为我们看见了它们，我们看到了什么，我们如何去看它，这些都是由对我们施加了影响的艺术决定的。"现在人们看见了雾，并

---

① [英]奥斯卡·王尔德：《谎言的衰落：王尔德艺术批评文选》，萧易译，217页，南京，江苏教育出版社，2004。

② [英]奥斯卡·王尔德：《谎言的衰落：王尔德艺术批评文选》，萧易译，12页，南京，江苏教育出版社，2004。

③ [英]奥斯卡·王尔德：《谎言的衰落：王尔德艺术批评文选》，萧易译，51页、52页，南京，江苏教育出版社，2004。

④ [英]奥斯卡·王尔德：《谎言的衰落：王尔德艺术批评文选》，萧易译，36页，南京，江苏教育出版社，2004。

非因为有雾，而是因为诗人和画家们已经把那种景象的神秘魅力告诉了他们。在伦敦，雾也许已经存在了几个世纪了，我敢这么说，但是没有人看见它们，因此我们对它们一无所知。雾并不存在，直到艺术创造了它们。”①

王尔德认为，艺术的本质就是用语言、音乐、绘画等媒介来显示人类对自身的审美性价值评判。艺术并不提供包括人性在内的对象的永恒结构，它只搜集和展览艺术家对人的生命、历史和世界的总体文化态度及其审美情趣，在现实与艺术之间还有一个中介——人的价值观念，从这个意义上来说，艺术从来就不是纯客观的。

王尔德对形式和外在表现的重视也体现在他和其他唯美主义者对日本版画和东方艺术的极度推崇上。王尔德、比亚兹莱、莫里斯、惠斯勒等都是日本艺术的爱好者和日本工艺品的收藏者，他们从东方艺术品中看到的是线条、色彩、结构、装饰性等纯粹形式美；而内容、材料、意义则退居其后。惠斯勒的《孔雀厅》，其色彩、装饰完全是东方风格，充满了和谐、装饰性和抽象的形式美。王尔德曾盛赞惠斯勒的《孔雀厅》，他说，在色彩和艺术装饰方面，这是自意大利的科雷吉奥画出的那间美妙的房间之后世界上最好的作品。王尔德认为这种装饰艺术与当时的现实主义艺术是对立的，与西方的传统模仿精神是格格不入的。他认为东方艺术代表的是一种“物质的美”，一种绚丽多彩的表层的美，而这种风格与唯美主义所倡导的“纯美”“形式美”以及“外在的品质”等审美理想正相吻合。

这种审美的东方主义艺术理想和通俗的日本形象的奇特融合，从根本上讲，是商业文化的兴起和对日本商品大规模消费的结果。当时市场上的日本商品是十分时髦的商品，而对这些商品的消费以及广义的消费生活方式不能不对人们关于日本的看法和趣味产生影响。

通过对艺术形式的关注，王尔德等唯美主义者试图创建一种新的现实。他们把日常生活上升到形而上的水平，使生活中的一切从属于形式的范畴。实际上，唯美主义的世界与现实的世界在多数情况下是对立与统一的关系：一方面是因为唯美主义者的审美因素是对现实的反抗；另一方面他们以形象化为手段的反抗又隐含了商业资本的运作。

例如，惠斯勒曾参与雷兰家的装潢工作，但他趁雇主不在家时，擅自用大量金箔描绘了华丽的《孔雀厅》，还找来朋友和记者炫耀自己的作品。这惹

① [英]奥斯卡·王尔德：《谎言的衰落：王尔德艺术批评文选》，萧易译，37页，南京，江苏教育出版社，2004。

恼了雇主，他只付惠斯勒一半的报酬。王尔德对唯美主义的现身说法也为他带来巨大的商业利润，当时有讽刺漫画描绘他向观众宣讲的场景，周围插着百合花和向日葵，他的口袋里装满了美元。

所以，无论多么高雅的艺术观念，一旦为公众所接受而成为流行时尚，必然会得到市场的回报。在唯美主义光彩夺目的形象背后是物化的人与社会，但这也发展出一套日常生活的美学观点，即无论多么平凡、多么普通的事物都可以获得持久的文化价值。

20 世纪 60 年代初，王尔德的唯美主义生活实践和文艺思想体现为极富大众文化品位的“坎普”(camp)观念。在苏珊·桑塔格看来，王尔德是最早提倡“坎普”观念的作家之一。在王尔德的观念中，一个人应该要么成为一件艺术品，要么就穿戴一件艺术品，他把生活戏剧化、审美化了。“坎普”就是以一种审美的方式看待世界、对待生活。当王尔德表示他志在“配得上”他的青花瓷器或声称一个球形门把手能与一幅油画一样令人赞叹时，他实际上道出了后来“坎普”感受力的一个重要因素——对一切物品等量齐观。当他宣称领结、别在纽孔里的花、椅子的重要性时，他已经是在提前实践“坎普”的民主精神了。从这个意义上讲，王尔德的文艺观早在 19 世纪末就已经具有了一定的后现代主义色彩。王尔德等唯美主义者提出的最高品质的瞬间、自我形象、生活方式、面具的真理等观点成为 20 世纪 60 年代出现的后现代主义形式的符号消费与日常生活审美化的理论源泉。

四、新感觉主义与都市风景线：老上海月份牌广告

(一)上海摩登

太阳刚刚下了地平线。软风一阵一阵地吹上人面，怪痒痒的。……暮霭挟着薄雾笼罩了外白渡桥的高耸的钢架，电车驶过时，这钢架下横空架挂的电车线时时爆发出几朵碧绿的火花。从桥上向东望，可以看见浦东的洋栈像巨大的怪兽，蹲在暝色中，闪着千百只小眼睛似的灯火。向西望，叫人猛一惊的，是高高地装在一所洋房顶上而且异常庞大的 NEON 电管广告，射出火一样的赤光和青磷似的绿焰：LIGHT，HEAT，POWER！①

这是茅盾的小说《子夜》的开头，原稿的副标题是“1930 年，一个中国罗

① 茅盾：《子夜》，1 页，香港，南国出版社，1973。

曼史”。小说的背景城市是上海。20 世纪 30 年代的上海早已是一个现代都市，一个电车、霓虹灯、广告的都市。茅盾，这个“左翼作家”，中共早期党员，在他小说的第一页就透露了一个“矛盾”的信息：外国资本主义统治下的上海虽然可怕，但这个号称“东方巴黎”的通商口岸熙熙攘攘的景象还渗透出她无穷的能量：LIGHT，HEAT，POWER！这三个词(光、热、力)，再加上 NEON(霓虹灯)，显然强烈地暗示了另一种“历史真实”：西方现代性的到来。

在小说的前两段，茅盾就大肆铺叙了长驱直入的现代性所带来的物质象征：汽车、电灯、电扇、无线电收音机、沙发、雪茄、香水、高跟鞋、法兰绒套装、瑞士手表、啤酒和苏打水以及各种娱乐形式，如狐步舞和探戈、轮盘赌、舞女、酒吧、咖啡厅。这些并不是一个作家的想象，而是“摩登”上海新的日常生活方式的基本内容。

这个物质世界的轮廓可以借着报刊中的广告而被描画出来。《申报》从创刊开始就极为注重广告，创刊号上就排出广告版，并登载了 23 则广告。当时最有影响的画报类刊物《良友》在 1926 年 2 月 15 日创刊伊始就把封底版面全部卖给了“白金龙”香烟。到 20 世纪 30 年代早期，《良友》画报已营建了关于都会现代性的一整套“想象”。1934 年 5 月，梁得所在其主编的《大众》杂志上发表了一篇题为《广告与思想》的短文，意图说明现代广告除商品推销功能之外，亦未尝不具有艺术的旨趣。在一系列有关现代性的商业广告中，最为特殊的广告形式就是月份牌广告。

(二)月份牌广告

商业月份牌最初是从西方资本主义国家引入的一种广告噱头——主要是英美烟草、药物、化妆品、织物和石油公司。外国商家雇用本地画家绘制广告，这直接导致了以商业与中西画风联姻为特色的“月份牌画派”的诞生。很多月份牌画家，如胡伯翔、梁鼎铭、张光宇等，均受雇于英美烟草公司。

自 1925 年杭穉英组织穉英画室并邀请金雪尘和李慕白等加入，月份牌广告画出现了重大改变。作品在表现手法方面承继了郑曼陀的水彩擦笔画法，并参考了迪斯尼卡通人物的画法。作品在内容方面则摒弃了过往传统穿清装的女性或纯情女学生含蓄文静的形象，取而代之的是展示身穿艳丽旗袍和展露灿烂笑容的上海摩登美女。画中描绘的新女性，形象大多以美国性感女郎为蓝本，并改良成适合中国人口味的美女，画中极力突出性感女性的身体。杭穉英在 20 世纪 40 年代创作的天鹅牌香烟月份牌广告中的女性形象，与其他身穿中国旗袍的女性形象明显不同，完全是非传统的、西化的、外来的生活方式和审美观念。

月份牌广告在承担商品推销功能和展示激发消费欲望的新奇物品的同时，也是上海都市想象建构的重要面向。这些广告在当时普通的读者那里也会激起各种各样的“误读”——几乎都是出自一种男性注视和欲望，因此也导致了对女性身体的物化和商品化。并且不只是女性身体的问题，女性身体的展示已经成为和日常现代性相关的一种新的公众话语。

在源和洋行1933年威士忌酒月份牌广告中，画面上一位坐在褐色皮沙发上身穿半透明旗袍、烫着新发式的漂亮女子，面带微笑地直视着画面外潜在的受众/消费者。她的周围是被边缘化了的各色酒类，只有一瓶已开启的Moet香槟出现在稍靠画面中心的边桌上。意味深长的是，开盖香槟的左右两侧分别摆放着一个半满的酒杯，这无疑强化了整幅广告的多义性。当然，最实在的阐释可能是摩登女性和额外的酒杯都在邀约潜在的消费者一起品尝洋酒以及由消费现代商品所带来的摩登生活方式。

月份牌画崛起之初，主要面向市民阶层和乡镇富裕农民，故画面较多表现传统内容，如戏剧故事、古装仕女等。以后逐步以城市中产阶级作为主体消费对象，因而画面大量出现飞机、游泳池、高尔夫球等时尚消费和唱机、钢琴、电话、洋酒等高档奢侈品。当时月份牌广告着重表现的是：舒适的生活——洋房、汽车、佣人，优秀的特质——宽容、优雅、亲切，美好的形象——健康、端庄、秀美，并以此作为大众消费的导向和风向标。在艺术层次方面，月份牌广告的美人画，透露出清末民初时装化新女性的时尚、情趣和格调。画家们受传统年画的影响，一般画面都撑得比较满，人体的结构比例也略有失调，有的画作更以大胆的半裸体表现，以女性的肉体美色去吸引消费者，体现了当时唯美主义的心态和审美取向。

(三)新感觉派模式

在当时的海派文学中，商品化的影响可见于许多新创杂志中。上海的现代主义者开始用新感觉派模式写作是在1928年，标志是刘呐鸥个人出资创办并任主编的杂志《无轨列车》的出版发行。在1928年9月这本杂志的第1期上，刘呐鸥发表了具有开创性的小说《游戏》。这篇小说通过重复、心理独白、电影蒙太奇和对都市客体进行人格化处理等写作技巧，第一次实验性地创造了一种与都市生活感觉相互连接在一起的新语言。这种都市生活感觉意味着歌舞餐厅及其他快节奏生活场所的节拍、都市人的孤独感和都市人生活的道德重负。这篇具有开创性的小说在很大程度上奠定了后来的“新感觉派”的特征。

神经末梢过度敏锐的上海新感觉派作家，心绪不宁地捕捉洋场社会纷至沓来的声光色味的刺激。刘呐鸥、穆时英等人把注意力集中于都市的外在景观，集中于那里的色彩、声响、气味、节奏。他们往往并不致力于从整体上感受世界，而是通过一个特殊的视网膜或色谱仪把洋场景观分解成七零八落、五光十色，在爵士乐一般喧嚣跳跃的节奏中摇曳出种种烟酒味和脂粉气息。他们的审美感觉和表现手段是时髦的、富有刺激性的。在刘呐鸥和穆时英的小说里，我们常常能找到包括汽车、爵士乐、好莱坞电影、舞厅、赛马场等在内的都市物质产品，这些人造景观被看成是异国情调的具体体现和“肉的沉醉”的提供者。

在施蛰存主编的《新文艺》月刊的“新书广告栏”中，可以看到对刘呐鸥短篇小说集《都市风景线》的推崇：“刘呐鸥是一位敏感的都市人，操着他的特殊的手腕，他把这飞机、电影、JAZZ、摩天楼、色情、长型汽车的高速度、大量生产的现代生活，下着锐利的解剖刀……我们尤其要推荐的是刘呐鸥先生的作风，他的作风的新鲜是适合于这个时代，为我国从来所未曾有的。我们可以从他那儿学到文学的新手法，话术的新形式、新调子，陆离曲折的句法。”①《都市风景线》里的第一篇作品就是《游戏》，作品的第一个场面就是描写夜总会这个洋场世界灯红酒绿的橱窗的：

> 在这“探戈宫”里的一切都在一种旋律的动摇中——男女的肢体，五彩的灯光，和光亮的酒杯，红绿的液体以及纤细的指头，石榴色的嘴唇，发焰的眼光。中央一片光滑的地板反映着四周的椅桌和人们的错杂的光景，使人觉得，好像入了魔宫一样，心神都在一种魔力的势力下。②

这里全然是零碎错综的色彩、光线及旋律的堆积和跃动。日本新感觉派代表片冈铁兵把感觉称为“电源”，暗示这种感觉是属于都市文明的，令人颤悠悠、麻酥酥的，瞬间就可以从神经末梢刺激人的心脏的。刘呐鸥对这个跳探戈舞的乐园的描绘，处处充满着这种接通了电源的瞬息万变的直接感觉。

都会里颓废和色情愉悦的场所众多，方式和方法也极为丰富，这也使得新感觉派、流行文化、都市化与色情联系在一起，这也是新感觉派与唯美和颓废主义者邵洵美、叶灵凤等的相似之处。后者寻求一种对新事物、特别的

---

① 转引自[美]史书美：《现代的诱惑：书写半殖民地中国的现代主义（1917—1937）》，何恬译，311页，南京，江苏人民出版社，2007。

② 刘呐鸥：《都市风景线》，3页，杭州，浙江文艺出版社，2004。

事物、感官对象、神秘人物和人造物的即时满足。例如，在《流行性感冒》中，叶灵凤将女性身体与当时最流行的汽车款型相提并论，“她，像一辆一九三三型的新车，在五月橙色的空气里，沥青的街道上，鳗一样的在人丛中滑动着……从第四档换到第五档的变速机，迎着风，雕出了一九三三型的健美姿态：V形水箱，半球形的两只车灯，爱沙多娜·邓肯式的向后飞扬的短发。”①

沉溺于商品化之中的消费文化只在上海的范围内有效：人们很难想象20世纪30年代，最新款的跑车会在中国的马路上飞驰。事实上，在上海以外的地区要找到加油站都很困难。“消费文化的边界清晰地标示出上海特定的文化氛围，突出了上海作为典型的半殖民地城市的性质。上海现代主义中突出的商品崇拜现象反映出：这个半殖民城市是色情和颓废的游乐场，本身只具有消费性而不具有生产性。由于这些商品来自外国，在中国其他地方很难找到，因此它们都透露出一股令人耳目一新的、具有异国情调的风味。”②

具体到广告表现上，20世纪30年代上海广告反复出现的主题是大肆展示来自西方的新技术在日常生活中的运用，这些因技术进步而出现的新器物被视为“摩登”的象征。由杭穉英创作的粤港冯强制造树胶厂鞋类广告，画的是一个衣着时髦、烫发描眉的女子一边享受着电话通信所带来的愉悦，一边略带炫耀地注视着画外的观众。广告在意图推销的产品(树胶鞋系列)和表述符号(女子和电话)之间存在明显的“断裂”，然而，这一“断裂”实际上是更高的广告策略，即用一种看起来和产品无关的符号来重新定义产品的消费经验，用今天的广告术语来说，即“生活方式行销”或“体验行销”。广告叙事把树胶鞋与女子和电话所表征的摩登和幸福的经验结合起来，让消费者在买进商品的同时，也买进了一种高质量的生活方式。

用电话转换精神情绪的空间，张爱玲用得十分多，《半生缘》里世钧辗转得到离婚后的曼桢的电话，拨过去，接电话的人要他等，得去喊人。曼桢的生活，连台电话都装不起吗？这引发了世钧更多的猜测，曼桢和豫瑾结婚了？婚后生活得不好？还是……他怎么想都没有旁观的读者清楚曼桢更凄惨十二倍的遭遇。有了这一层，接下来两人最后的重逢，才令人更感到凄凉苦

① 转引自[美]史书美：《现代的诱惑：书写半殖民地中国的现代主义(1917—1937)》，何恬译，302页，南京，江苏人民出版社，2007。

② 转引自[美]史书美：《现代的诱惑：书写半殖民地中国的现代主义(1917—1937)》，何恬译，304页，南京，江苏人民出版社，2007。

楚和无奈。张爱玲小说里的电话，已经有点“生活指标”的意味了。

电话在 20 世纪 30 年代的上海只是中上等家庭能够“把玩”的奢侈品的事实并不妨碍商家把其包装成日常必需，以“贴近”民众的姿态推销电话业务。当时，上海电话公司的一组广告以市民生活的断面来进行诉求。在一幅题为“你妈真讨厌，又来揩油了”的广告中，画面右上方是一位妇女在弯腰打电话，另一位妇女在旁边站立着；画面右下方则是一个衣着整洁的男孩正向另一个西式打扮的男孩抱怨其母借打电话给他家庭带来的不便。在这里，现代器物的“缺乏”不仅被形容为影响到了母亲间的关系，而且还在男孩间造成了裂痕。单纯的物品转化成了社会关系的符号。在这样一个新器物不断出现、刺激而多变的都市生活中，新感觉主义所呈现出来的，就像一个万花筒，即使凑近瞥上一眼，就足够让人头晕目眩一阵子了。

第二章　物质主义魔法

美拉尼西亚的土著人曾经被天上飞行的飞机搅得心醉神迷。但是，这些东西从来没有在他们那里降落过。白人每次都成功地将它们接收。因为他们在地面的某一区域布置了相似物，用以引导飞机的飞行。于是，土著人便用树枝和藤条建造了一架模拟飞机，精心划出一块夜间照亮的地面。他们耐心地等待着真飞机前来着陆。

毋须把当今游荡在城市丛林里的类人猿的狩猎冠以原始状态(为什么不呢?)，人们就能够在这里看出消费社会的寓言。消费中受过圣迹显示的人也布置了一套模拟物、一套具有幸福特征的标志，然后期待着(一位道德主义者很失望地说)幸福的降临。①

——让·鲍德里亚

在更深刻的意义上，广告和宗教一样都是“制造意义”的过程，两者都提供一套系统的认识论以试图抹杀人和物质之间的差距。它们都许诺救赎：宗教通过信仰；广告则通过购买。

詹姆斯·特威切尔在《美国的广告》一书中指出，“广告只不过是给物品加载意义的众多企图之一。与其说它是一面镜子、一盏灯、一个放大镜、一个变形的棱镜、一扇窗户、一幅错视觉画或者是潜意识的嵌入，不如说它是文化内部的一个正在进行的有关物质意义的谈话。它既不跟随潮流，也不领导潮流，它与潮流相互作用、相互影响。广告既非鸡又非蛋，让我们做一个折中：它既是鸡又是蛋。它不仅是关于需要消费的物品的语言，也是关于物品消费者的语言。它是一张网上的线，把人与物、人与人连接在一起。”②这样看来，广告在消费社会中的作用类似于宗教在传统社会中的作用。雷蒙·威廉斯把广告称作魔术般的体系；瓦达·莱莫尔也说广告是神话的一种形式。广告是种拜物的宗教。

---

① [法]让·波德里亚：《消费社会》，2版，刘成富、全志钢译，6页，南京，南京大学出版社，2006。

② [美]詹姆斯·特威切尔：《美国的广告》，屈晓丽译，18页，南京，江苏人民出版社，2006。

第一节　制造意义的过程

一、广告的魔法思维：弗雷泽与交感巫术

1890 年，人类学家詹姆斯·弗雷泽出版了《金枝》一书。在这本关于巫术意识和宗教信仰的著作中，他对物品的吸引力做了分析和阐释，引起很大的反响。在书中，弗雷泽描述了所谓“交感巫术”的两个方面：第一是“同类相生”或果必同因；第二是“物体一经互相接触，在中断实体接触后还会继续远距离的互相作用”。前者可称之为“相似律”或“模仿律”；后者可称之为“接触律”或“触染律”。

如果用于分析广告，“相似律”是循环思维的一种变体，一个人能够仅通过模仿就实现任何他想做的事。因为产品是由某种东西制成的，如果你消费这个产品，你也会和它一样。所以，非洲人使用犀牛角磨的粉，而我们也会坐进一辆取自动物名字的汽车四处奔跑。“接触律”则是一切做证明的广告的基础，这是对名流做广告代言的重要性的解释。与在基督的遗物上有宗教的对应物一样，如果你使用了这种产品，触摸了这块石头，去了这个圣地，重复了这个词语，你就会被赋予威力，因为这个产品、石头、地方和词语曾经被一个比你更强大的人使用过。

现代商品构成了可称为“品牌图腾”的体系。弗雷泽说，图腾是一种类的自然物，野蛮人以为其物的每一个都与他有密切而特殊的关系，因而加以迷信的崇拜。当某一部落与别的部落做出区别时，便援用存在于自然中的分类。原始社会“自然种”(如动植物)与“社会种”(如某部落)的这种结合，也可见之于现代消费社会的品牌与个人之间。在这一点上，个人不是因为作为品牌的物品之功能与效用而被范畴化，而是因为采用品牌所提示的感性“内涵”，才使品牌间的差异成为个人的差异。正如列维-斯特劳斯的分析，在图腾上，作为自然种的动植物之所以被选中，不是因为适合食用，而是因为“适合思考”。按照这种逻辑，现代图腾意义上的品牌崇拜，也不是因为功能卓越，而是因为“适合传达意义”而被选中。

消费者把他们的物品视为自身的一部分，人们获得或强化自我意识的过程部分是通过购买的物品以及这些物品对他们自身与周围人而言象征什么来实现的。品牌浓缩了诸如严谨、洒脱、刚毅、温柔、高贵等社会价值，对很多消费者来说，“我”是什么部分地依赖于“我的东西”是什么。随着社会传统习俗诸如家庭和宗教重要性的下降，社会中越来越多的人根据其所有物及象

征联系来确定自身价值，这即是他们的“社会价值”。人们使用自己喜欢的物品，不仅是为了将自身限定为个人，也是为了限定他们所归属或不归属的群体。

针对这种现象，艾德加·莫兰也指出：“广告就要加强商标图腾这一具有神灵和生命，这一拟人化的特点，将一个神灵的世界与技术的世界交叠在一起；只要看看我们所谓的工业社会，我们首先看到的，就是埃索(Esso)和阿贾克斯(Ajax)骑士。这些驱之不去的幽灵似乎要将我们淹没在一个神秘而幼稚的世界中，不同之处只在于其游戏和观众的性质。但是，正是因为这样，广告才使古老的沉渣浮现在现代社会的表面上，广告正是借助于这一古老的沉渣，一方面使产品具有个性，另一方面则激励人们消费的欲望。”①

与图腾相伴的是禁忌，被炮制出来用于把物品变成救赎的魔法力量，也是放逐它们的力量。这些普遍的日常生活中的烦恼，如体臭、口臭、缺铁性贫血、头皮屑等问题，它们来自何处？几十年前它们在哪儿呢？显然是魔法思维在作祟。在《理解媒介》一书中，麦克卢汉认为是广告使消费者“神魂颠倒”。他讲了这样一件事情：“第二次世界大战”后，一位有广告意识的驻意大利的美国军官迷惑不解地说，意大利人可以告诉你意大利内阁成员的名字，可是意大利名人喜爱的商品他们却说不出来。这位美国军官进一步指出，意大利城市的墙上贴满了政治口号而不是商业广告，因此他预言，意大利人要开始操心玉米片和香烟的互相竞争而不是操心知名人士的能力，他们才能实现国内的繁荣和安宁；否则实现这一目标的机会是微乎其微的。在这位美国军官看来，民主自由在很大程度上是对政治的置之不理，但却是对这样一些威胁的忧虑，而这些都是我们今天面临的消费问题。

约瑟夫·坎贝尔在《千面英雄》中把现代人的困境与原始人的困境做了比较：“在数万年前的远古时代，对原始人而言，剑齿虎、猛犸象和动物界其他危害较小的动物是异物的主要表现。它们既是危险的源泉，又是人赖以生存的源泉。人最大的问题就是从心理上与动物相联系，并与之分享洪荒世界。无意识的认同随之产生。后来，无意识的认同提升到有意识的层次。在图腾祖先那似人非人、半人半兽的形象中……在文学模仿中……这种联系上

---

① [法]艾德加·莫兰：《社会学思考》，阎素伟译，425页，上海，上海人民出版社，2001。

升到有意识的高度……个体的自负就被摧毁，黏合力强大的社会组织就实现了。”①

在《机器新娘》中，麦克卢汉使用了一段描写，他认为，今天，我们正在目睹与之相似的过程，唯一不同之处是：“在恐怖的洪荒时代，人的紧身衣是动物；今天，我们无意之间面对的紧身衣是机器。透过广告和娱乐，我们能够洞见自己正在构建的图腾形象，构建图腾形象的过程就是穿上紧身衣的过程。”②

所以我们看到，在箭牌衬衫的广告形象中，最显著的特征是阶级(class)，这也是画家雷恩德克尔最受欢迎的广告创作。箭牌男士这个角色定义了美国男性的理想形象：一个有品位、有礼貌和优良品质、高贵、头脑清醒的男人。“箭牌男士”这个术语成了英俊、衣着整洁的绅士的统称，他甚至成为赞美诗和百老汇戏剧的表现对象。其系列广告暗示说，箭牌男士的“品位、礼貌和优良品质”是衣着问题，是大部分中产阶级男人能够也应该做出的选择。箭牌男士为男性气质设立了躯体和服饰的标准，在广告中显示的男人，他不蓄胡须、方下巴、肩膀宽阔、思维缜密、见识广博。在社交活动中，箭牌男士将与一位成熟的女性伴侣出现在一起，她与他有着相似的修长身体线条和轮廓清秀的鼻子和脸颊。雷恩德克尔笔下的妇女也是当时关于女性气质概念的混合体，融合了圆滑的现代性与精致的美丽以及顺从的姿态，这由她向下凝视和处于较低的位置所显示。作为一对璧人，他们体现了精英主义和物质富裕，这通过他们的面部表情、合乎礼仪的姿态及其背景所展现。当然，这些属性也通过他们的衣着得到表达。从这个意义上讲，“阶级”不是关于社会标准的僵硬规定，而是某种可以出售的物品与形象，对那些没有却买得起的人而言唾手可得。

二、科学的广告：人类欲望的非科学本质

魔法是人的本性，以至于我们期待广告把它延伸到我们面前。1922年，弗雷泽出版了《金枝》的第四版，大约在同一时期，广告人克劳德·霍普金斯正在试验不同广告标题的吸引力，他所谓“科学的广告”就是说，广告是建立在固定的原则基础上的，是根据基本规律进行运作的。

---

① 转引自[加]马歇尔·麦克卢汉：《机器新娘——工业人的民俗》，何道宽译，62页，北京，中国人民大学出版社，2004。

② 转引自[加]马歇尔·麦克卢汉：《机器新娘——工业人的民俗》，何道宽译，108页，北京，中国人民大学出版社，2004。

在1923年出版的《科学的广告》一书中，霍普金斯指出：“优秀的广告人应该懂得心理学，而且懂得越多越好。他应该了解特定的作用会导致特定的反应，从而使这些知识去增强效果，避免犯错误。”①在他看来，广告人的目标就是要进入欲望的轨道，这也就是今天的“定位”。在霍普金斯之前，广告人依靠他们自己的直觉行事，而在霍普金斯之后，在广告中开始注重调研、心理分析以及顾客的作用。

在1927年出版的《我的广告生涯》中，霍普金斯说：“要为产品创造一种气氛，否则它不会给人以持久的印象。”②当他推销“比塞尔”牌地毯清扫器时，他从不讨论机器运行得多好，而是讨论抛光漆的效果，以及可以用它来作为一件实用的圣诞礼物的事实，实际上他称其为“圣诞礼物之王”。在为“桂格”燕麦推销时，他把原来的小麦粒粉质胚乳的名字改成“饱满小麦”，并且宣称“谷物膨胀到平常大小的8倍”“从枪里发射出来的食品”。

霍普金斯知道广告和宗教有着很深刻的相似点，他是最先意识到广告成为没落的资本主义世界赎罪的福音和公认的世俗的商业信仰赎罪的圣经的人之一。在为“派索恩特”牙膏做广告时，霍普金斯阅读了大量的牙医权威的理论著作，他从中发现了一条关于特殊的齿面保护层的参考资料，后来他把这种保护层称作“薄膜”并作为广告的诉求点。“我决定把这种牙膏宣传为美丽的创造者，准备好好利用一下迷雾般的‘薄膜’。”③其后一系列的广告都集中在这点上，就是在那层薄膜上数以百万计的细菌是怎样生长繁殖的，因此广告建议消费者：用“派索恩特”牙膏刷牙，消除那层黏性物质，将会使你自己变得更有吸引力。

这是霍普金斯为“派索恩特”牙膏用户许诺的魔力。他知道不仅是广告而且所有生活的科学原则都在于魅力。所谓科学的发现，就是发现了“人类欲望深刻的非科学本质”。仪式、迷信、宗教——无论对此是否有意识，所有这些都会影响人们对物品意义的想法。“宗教和广告所具有的强烈吸引力是相同的，因为它们都是富有创见性的奇思妙想。生活将因此而变得有意义。我们也将因此而被拯救，我们将被来自快乐王国或天堂的人送往理想的国

① ［美］克劳德·霍普金斯：《我的广告生涯·科学的广告》，邱凯生译，199页，北京，新华出版社，1998。

② ［美］克劳德·霍普金斯：《我的广告生涯·科学的广告》，邱凯生译，124页，北京，新华出版社，1998。

③ ［美］克劳德·霍普金斯：《我的广告生涯·科学的广告》，邱凯生译，129页，北京，新华出版社，1998。

度。在那里，我们将沐浴着天下一家的和平曙光，欢度充满爱的美好年华。”①

品牌营销专家马丁·林斯特龙认为，每一种主流宗教都具有如下特点：归属感、清晰愿景、对敌人施加压力、感官诉求、讲述典故、庄严高贵、福音传道、标志性符号、神秘感、仪式，而这些基本特点和人们喜爱的产品和品牌有很多共同点。

例如符号，这是大多数宗教所具有的普遍特点之一。十字架、鸽子、天使……正如每一种宗教都有自己的符号，产品和品牌也有其独特的标识。麦当劳的金色双拱门招牌、苹果被咬了一口的标识、耐克的对钩儿、星巴克的女海神形象……这些“符号语言”激发了人们的联想，并对购买产生了巨大的影响。

精神性和品牌不可分割地联系在一起，最成功的产品就是那些与宗教有着最多共同点的产品。例如苹果，尽管乔布斯已经逝去，但在“苹果迷”的心中，身穿一件普通套头衫的乔布斯，像修道士一样在讲台上来回踱步的形象堪称经典。只要具有苹果标识，苹果的店铺甚至根本不需要任何产品说明，对于狂热的粉丝来说，苹果不仅是一个品牌，也是一种宗教。

有研究者利用脑部扫描技术尝试去证明品牌和宗教之间的科学联系，结果确实很有意思：当人们看到与“强势”品牌有关的图像时他们脑部出现的活动与他们看到宗教图像时的反应完全一致。这也是如今的营销人员和广告商们越来越频繁地举起“宗教牌”来吸引人们购买的原因。在巴黎的一次高管会议上，某著名香水企业的首席执行官问他的总工程师：“我们的香水含有任何魔力配方吗?”总工程师皱起眉头答道：“你是说……自来水吗?”很快，该企业就研发出了一个“魔力”配方，并“加入”到了新产品中。所以我们不难理解广告人许舜英的观点：如果广告公司找来的导演是巫师或灵媒，就能带领他们冲出这个毫无想象力可言的现实世界。

三、魔法师原型：品牌的神奇时刻

心理学家卡尔·荣格说，每个人的心里都有一套感知原型概念的系统，这些原型意象具有共通的本质，它们以神话元素在世界各地的形式或形象中体现，同时也是每个人身上源自潜意识的产物。马克和皮尔森通过研究世界各大知名品牌，具体归纳出 12 种原型：天真者、探险家、智者、英雄、亡

---

① ［美］詹姆斯·特威切尔：《震撼世界的 20 例广告》，傅新营、蔚然译，43 页，上海，上海人民美术出版社，2003。

命之徒、魔法师、凡夫俗子、情人、弄臣、照顾者、创造者、统治者，这 12 种原型反复出现在世界各地的传说与神话故事中，也是亘古以来存在于人类心理的“形象”，借由分析这些原型意象与品牌之间的关系，可以建立起一套运用原型理论与意义管理系统来打造知名品牌的方法。

以 Levi's 为例，它曾经是一个定位有力且清晰的探险家品牌，后来从亡命之徒变成了英雄，再变回探险家，然后又变成凡夫俗子，再变成弄臣，有时候甚至以大杂烩的方式同时呈现出各种原型形象。这反映了它在管理母品牌与子品牌(如 501、Five Pocket、WideLeg 等)上的混乱。于是，该公司的市场占有率也随之下降。

苹果(Apple)计算机虽然犯过许多经营上的错误，但顾客的耿耿忠心却一再挽救了它(这些顾客不管怎么样就是爱苹果计算机)。该公司的座右铭(“与众不同地思考”)、商标(被咬了一口的苹果——暗示亚当和夏娃违抗神旨，偷吃了知识树上的果实)以及该公司勇于创新的声誉，都令人联想到这样的原型：一个有建设性的、独立的亡命之徒。

在马克和皮尔森归纳的这套意义管理体系中，商品就像一出出原型戏剧中的道具。原型，是品牌的心跳，因为它传达了某种让顾客以为自己在跟一个有某种生命的产品互动的意义。于是，顾客和产品建立了关系，他们会关心这个产品。根据保罗·雷伊的行销研究，目前有一股消费势力正逐渐兴起，他把这群人称为“文化创意人”。这些人都拥有魔法师般的信仰，所以会通过意识塑造具体现实的过程来创造自己的生活。不管是身为顾客还是员工，这些具有魔法师理念的人都认为，身份与产品或服务品质同样重要。

魔法师最早的典型包括巫医、巫师以及想要点铅成金的术士，后来则有探究宇宙根本奥妙的科学家、研究人类意识活动的心理学家以及传授心灵成功秘诀的大师。“魔法师最基本的条件就是渴望发掘事物运作的基本定律，并把这些原则用来实现心中的想法。魔术最常见的用途则包括治疗头脑、心理与身体；找出年轻的根源与长寿的秘诀；发掘创造与保持繁荣的方法；以及发明可以让梦想成真的商品。”①

只要是能造就“神奇时刻”的东西，都可以算是魔法师原型的品牌，此外，魔法师也是水疗以及许多可提供转型体验的沐浴产品最理想的原型。

魔法就是让梦想成真，而变化则往往是“由内而外”的。本田雅阁的汽车

---

① [美]玛格丽特·马克、[美]卡罗·S·皮尔森：《很久很久以前：以神话原型打造深植人心的品牌》，许晋福等译，159 页，汕头，汕头大学出版社，2003。

广告说："你或许会怀疑，自己是不是真的具备雅阁的潜能。但我们相信，每个人心中其实都有一部坚固又美观的本田雅阁。你可能会问，要怎么做才能表现出内心的这种'雅阁情'？有一种技巧保证万无一失，而且有很多职业运动员和顶级运动主管都在使用，那就是'想象'。你只要闭上眼睛，把自己想象成本田雅阁，你就会成为能掌握一切又值得信赖的领导者，而且也会一天比一天更像雅阁。试试看，这个办法很有效哦！"

这则广告文案是把魔法师的原型对想象的信任变得很平常，它建议消费者与雅阁结为一体，以踏出实现梦想的第一步。与"内在心理"到"外在现实"的变化不同，还有一种"由内而外"关涉"内在身体"到"外在肌肤"的叙事，这种类型常见于化妆品广告中。例如，LANCOME(兰蔻)激光淡斑精华液广告说："激光般精准，由内淡化色斑……绽现瓷白美肌，由内而外匀净透亮。"LAMER(海蓝之谜)美白紧颜精华液的广告说秉承品牌独特的"修复于内，透白于外"的温和美白理念。

实现梦想的能力也和环境中某些受人期待的联系有关。荣格用"共时性"这个概念来形容有意义的巧合，而这也是内在世界与外在世界交会的地方。举例来说，当你想到一个很久没见的人时，她突然打电话给你；或是荣格的一位患者梦到一只甲虫，结果当她谈起这件事情时，就有一只甲虫飞到窗子上。福斯有一则捷达车广告拍得很神奇，它把外在世界的每样东西都变成和车子挡风玻璃上的雨刷具有相同的节奏，连球的弹跳也不例外。像这种内在与外在同时运行的经验也被视为一种征兆，可以被称为"心流"，当这种情形发生时，大多数人都会觉得很快乐。

魔法师的动力是来自"自我转型"的欲望以及改变他人、组织与大时代的机会。因此，马克和皮尔森认为，如果品牌具备下述特点之一，魔法师的原型或许是一个很好的定位：

> 产品或服务具有转变的作用。
> 它保证绝对会让顾客有所转变。
> 它以 New Age 顾客或文化创意人为诉求对象。
> 它有助于扩展或提升意识。
> 它是人性化的科技。
> 它含有心灵或精神的成分在内。
> 它是十分新颖的产品。

它属于中高价位。①

第二节　渴望变形的梦想

一、多重世界：秘方药时代的肉体与灵魂

杰克逊·李尔斯在《丰裕的寓言：美国广告文化史》一书中指出，进入19世纪后，美国人同欧洲人一样，都向占星家与魔法知识的传承者咨询建议，希望能够改善农耕、治愈病痛，并去除心中的烦恼。在这一时期，“秘方药”贩卖者们将思想与肉体融为一体，与其他的异端医疗者一样，使泛灵论仍然广受欢迎并且能够继续发展下去。与此同时，他们又通过魔法干预满足了消费者们渴求自我变形的梦想。

当时在所有的消费商品中，能够带来最大收益的投资就是做秘方药的生意：生产成本极低，已经有了一整套高效的销售系统；唯一需要的就是在广告上投入。在很多方面，广告代理商和秘方药生产商仍然扮演着南北战争前小商贩的角色，现在只不过有了一层诚挚、科学和进步的外衣而已。他们仍然鼓励人们通过向上攀爬或者在心灵内部重生来达到魔法般的自我变形，仍然一面激起民众的兴趣，一面又引发民众的不信任。

二、深层观念：现代广告的哲学

(一)联合价值

马克斯·韦伯在《新教伦理与资本主义精神》中分析过，多数的新教改革运动把矛头对准天主教会宣称有神力的许多东西上，从神圣的教区土地到献祭的圣水，这场宗教改革运动系统地除掉了这些物体上被赋予的意义。但是，市场很快会拾起这些被抖掉的意义然后用到工业产品上去。人们可以在现代广告中看到商业主义中的宗教原型：买下某个东西就会被拯救、会有新的自我形象、会自我实现。

“商业文化和艺术文化间的双向关系正在一寸一寸地相互靠近以弥合差异，虽然它们所产生的差异只有一臂之遥。随着这个差异被弥合，广告崇拜就类似于意大利的文艺复兴了。”②詹姆斯·特威切尔在《美国的广告》一书中

---

① ［美］玛格丽特·马克、［美］卡罗·S·皮尔森：《很久很久以前：以神话原型打造深植人心的品牌》，许晋福等译，179页，汕头，汕头大学出版社，2003。

② ［美］詹姆斯·特威切尔：《美国的广告》，屈晓丽译，239页，南京，江苏人民出版社，2006。

指出，要理解艺术在广告崇拜中所扮演的角色，不仅需要追溯到文艺复兴时期，而且还需要追溯到维多利亚时期。在某种意义上，文艺复兴是维多利亚时代的创造，现代人对艺术的“意义”和“功能”的理解是维多利亚时代思想的延伸，即艺术的神圣化、典范化等观点。新的高雅艺术的教会占据着统治地位，民间传说和大众文化则处于被放逐的地位。通过建立审美标准把艺术与庸人区隔，艺术便成为新的宗教。而现代广告则在颠倒这两极方面提供了让人耳目一新的和民主的服务。

在这种背景下，不难理解 1887 年著名的彩色石印画《泡泡》出现后所发生的令人震惊的“文化堕落”事件。当时，约翰·埃弗雷特·密莱司是英格兰最著名、最流行的画家。在上流社会中，他因作为拉斐尔派前期奠基人之一而闻名，作为对高雅文化有贡献而封爵的伟大艺术家和皇家艺术学院院长而被人熟知。密莱司把他为孙子(未来的海军上将威廉·吉姆斯)画的肖像，命名为《一个孩子的世界》卖给了《伦敦新闻画报》的威廉·英格拉姆，英格拉姆将其用作 1887 年圣诞节号中的整版插图。像当时的其他杂志一样，《伦敦新闻画报》也致力于用适合杂志构想的图画以扩大发行量，《一个孩子的世界》很快被改名为《泡泡》，这幅画赢得了一大批追随者，因为它描绘了在维多利亚时代中产阶级中普遍盛行的童年的感情脆弱和多愁善感。

在用尽了这个形象的价值之后，英格拉姆将这幅画及其所有的版权卖给了皮尔斯肥皂公司的托马斯·巴勒特。巴勒特在广告界的最高声誉在于其致力于“饱和运动”。据说，他把“早上好！你用了皮尔斯肥皂吗?”印在许多东西的表面，以致有教养的人羞于用这样的问候语互致问候，以免被商业语言玷污。不出所料，他把这幅画稍作改动后印在许多东西上面。最重要的是把“皮尔斯”这几个字刻在肥皂上。密莱司对巴勒特对他作品的利用大为恼火，但巴勒特态度坚定。画是他的，他可以用他认为合适的方式使用它。艺术和广告、高雅和低俗之间原本分明的界线变得模糊不清了。维多利亚时代的人试图分离的东西，即艺术和商业，现在结合在一起。作为贩卖工具的艺术的复兴现在重新开始，只是赞助商变了。

当时，皮尔斯肥皂的定位是适应英国上层阶级美白肤色要求的专用品，这样可以使他们与那些在阳光下辛苦工作的人区别开来。巴勒特擅长的广告手法就是“联合价值”，因为他明白，当联合发生作用时，普通的产品便成了高贵事物的一部分，使皮尔斯肥皂成为一项艺术是巴勒特富有创造性的广告杰作。

画中的小孩(密莱司的孙子)双眼凝视着自己刚从泥巴烟斗中吹出的一个

肥皂泡，这一场景是那个时代的真实缩影，因为它描绘了维多利亚时代流行于富有雄心壮志的中产阶级的那种孩童时代脆弱的伤感，像18世纪对他们的塑造一样，儿童是不被看作完全的成人的，但也不是完全的天使。在画中，处于孩童期的威廉·吉姆斯的全套衣装、红润的嘴唇、有光泽的鬈发、瞪大的眼睛，都是一个典型形象所应有的，他唯一缺少的只是翅膀。还有什么比这个香皂清洗过一般洁白的偶像更好的？并且，再没有比那美丽小肥皂泡，更适于表现孩童时代昙花一现般的完美形象。“儿童＝清白”，“清白＝洁净”以及“洁净＝皮尔斯香皂”，它们之间的联系曾是最为激烈的广告战之一。

(二)广告中的意象

到了20世纪，对清洁卫生的注重已经成为资产阶级文化的主要内容。随着技术的进步，肥皂和洁净的水越来越普及，这种含义也日益加深。对那些渴望向上攀爬的人来说，个人卫生是至关重要的一方面，必须要时时刻刻留心。早在19世纪50年代，洁净的双手、洁白的皮肤以及纯白的砂糖，就已经变成了优雅文明的象征。到了1900年，肥皂已经脱离了本身清洁的含义，象征着一种去除一切堕落与享乐意味的清洁，这也适应了当时生产实践主义的发展与全社会对于加强控制的要求。在1899年，《耶鲁评论》指出，“现代广告的哲学”已经开始提升肥皂与清水的地位，压倒了“香料与让人虚弱的娱乐活动”。

在德国的斯图加特，格莱西尔教授和鲍尔博士将一种漂白剂与肥皂混合在一起制成粉状，这就是宝莹(Persil)洗衣粉，这个名字是由它的两种成分过碳酸盐和硅酸盐组合而成的。1909年，宝莹的专利权被莱弗·布罗斯公司的竞争对手克罗斯菲尔德公司收购。1919年，这两家公司合并。10年之后，莱弗·布罗斯公司与荷兰马加林联合公司合并，组成了联合利华公司(Unilever)。

罗兰·巴特在《神话——大众文化诠释》一书中专门分析过“肥皂粉与清洁剂”，其中也谈到Persil漂白剂，巴特说，它的优点在于其结果佐证；它运用了虚荣、一种关心外表的社会价值，提出两种物体的比较，其中一个比另一个更自然。在这里，巴特寻求的是广告怎样使普通物品被赋予价值判断的地位。对于肥皂粉和清洁剂这种物品来说，巴特认为广告中出现的泡沫意象是表达“深层观念”的关键符号——因为泡沫，它代表着一种“奢华”。巴特又以Omo清洁剂广告中的泡沫意象为例。

> 第一，它看起来像是没有用处；其次，它丰沛、亲切、几乎无限的膨胀，令人以为其中有什么物质会孳生一种活泼的细菌，一种健康而有力的物质，在一个微小容量中的精力充沛元素。最后，它使消费者快乐，隐约刺激他想象高耸入云的美妙物体，它所滋生的触感既轻柔又上下纵贯，这和我们在味觉方面的追求颇为类似(鹅肝酱、甜食、葡萄酒等)，或者在衣着上(棉布、绢网)，或者肥皂剧(影星入浴)。泡沫甚至可以成为某种性灵方面的表征，只要这个性灵可以无中生有，以小化大(油霜则有一种完全不同的“心理分析”意义，那是一种安抚性的：它们可以抚平皱纹、痛苦、污点……等)。重要的是，将清洁剂施以既轻柔又深刻的美妙意象手法，已伪装了它磨损性的功能，反而使它看起来足以控制物质，如分子般微细的清洁秩序，却不会造成任何损害……①

在《深层的广告》一文中，巴特再次强调：今天洗洁剂的广告，旨在讨好一个有关深层的观念：脏不再是从表面剔除，而是从最隐秘处驱逐。巴特指出，“深层”的观念很普遍，没有任何广告少得了它。在这个范畴中，广告所表现的，并不是产业社会与市场营销的一般准则，而是某一国家历史和社会习惯所孕育的文化特征。广告可以再现某个特定年代的价值观，广告多少也透露出一个国家的群体文化，正如英国小说家诺曼·道格拉斯所言：通过广告你可以发现一个国家的理想。

---

① [法]罗兰·巴特：《神话——大众文化注释》，许蔷蔷、许绮玲译，34～35页，上海，上海人民出版社，1999。

第三章　消费社会的降临

在此意义上，广告也许是我们时代最出色的大众媒介。如同它在提到某一物品时却潜在地赞扬了所有同类物品一样，如同它透过某一物品和某一商标却实际上谈的是那些物品的总体和一个由物品和商标相加而构成的宇宙一样——同样，它就这样伪造了一种消费总体性。按麦克卢汉的说法就是使消费者们重新部落化，就是说透过一种同谋关系、一种与信息但更主要是媒介自身及其编码规则相适应的内在、即时的勾结关系，透过每一个消费者而瞄准了所有其他消费者，又透过所有其他消费者瞄准了每一个消费者。每一幅画面、每一则广告都强加给人一种一致性，即所有个体都可能被要求对它进行解码，就是说，通过对信息的解码而自动依附于那种它在其中被编码的编码规则。①

——让·鲍德里亚

鲍德里亚在《消费社会》的开篇说，今天，在我们的周围，存在着一种由不断增长的物、服务和物质财富所构成的惊人的消费和丰盛现象。人们不再像过去那样受到人的包围，而是受到“物的包围”。在消费社会，人们逻辑性地从一个商品走向另一个商品，根据其节奏和不断替代的现实而生活着。消费者生活在物的时代，就像中兴百货的广告文案所说，“人生是一张不断繁殖的购物单”。广告和品牌形象本身已经变成了消费的客体，这些客体通过被建构成为符码获得了自己的权力和魅力。

第一节　生产与消费

一、广告的社会伦理：大众消费与享乐主义

(一)大众消费的兴起

在《资本主义文化矛盾》一书中，丹尼尔·贝尔在马克斯·韦伯与维尔纳·桑巴特的理论基础上指出，资本主义有着双重起源：假如说韦伯突出说明了其中的一面即“禁欲苦行主义”，它的另一面则是桑巴特所说的“贪婪攫取性”。贝

① [法]让·波德里亚：《消费社会》，2版，刘成富、全志钢译，95页，南京，南京大学出版社，2006。

尔把这两项特征分别定义为“宗教冲动力”和“经济冲动力”。他指出，在资本主义上升时期，这两股力量纠缠难分，相互制约。禁欲苦行的宗教冲动力造就了资产阶级精打细算、兢兢业业、谨慎持家的经营风范，贪婪攫取的经济冲动力则养成了他们挺进边疆、征服自然界的冒险精神和勃勃雄心。在文化领域，资本主义的兴起使艺术家摆脱了对贵族庇护人的依赖，得以充分发挥他们浮士德式上天入地的想象和追求，热衷于个性解放和自我实现。

但是贝尔指出，奇怪的是，这两种冲动力在合力完成资本主义开发工作后，很快变得相互提防对方，害怕对方，并企图摧毁对方。二者在崇尚自由和争取解放的本质上是有着共同的根源的，然而分工的不同使它们的精力导向不同领域的无限扩张，并危及对方的生存。企业家在经济上锐意进取，但在道德与文化方面却非常保守，他们本能地维护经济和社会制度的稳定，害怕艺术的灵感和多变破坏社会的稳定。相反，艺术家却不断突出人的主题，不断地对资产阶级价值的功利、理性和物质主义等价值观展开愤怒攻击。

贝尔认为这种矛盾的产生是由于资本主义精神中相互制约的两个因素中只剩下一个，即“经济冲动力”。而另一个抑制平衡的因素“宗教冲动力”却被科技和经济的迅猛发展耗尽了能量。对此，贝尔以美国新教传统和小城镇心理为例，细致地阐明了它的衰竭过程：代表着宗教冲动的禁欲与节制精神先是被世俗法制社会碾去了神学外壳；继而被工业时代的现实主义文学、实用主义哲学和科技理性割断了它的超验纽带；最后，20 世纪初的新文化运动和分期付款、信用消费等享乐主义观念又彻底粉碎了它所代表的道德伦理基础。

在贝尔看来，现代社会的文化改造主要是由于“大众消费”的兴起，或者由于中低层阶级从前视为奢侈品的东西在社会上的扩散。在这一过程中，过去的奢侈品现在不断地升级为必需品，到头来人们竟难以相信普通人曾经无缘受用某一种普通物品。贝尔所说的“大众消费”始于 20 世纪 20 年代，它的出现归功于技术革命，特别是由于大规模使用家用电器(如洗衣机、电冰箱、吸尘器等)，另外，它还得助于三项社会发明：“一、采用装配线流水作业进行大批量生产，这使得汽车的廉价出售成为可能；二、市场的发展，促进了鉴别购买集团和刺激消费欲望的科学化手段；三、比以上发明更为有效的分期付款购物法的传播，彻底打破了新教徒害怕负债的传统顾虑。”①总的来看，

① [美]丹尼尔·贝尔：《资本主义文化矛盾》，赵一凡等译，113～114 页，北京，生活·读书·新知三联书店，1989。

大规模消费意味着人们在“生活方式”这一重要领域接受了社会变革和个人改造的观念，这给那些在文化和生产部门创新、开路的人以合法的地位。

伴之而来的交通和通信革命奠定了国民社会和共同文化的根基。汽车成为大众消费的主要象征，集体认可的价值观也因汽车的闯入而遭到侵扰。到20世20年代中期，密封的小轿车成为中产阶级的私室，成了爱冒险的年轻人放纵情欲、打破禁锢的地方。另外，电影也起到了改造文化的作用，电影窥探世界、白日梦、幻想、逃避现实和无所不能的示范等多方面的功能具有强大的感情力量。

与汽车、电影等技术上的发明不同，贝尔认为，“广告术、一次性丢弃商品和信用赊买才是社会学上的创新”①。广告术颇不寻常的地方就是它的普遍渗透性，它就在我们文明的门面上打上烙印，“它是货物的标记，新生活方式展示新价值观的预告。正如流行的做法那样，广告术突出了商品的迷人魅力。小汽车被说成是‘美满生活’的象征，它的诱惑力无处不在。可以说，消费经济借助于表面事物而得以存在”②。在这方面，广告所起的作用不只是单纯的刺激需要，它更为微妙的任务在于改变人们的习俗。在迅速变化的社会里，必然会出现行为与审美方式的混乱，而广告则教会人们适应新的生活方式。最初的变革主要在举止、衣着、饮食、趣味等方面，但或早或晚它将在更为根本的方面产生影响，如家庭权威的结构、青少年怎样作为社会上的独立消费者，道德观的转型以及成功的种种含义。广告试图摒弃提倡节俭和禁欲主义的新教伦理，取而代之的是如下观念：大众消费和高水平生活是经济体制的合法目的；消费是公众美好生活的一部分。

“新资本主义”在生产领域仍然需要新教伦理，但在消费领域却需要刺激娱乐和游戏，这就需要在文化与道德上为消费“正名”。老资产阶级的禁欲主义伦理，源于一个物质财富普遍匮乏的时代的要求，在资本积累时期，一个人在消费上超过日常基本需要，不仅被认为浪费了再生产所需要的资本，还被认为是一个道德问题。所以，传统上对待消费特别是诸如奢侈消费的问题时，大多数评价涉及的是道德领域。但本质上，经济的特征决定了道德的特征。强调节制和积累的禁欲主义曾被认为是一种美德，其实它是一个财富匮

---

① ［美］丹尼尔·贝尔：《资本主义文化矛盾》，赵一凡等译，115页，北京，生活·读书·新知三联书店，1989。

② ［美］丹尼尔·贝尔：《资本主义文化矛盾》，赵一凡等译，116页，北京，生活·读书·新知三联书店，1989。

乏时代的经济要求，本来与道德无关，但如果要使扩大再生产成为可能，就必须以道德的名义抑制人们的消费欲望。

韦伯对资本主义新教伦理的揭示与桑巴特对贵族奢侈消费的阐述并不矛盾，他们从生产和消费两方面共同促进了资本主义的发展。资产阶级的禁欲伦理与贵族的等级制都不是超验和自然的，而恰恰是“经济”的，是财富普遍匮乏时代的意识形态，既为少数人的奢侈消费提供了合法性，又为大多数人的勤俭致富提供了宗教动力：没有后者的生产，就没有前者的消费；而没有前者的消费，就没有后者的扩大再生产。这一过程慢慢将大部分社会财富从少数人手里转移到多数人手里，一旦多数人控制了大部分社会财富而自己又不去消费，那就使扩大再生产陷入危机。此时，就要求一种“大众消费”经济学，以取代积累经济学。而为了使大众消费成为可能，就必须以享乐主义取代禁欲主义。

(二)享乐主义原则

随着工业经济和科学技术的高度发展，资本主义进入了一个普遍富裕的时期。当生产超越需求后，经济学的难题就变成了消费问题：怎样刺激消费欲望。奢侈与消费作为一种经济学，一定是以普遍富裕为前提的；而这种经济学的发展，则一定要以“去道德化”为前提。在这一背景下，不难发现当代批评家所持的奢侈与消费无罪的观点。克里斯托弗·贝里在《奢侈的概念：概念及历史的探究》中说，“正是这种无罪其实揭示出自由派对欲望的歌颂，这种欲望的表现形式是在生活的所有方面都坚不可摧的‘自由’选择权力。这些批评者把这种‘无罪’视为一种意识形态的构建，目的是给资本主义经济提供依据，并且日益为对自然资源的危险的掠夺态度提供依据。”①

赫伯特·马尔库塞曾在《单向度的人》中提出“真实需要”与“虚假需要”的区分。前者是指人的衣、食、住、行等基本需要；后者是指超出基本需要之外的额外需要，它表现为广告展示的那种“生活方式”，如不断翻新的名牌服饰、新款汽车等，是一种被暗中操纵和控制的需要。马尔库塞认为，“虚假需要”不断地制造消费期待，使消费者的欲望处于永不满足的状态，它不仅不带来自由，反倒使人处于满足感不断被延宕的焦虑状态，因为消费者被不断翻新的生活方式的幻觉所引导。马尔库塞由此认定消费主义所提供的满足之情都是“虚假意识”。但这里也是马尔库塞遭受非议的地方，批评的人指控

① [美]克里斯托弗·贝里：《奢侈的概念：概念及历史的探究》，江红译，219页，上海，上海人民出版社，2005。

他没有权力定义别人的真假需要。特别是自由主义思想家强调个人需要的“主权”，因为“需要”大致是个人经验之事。

问题的关键在于，由于马尔库塞的批评没有能够区分有些形式的消费能够让消费者觉得愉快、满足而又“自主”，这就逼使他走向某种清教徒式的态度，谴责所有现代社会的商品化娱乐。这样的态度又被转化纳入“真实需要”与“虚假需要”的结构逻辑，而他也就必须提供例子说明什么是“真实需要”，这样一来，他列出的也就只能是基本的需要，即那些无须多作说明就可以声称是必要的需要——即基本的衣、食、住的需要。而资本主义社会普遍富裕时期的特征就是，它要开发和满足基本需要之外范畴更宽泛无限的欲望和享乐，只有这样，经济的发展才成为可能。

马尔库塞的消费主义批判是一种意识形态阐释，不过，在经济学上，资本主义并不听命于这种意识形态，而是听命于利润最大化原则。分期付款制和信用证制出现于这一时期，就是一个有力的证据。美国的那些禁欲主义者如保守主义者、禁酒会以及教会人士，都声称自己是爱国的，但从经济学意义上说，他们是“国家的灾难”，因为他们强迫公民节制消费，使商品堆积如山却不能化为利润，并因此导致工厂减产甚至停工。在现代消费社会，欲望和享乐的推动力是生活标准的提高和使生活丰富多彩的广泛产品种类。假如消费代表着人们对地位的心理竞争，那么可以说，资本主义社会正是嫉妒心理与享乐主义制度化的结果。

这是“现实原则”和“快乐原则”达成协议的结果。因为按照弗洛伊德的观点，“现实原则”是对“快乐原则”的限制，快乐的寻求者只有通过冒险才能跨越二者之间的边界。两种原则是相互冲突的。但无论是资本主义工厂的管理者，还是现代理性的鼓吹者，他们都没有想到，这敌对的二者会达成协议并变成盟友：快乐会奇迹般地转换成现实的支柱；寻求快乐会变成模式维持的主要手段。这恰恰是消费社会的目的：它在服务于“现实原则”时谋取“快乐原则”的支持，它把反复无常的欲望同社会秩序的命运联系在一起。既然“现实原则”和“快乐原则”已经达成协议，那么，“真正的”或合法的需要同“虚假的”或应谴责的伪需要之间神圣的界限已经被取消。所有的需要——不管是我们知道的目前的需要，还是我们无法想象的未来的需要——都是真实的，无法想象的需要并不亚于当前被强烈感受到的需要。

先前等级制与禁欲主义伦理的合理性与现在大众消费与享乐主义的深入人心，其实质并不是因为道德上的优劣所致，而是因为二者所处时代经济要求的不同。从这个意义上说，当老资产阶级指责 20 世纪 60 年代造反运动以享乐主义瓦解了传统道德价值时，他们没有意识到，享乐主义其实是一种经济学，它的对立物不是禁欲主义，而是物质匮乏。享乐主义之所以成为20世纪60年代造反运动的中产阶级孩子们的流行观念，是因为他们是大肆消费的一代。大众消费和享乐主义为资本主义的扩大再生产提供了更大的市场空间。这样一场激进的“反文化”运动，使资产阶级从贵族时代和普遍匮乏时代的文化和道德意识形态中摆脱出来。他们的造反其实有利于资本主义体制，虽然没有创造一种政治经济学，但却为消费经济学的流行创造了社会、文化和心理条件。

1987年，柯林·坎贝尔仿照韦伯的题目《新教伦理与资本主义精神》写了一本《浪漫伦理与现代消费主义精神》，追溯了文学、绘画、音乐和大众文化中的浪漫主义运动与现代消费之间的“选择性亲合”。坎贝尔相信人们有独立追求快乐的愿望；这个愿望是不需要外力操纵的。不过，他也认为，社会结构以及人们追求快乐或享乐主义的方式已发生了很大的变化。因此，他把消费看作自愿的、自我决策的、创造性的过程，它包含了共同的文化价值和理想，不过此过程经历了历史变迁。

坎贝尔认为，传统享乐主义的特色是注重感官享受。每一种快乐都是相对有限或个别的，和具体的活动有关，如吃的活动。从这个意义上说，它是程式化的，在满足和快乐之间有一种近乎直接的关联。但是，在西方社会，别具特色的现代享乐主义形式从18世纪晚期悄然兴起。坎贝尔认为，这种新的享乐主义形式与18世纪晚期和19世纪早期出现的浪漫主义伦理观密切相关，而这种浪漫主义伦理观又与17、18世纪的新教伦理有关。坎贝尔指出，虽然新教伦理通常是从禁欲主义的角度来理解的(因此它可能被认为不利于消费文化的出现)，但是此伦理内部的一些分支认为高尚的品德与怜悯和同情心之类的仁慈心有关。这其实是唯情论者生活方式形成的基础，即好人可以通过表达感情来展示他的品德，最终，这种表达方式会带来它自身的快乐，而不仅仅是一种展现品德的手段。

由于一群浪漫主义作家、诗人和艺术家作品的影响，这种生活方式具有更广泛的文化意义，包括济慈、华兹华斯和雪莱等艺术家的作品，表现了一种伤感、怀旧的浪漫主义情调，在这些作品中，个人渴望在现实生活中体验那些只能想象的快乐。坎贝尔认为，正是这种浪漫主义伦理，为独具特色的现代享乐主义形式的出现提供了条件，它使快乐与生理满足分开了，人们只是在幻想中追求这种快乐。快乐不再源于特定的行为或与具体的感官享受相关；倘若不再具有确切的指向和关注的焦点，它就是所有经验的一个潜在的方面或部分。人们在想象中发现这个潜能；通过有意识的创造和操纵幻觉或在幻觉中体验各种经历和情感，为自己营造愉悦的环境，个体学会用想象来代替真正的刺激。从这个角度说，现代享乐主义的特色是渴望在现实中经历那些在臆想中创造或享受的快乐。这种渴望使人们不断地消费新奇商品，消费的功能从原来单纯为了满足基本需要，慢慢转向于改善形象与满足欲望。

在新兴的消费经济中，消费文化表达了人们想成为他者的富有浪漫主义色彩的渴望。现代消费固有的动力就是对新奇事物无止境的欲望和追求，这可以被称为“空想狂”需要。这在一定程度上代表了当代消费文化的特色，如迈克·费瑟斯通从日常生活审美化的角度所描述的消费文化特色。可以看出，当今所谓“消费文化”，不但以漫无节制的消费“欲望”和享乐主义取代了特定而明确的“需求”，将消费蔓延为生活的重心，而且更加培养了大众在消费文化的梦幻世界中宣泄情绪的能力：消费个体可以游刃有余地享受淹没在物品中的快乐并能自在地摆脱物的牵扰。消费文化成为一种建立交往关系的主动模式，符号化过程与物质产品的使用，体现的不仅是实用价值，而且还起着“沟通者”的作用，消费文化是现代性的一个不可忽视的重要组成部分。消费已经成为一种完全的生活方式，是商品、客体、影像、信息等领域以及与之相关的享乐主义和心理主义等价值观，共同成就了个人主义历史的新阶段。

二、消费的流动性：从福特主义到后福特主义

(一)流动的消费主义

在美国等西方国家，福特主义曾是典型的资本主义大工业生产的组织方式，也是工业化时代资本积累的主要形式。福特主义标志性的开创时间应当是1914年，当时亨利·福特引进了“一天5美元、工作8小时”的标准作为操作自动化汽车装配线的工人们的酬劳。福特在组织上和技术上的创新，在很多方面都是已经得到确立的趋势的简单延伸。泰勒在1911年出版的《科学管理原理》中就已经描述了劳动生产率如何通过把每个劳动过程按严格的时间标准和动机研究，拆散为各个组成部分的动机与有组织地分散出来的劳动任务而迅速地得到增加。管理、构想、控制与实施之间的分离，在很多企业中也已经在积极进行之中。福特的独特之处在于他对此的明确认识：大规模生产意味着大众消费、劳动力再生产的新体制、劳动控制和管理的新策略、新的美学和心理学等，即意味着一种新的理性化的、现代主义的和平民主义的社会。

但从20世纪60年代以后，福特主义生产方式逐渐暴露出某种深刻的结

构性危机。大卫·哈维认为，它的弊端，可以用一个词语来很好地概括，就是“刻板”。有些问题是大规模生产体系中长期和固定资本投资的刻板，这就很难适应迅速变化的市场需要，而大批量生产的标准化产品又与越来越多要求定制商品的市场压力形成矛盾；有些问题属于劳动力市场、劳动力分配和劳动契约方面的刻板，工会抵制不断提高的劳动分工和生产节奏，机械劳动的使用也对管理权威提出了挑战——因而出现了以1968年为标志的罢工浪潮和劳工的分裂。

为了克服福特主义的刻板，一种称为“灵活积累”的模式出现了，它依靠同劳动过程、劳动力市场、商品及消费模式有关的灵活性，具体表现在以下几个方面。

第一，在劳动过程方面，生产日益根据所谓“弹性的专业化”来组织，而且运用通信和传媒技术，生产机构也分散了；生产在全球范围内扩大了；服务业变得越来越重要。它逐渐摆脱了泰勒式的管理，更加重视工人在劳动中的个性和创造性，劳动时间也更为灵活。

第二，在商品方面，产品种类丰富，但由于流行款式的变化以及市场细分而形成的商品之间更加显著的差异，每一种产品的生命周期都缩短了。

第三，在消费方面，消费越来越专业化，形成了个性化消费模式以及混合型消费模式。消费者更加易变，他们的喜好变化日益频繁而且越来越难以预测，随着个人消费时间与空间的多样化，出现了一种消费的“流动性”。这种“灵活积累”模式又被称作“后福特主义”，它表明一种完全不同的历史转向，由此，新的经济市场与文化消费便得以展开。

针对这种转变，齐格蒙特·鲍曼用“沉重的资本主义”和“轻灵的资本主义”两种形态来分别概括福特主义和后福特主义。沉重的、福特主义模式的资本主义，是立法者、程序设计者和监督者的世界，是一个以别人确定的方式，来追求由别人确立的目标的、受他人所指引的世界。因此，它还是一个领袖(他更具理解力，比常人理解得更好)权威和导师(他能告诉你如何才能比你做得更好)权威的世界。轻灵的、后福特主义模式的资本主义则对消费者有利，它并没有彻底破坏立法者的权威，也没有使它们显得多余。它只是导致并容许太多的权威同时存在，以致对任何一个权威来说，都不能长久地掌权，更不用说是成为唯一的权威。当出现许多权威时，它们往往会相互抵消，而且这一领域的唯一有效的权威，是在众多权威里必须作出选择的人。权威不再是发号施令，他们只是一味地去迎合作出选择的人，并说服和引诱他们。

鲍曼用“轻灵”这个词的实际所指是一种“流动的消费主义”。从福特主义向后福特主义的过渡，反映了以生产(制造)为中心的社会向以消费(服务)为中心的社会的转变。后福特主义进一步扩大了消费的范围，创造了刺激和诱惑消费的更为多样的形式。但是与以往不同的是，“被迫行为”变成了“上瘾行为”，“禁欲主义”转向了“享乐主义”，“公民”转化为“消费者”，“消费正确”则比“政治正确”正确。

消费者至高无上的权力就是在市场中进行选择，笛卡尔说“我思故我在”，芭芭拉·克鲁格则说“我买故我在”。消费者行为的精髓，不再是一组可测量的具有明显特征的“需要”，而是“欲望”这一短暂多变、难以捉摸、比需要更无所指的实体，一个不需要其他证明和理由的自我遗忘、自我驱动的动机。消费主义的历史就是一个打破并抛弃连续的“坚固”障碍(它们限制了幻想的自由飞翔并将“快乐原则”削减到受“现实原则”支配的程度)的历程。坚固的、受限制的、有限性的“需要”，被流动性的、扩张性的、无限的“欲望”所抛弃和取代。这种流动的消费主义许下的承诺是，市场选择会为自我发展和自我满足提供无限的机会。这个承诺是一个核心推动力，它为新资本主义创造了大量的“欲购情结”，以契合大量的生产。

(二)生产的终结

马克思在《资本论》的开篇指出，商品是日常的战场，在这里为争夺正义而向资本主义开火。企业无可置疑有一种意图，在关于消费品的来源问题上保持沉默，而将注意力导向购买行为和占有行为所带来的愉悦和满足之上。历史上，工人运动致力于打破这种沉默，通过细述产品制造的环境以及制造所涉及的人力和环境成本，努力揭示出在市场所展现的买卖双方平等交换的假象之下，掩盖了生产过程中那种制度化的牟利体系。他们还呼吁针对此发动一场国际性的工人运动。这个规则是从一系列的文化形式中发展出来的，如行会标语、社会主义政党的宣传册等，其中将工人置于历史舞台的核心位置。

然而，随着旧型重工业的快速衰退和新型服务业的快速崛起，工人的文化偶像地位也逐渐失去了。原来的生产英雄让位于消费英雄，穿越想象性的空间，消费者与消费品相遇了。这种消费品在促销的时候，被强调说是设计出来尽可能实现个人表现的载体。

鲍德里亚实际上指出了历史中的后现代决裂。他宣称，我们正处在一个仿真的时代，一个社会再生产(信息处理、交往和知识产业)取代生产而成为社会的组织原则的时代。在这一时代，劳动不再是一种生产的力量，而是成为“符号中的符号”。在这种情况下，劳动已主要不是生产性的，而是一个人的社会地位、生活方式和服务模式的符号。薪酬也不再同一个人的工作和生产的东西有什么理性的联系，而是同一个人在体系中的位置相关。

人们生活在一种“超真实”中，图像、景观和符号取代了商品生产和阶级冲突的逻辑而成为当代社会的主要因素。从这个时候起，资本和政治经济学在鲍德里亚那里以全新的形式出现了。于是，符号和形象在日益扩张和不断运转的循环中繁衍出其他符号和新的形象机器。技术取代了资本，形象、信息和符号的繁衍遮盖了生产。

在《象征交换与死亡》中，鲍德里亚指出，现代社会是以商品的生产和消费为核心的，而后现代社会却是围绕图像和符号的仿真及使用来组织的。后现代社会的主导性规则即是仿真。在仿真社会中，个人的身份是在其对符号的使用中建构的，符码和模型决定着个人的自我意识和不同个人之间的关系。经济、政治、社会生活和文化是由仿真的逻辑所控制的，而商品的消费和使用、政治的运作、文化的生产和消费以及日常生活的运行，无不为符码和模型所充斥。

在这样一个消费符码化的时代，生产的逻辑不再重要，而意义的逻辑则成为至关重要的。资本主义发展的这个最后阶段不仅是早期阶段的延续，而且它代表了和前期阶段的彻底决裂，因此，它要求有新的分析理念。消费社会的“符号价值”逻辑代表了资本主义通过强加一种与商品的大规模生产之需求相适应的文化秩序的最终胜利。其结果是一个无思想深度的世界产生了，意义是“伪造”的，现实则带有一种新的浅薄。

第二节 商品化的自我

一、广告的兴起：创造消费者

大批廉价量产的崭新产业，需要“一个不断有反应的消费者市场”：一旦消费者开始找寻可靠的物品时，新的物品制造商也需要可靠的消费者——必须创造一个可以供应所有新产品的市场，这表示制造商不仅要生产物品而已，还必须创造出购买这些物品的人。广告就是要有效率地创造出消费者，而要达到这个目的，其中的一个办法就是不断让人接受外在社会的严格检查。

例如一些常用来让受众产生新的缺乏感，然后由制造商提供解决之道的广告语：“暗藏的臭味”“麻痹的毛孔”“婴儿肥的脸”“腋下的伤害”等。如果说百货公司给了人们美梦，那么早期量产时代的广告则是给人们梦魇，只有制造商才能解决此困境。今日的广告似乎混合了这两者：既提供愉悦的梦幻，也制造社会梦魇，而当今的消费者则是这两种广告成分来回辩证的产物。

早期的广告并不是很认真地尝试去创造消费者。例如19世纪80年代，广告撰稿人约翰·帕沃兹用诚实的不充分陈述手法，而不是夸张的过度陈述手法来推销产品。在为沃纳制造公司做的广告中，帕沃兹写的广告词说，该公司“从未领导过新款连衣裙的潮流”。对于夏装的销售，他写的广告词是：“它们凉快。我们在这个季节里不至于蠢到为您提供别的什么服装。”

当时的广告制作人把简洁的广告词，用大黑体铅字和几行附加的正文及引人注目的空白安排在一起，形成了早期广告的模式：它应该简洁适当、质朴、令人难忘、朗朗上口，而且还应该包含一个有关被宣传产品的主题和中心思想。还有一种广告韵律诗非常讨人喜爱，一时间成了一种易记又上口的广告，如1890年海尔斯根啤酒刊登了这样一则广告：

猫头鹰自言自语：
“要是我能把月亮摘取，
无论何时我渴得脱水，
用它润润喉咙都可以，
月亮还剩下四分之一，
剩下四分之一时我听到，
你可以买上五加仑的海尔斯根啤酒。”

19世纪末期的这些广告曾经风行一时，但没有任何尝试创造某类消费者的意图。跟20世纪末期的广告口号对比，比如“Jordan牙刷——更甜美的香吻”，这似乎更可以创造一个刷牙的欲望，除非是那些反对接吻的团体。更值得注意的是，它暗示接吻是根据甜美程度来评估的，而你可能就达不到标准：它把你建构成不合格的人，随之将以Jordan牙刷解决你的困难。这里我们可以看到当代广告的一个基本特征：“暗示消费者跟他人的关系中缺乏某些东西，从而建议以广告的产品来解决。所以广告并不仅创造个人内心的欲望而已，不是只以个人为对象的封闭式广告，而是创造与他人建立关系的欲望：当代广告集中在个人与社会相交的那一点，宣称有办法让个人更成功地成为社会人。”①

① [澳]彼得·柯睿耿：《消费社会学》，王宏仁译，93页，台北，群学出版有限公司，2010。

心理学对广告影响的研究认为，我们对于自己本身的意识大部分是反映了别人对我们看法的意识。所以“我”对于我自己本身的看法，并不是古典理论那种个人主义式的、自我封闭式的想法，而是受到别人如何看“我”的影响。我们永远受到别人的检视、评价，我们的存在变成了别人如何看待我们：在任何时候，我们都有可能无法通过社会的检视测验。

“任何人都可以看出，这种看待社会的方式，完全符合了制造商的利益，因为只有在此特殊的社会理论被广泛接受时，问题才会变成问题，也因此制造商才能够以解决问题的姿态来行销其产品。这比不断赞美自己的产品，或诉诸自我中心需求但不管他人的说法，在促销产品上来得有效多了。”①这种方法就是要创造出一直处于害怕状态的社会行动者，只有不断使用为了克服恐惧而设计的产品，才能克服恐惧。体现在广告表现策略上，通常的做法是将某种消费者问题加以凸显、夸大，以引起消费者的正视，然后将产品介绍出来，以解决消费者的困扰。

“海飞丝”是一种去除头屑的洗发水，临床上已证实了它的效果。但以前头屑对消费者并不算是什么大问题，只要头屑不是大块大块地散落到肩膀上就行。既然消费者对头屑不以为然，似乎就没有必要绘声绘色地向他宣传产品的优点。那么该如何去刺激对“去头屑”洗发水的需求呢？海飞丝的广告语是“你不会有第二次机会给人留下第一个印象”(You never get e second chance to leave a first impression)，这句话暗藏玄机：谁要是不去消灭他的头屑，可能会葬送一生的事业。海飞丝进军中国市场之初，其广告也是围绕这一主题进行诉求：

(一对青年男女合撑一把伞，亲昵地在雨中漫步)

男：第一次约会，碰到下雨，本来是很浪漫的，(懊丧的)可是……我的头皮屑……(女子做不悦状)(男欣喜地)还好，我看到了“海飞丝”广告。

画外音(配合画面)：洗发水比较试验，一星期后，没有用海飞丝的一边还有头皮屑，用海飞丝的一边，就看不见头皮屑了。

宝洁，世界一流产品，美化您的生活！

在日本播放的电视广告上，一位豆蔻年华的戏剧专业女生在决定性的入

① [澳]彼得·柯睿耿：《消费社会学》，王宏仁译，94页，台北，群学出版有限公司，2010。

学考试前夕遭到头屑的侵袭。“我的前途完了”，女生认命地说。这时候，海飞丝从天而降，拯救了她的职业生涯。也就是说，海飞丝不仅可以消灭头屑，还可以为人生指点迷津。

外表变成了一切，而社会行动者可以做的，就是变成永恒的消费者。如果早期的消费者对于产品很挑剔，现在则是对自己本身很挑剔：不再是产品不足的问题，而是个人——这个人只有通过市场上的产品来解决这一不足的问题。自我被转换成“商品化的自我”：身体被建构成所有问题的根源(口臭、毛孔粗大或其他问题)，所以绝对需要借助商品，以维持一个适当的社会身体。

当你走进浴室，会发现几乎所有的生活用品都是通过成年累月的建构性缺陷式宣传进入日常生活的。浴室本身可能是 20 世纪建筑设计理念发展的标志，它的出现就像广告一样先是制造个性化需求，并进而为之提供解决需求的方法。维多利亚时代的客厅(人们遇见其他人的地方)逐渐消失在视线之外，而现代的浴室正在慢慢地成为现代人生活的必需。

这种变化的发生以李施德霖漱口水为标志。当时还没有口臭这回事，人们可能患有种种口腔疾病，比如蛀牙等，他们的口腔气味令人很不愉快，但还没有达到让人不能忍受的地步。与其说李施德霖发明了漱口水，不如说它制造了口臭。在李施德霖的广告画面中，某个适婚女青年正在被迫面临“即使是最好的朋友也不会告诉你”的问题：“如果不是这样，我会与他快乐地在一起吗?”“别再欺骗自己了，它(口臭)葬送了我的浪漫人生。”或者是“口臭使你不受欢迎”。广告的风格——在 20 世纪 30 年代被称为“悄悄话”——总是相同，它模拟了一个真实的故事场景并给予失恋者以建议。

在行销尚未很复杂且还没有针对特定细分消费者的这个时期，美国的广告被视为创造同质化国家的工具，它可以提供一种“普世”的文化，以克服社会分歧。普世观被视为文明化过程的一部分，而广告设计就是为了让人们对于其出身感到羞愧，也因此要他们把原有的风俗习惯视为异类加以抛弃。一个人可以通过喝可口可乐或消费其他产品而变成一位恰如其分的美国人，这被视为普世的、文明的本能，虽然事实上这只不过是特定资本主义阶段的产物而已。为了创造出大众消费者，早期的广告把“阶级”的观念变成“大众”，企业希望创造出一种“个人”，这种个人可以通过物品的消费，来表达其需要和满足。早期的广告是为了建构一个同质化的市场，而后来的阶段，则在建构市场区隔。

二、自我消费的激情：品牌营销与性能

在艺术学的范畴里，“自我消费的激情”是指一种因为太过强烈而燃烧的激情；在社会学领域，它指的是人们在使用物品的过程中逐渐失去对物品的兴趣。19 世纪的巴尔扎克是描绘自我消费的激情的伟大艺术家，他笔下的角色非常强烈地渴望他们所缺乏的东西，可是等到拥有之后，便会失去他们的热情。

20 世纪有两种理论对自我消费的激情提出了解释。其一是“时尚驱动说”，这种理论认为，大众传媒和广告业学会了如何塑造欲望，以促使人们对他们使用的东西感到不满。万斯·帕卡德在 20 世纪中期出版的《隐蔽的说客》对这种观点起到了重要的推动作用。在这里，罪魁祸首是营销。其二是“有预谋的废弃说”，认为厂家刻意不把商品制造得经久耐用，以促使公众购买新的东西。这种解释所依仗的数据收集自美国汽车制造业和服装制造业。这种理论认为，美国的汽车焊接得很糟糕，衣服的缝制也很糟糕，乃至使用两到三年之后，它们就会变成废品。在这里，罪魁祸首是生产。

虽然这两种理论各有优点，但它们都假定消费者扮演的是消极被动的角色——只是广告的玩物或者废品的囚徒。然而职场的变化和对才华的追寻却显示出个体能够以更主动的方式参与到自我消费的激情中去。当人们想要购买新东西的时候，市场营销起到的作用就是引起消费欲望。“它通过两种方式完成这个任务，一种是直截了当的，一种是隐晦微妙的；直截了当的方法是品牌推广，隐晦微妙的方法是给消费品灌注性能和潜力。”①

品牌营销试图使一种在全球范围内销售的基础产品显得与众不同，试图抹杀它与其他产品的相似性。在这种情况下，许多厂家采用全球化的“平台建设”来制造商品，这个平台先设计出一个基本的产品，然后再进行各种细小的、表面的改变，把它变为某个特殊品牌的商品。这种制造过程与普通大批量生产的商品的制造过程有所不同。现代的技术能够迅速地改变某种产品的形状和尺寸，与老式生产线相比，计算机控制的生产过程能够更快地改变产品的性状，而老式生产线的功能是固定的。

制造商将这种基于现代平台建设的变化比喻为“镀金”，为了销售一件基本标准化的东西，销售方将会夸大那些能够被快速和轻易制造出来的细微差别的价值，这样一来，起到关键作用的便是表面因素了。对于平台制造商来

---

① [美]理查德·桑内特：《新资本主义的文化》，李继宏译，110 页，上海，上海译文出版社，2010。

说，构想差异是至关重要的。大众公司必须说服消费者认可一辆普通的斯柯达和一辆豪华的奥迪之间的差异(它们的工业基因有 90%是相同的)，才能名正言顺地以低端车两倍以上的价格销售豪华车。如果差异能够以某种方式被扩大，观看者将会体验到消费的激情。

20 世纪 20 年代，亨利·福特宣称黑色的 T 型车价格低廉，让消费者能够买得起；他的儿子埃德塞尔·福特则认为多几种颜色能够带来更多的利润。现代，消费者也参与到把差异放大的过程中了。消费者试图在越来越同质化的商品中找到差异带来的刺激。欧文·戈夫曼在对广告的研究中对消费者的“参与”采取了推崇的态度，他强调，最复杂的宣传是那些有待消费者参与其中的“半成品框架”。广告恰好做到了这一点，如汽车广告通过展示撒哈拉沙漠来销售汽车，伏特加酒广告通过展示性感的男女腹部来销售酒精饮料，这些广告都邀请消费者进行能动想象而参与品牌营销。

与品牌营销不同，另一种表明消费的激情的符号与性能有关。性能是某种可以购买的东西。例如，电器产业有个共同点，那就是普通消费者所购买的设备会有很多功能是他们从来不会使用的；汽车产业也是如此，有些人会买一辆超快的跑车，但大多数时候是在拥堵的车流里慢慢爬行，也有人会买一辆多功能越野车，但通常被用来接送孩子上学和回家。这些全都是性能的消费者。苹果 iPod 的商业吸引力也在于它提供的比人们会使用的还要多。所有这些机器都以过分强大的性能来换取买家的认可。

抽象地说，当性能和实践分离，欲望就被调动了。也就是说，你想做的并不是你能做事情。从这个角度说，沃尔玛也体现了这种分离，它在同个屋顶之下摆放了谁也不能全买下来的大量商品，物品的庞大规模激发了消费者的欲望。这正是沃尔玛和 19 世纪末期出现在巴黎的第一批百货商店的不同之处。当时商业中心的营销手段主要是把一些不同的物品摆放在一起，每样只摆一两件，如平底锅可能被摆放在波斯地毯上，印度的披肩挨着巴黎的胸衣，而旁边是一瓶昂贵的香水。当时的商人想要通过给普通商品蒙上陌生的色彩来刺激消费者的欲望；而在沃尔玛，挑起消费欲望的是商品庞大的数量和种类。

在堆积之中，还有产品总和之外的东西：显而易见的过剩，对稀有之物神奇而决定性的否定……我们的市场，我们的商业动脉……就是这样模仿了一个被寻找回来的异常肥沃的自然：在我们的萨纳昂山谷，霓虹灯的灯光像牛奶和蜜一样在番茄沙司和塑料上流淌，但这又有什么关系！对于所有的人来说，不是不够而是太多的强烈愿望就在于此：看起来你带走了一堆摇摇欲坠的盒装牡蛎、肉、梨子或芦笋，其实你只是购买了其中的一小部分。你只是买走了所有中的部分罢了。这种对消费材料、对商品的重复借代说法，采用了一个重要的集体隐喻，以及借助于其本身无节制的特点，重新恢复了赠与和戏剧性的、用之不竭的挥霍形象。①

鲍德里亚指出，今天很少有物品会在没有反映其背景的情况下单独地被提供出来。橱窗、广告、商标在这里起着主要的作用，并强加着一种一致的集体观念，它们不再是简单的商品，而是一系列意义，它们总是想方设法打开指示性的道路，引导消费者逻辑性地从一个商品走向另一个商品。

总而言之，消费的激情表现为两种形式："主动的想象参与"和"被性能唤起的欲望"。进入市场营销和品牌形象的想象游戏的消费者会认为，物品的真正价值在于其"镀金"的部分而不是"平台"的部分。对性能趋之若鹜的消费者也同样会屈服于消费的激情而不断抛弃完好的东西。消费者在商品之中找到的快乐，是忧郁的实用主义者将会怀疑的强迫性的快乐。

三、消费主义：我买故我在

阿瑟·米勒在剧本《代价》第一幕中有这样一段话："许多年以前，一个人如果难受，不知如何是好，他也许上教堂，也许闹革命，诸如此类。今天，你如果难受，不知所措，怎么解脱呢？去消费！"②从宽泛的意义上说，消费在当代社会已经超过了宗教、政治的重要性，发展成为主要的社会活动。尽管各阶层在消费水平上存在着差别，但是，每个人都是消费者，每个人都在消费，"消费社会"的概念已被普遍接受。在《消费社会》一书中，鲍德里亚对"消费"的界定是：

1. 不再是对物品功能的使用、拥有等等；
2. 不再是个体或团体名望声誉的简单功能；
3. 而是沟通和交换的系统，是被持续发送、接收并重新创造的符号

① [法]让·波德里亚：《消费社会》，2版，刘成富、全志钢译，2页，南京，南京大学出版社，2006。

② 转引自高丙中：《居住在文化空间里》，7页，广州，中山大学出版社，1999。

编码，是一种语言。①

鲍德里亚认为，消费逻辑的关键在于，不是产品，而是能指本身已经变成了消费的客体，这些客体通过被建构成为符码获得了自己的权力和魅力。“要成为消费的对象，物品必须成为符号”②，在鲍德里亚看来，物品/广告的体系已经构成了一种新的语言，这个“唯心—沟通”哲学的基础在于用人和物品的“个性化”关系取代人和人之间活生生的、带有冲突的关系。

通过商人与媒体的合作制造需求，消费系统成功地“统治”了人们的生活经验与记忆。比如说，你或许不认识某个人，但却可以清楚地指出他脚上那双鞋子的“品牌”。由此观之，商品符号的确构建了人们的记忆与生活的世界，形成了“消费社会”。在消费社会里，人和人的关系很容易建立在对某种品牌的认同上，而非了解彼此的个性。

在消费主义大行其道的当代社会，个人的身份认同和主体性如何通过购买行为而建构、表演、沉浮？文化、时尚、品位如何相互渗透，并传达欲望需求和社会地位的信息？这些议题也是美国艺术家芭芭拉·克鲁格关注的重心。1987 年，在她最具代表性的作品《我买故我在》(I shop therefore I am)中，一位消费者手持信用卡，直言不讳地宣告购物即存有的生活哲学，进而取代了笛卡尔的名言“我思故我在”，成为当代艺术中针对消费社会最简洁有力的作品。

自货币经济发展以来，个人的购买力一直是展示社会经济地位的中介，克鲁格夹带讽刺的文字更特意标榜消费认同与存在的紧密关联。这种消费即塑造自我的观念曾被艾文形容为“组合商品的自我”；社会学家鲍曼也认为购物过程需要详细考量、比较和区隔商品，使消费者投入了自我的建构。

克鲁格的标语“我买故我在”虽夸张地将一般认为平凡庸俗的消费提升到存在意义的层次，但是就自我建构的身份认同而言的确有其真实性。她选择的“shop”一词包含购物的三种性质：规律地添购生活必需品(doing the shopping)、休闲性或为特别目标的逛街采购(going shopping)、研究计划型的购置如房子和车子(shopping around)。消费者进行第二、三类的购物时，尤其考虑商品所拥有的符号价值(sign value)，如何传达其身份认同和社会经济地

---

① ［法］让·波德里亚：《消费社会》，2 版，刘成富、全志钢译，88 页，南京，南京大学出版社，2006。

② ［法］尚·布希亚：《物体系》，林志明译，223 页，上海，上海人民出版社，2001。

位。从这些层面考虑，中文的“买”较难完整表达英文“shop”的多层含义及其所隐含的思辨复杂性。

克鲁格《我买故我在》的主角可能属于中上阶级，但是并没有显示特定的性别和种族，却是一卡在手便通行无阻。如果暂时抛开意识形态之争，其表象很容易引起大众消费者的回应共鸣。相对于《我买故我在》中的主体性和主动性，克鲁格的另外一幅作品《我们的价钱疯了》则偏重消费者的情绪反应和受难角色，呼应了许多研究者对于消费焦虑的描述。事实上，即便完成了购物行为，消费者漂浮变换的欲望并不尽然就得到满足，甚或处于长期渴求和满足延迟的状态。鲍德里亚曾指出消费过程中的潜意识冲突与挫折，并无法在购物后马上如同广告声称的那样获得解放，反而持续累积更多的欲望，使所谓的消费“自由”终究成为另一种“内化的压制”。

克鲁格着重于表现消费者对于商品的心理投射及广告对于符号的操纵。她 1981 年的摄影蒙太奇作品《你被无机体的性魅力所诱惑》凸显人对物的执迷和渴望，已经跨越了人和非生物之间的认同界限。在这幅作品中，一对男女的手套瘫软在桌布上，却仿如真人般依偎缠绵。这种场景安排十分近似超现实主义的意象，因为假人模特儿的手、广告看板上的手、手套等“无机体”，经常出现在契里柯、曼·雷等超现实主义艺术家的作品中。

“你被无机体的性魅力所诱惑”这句话是改编自本雅明在《巴黎，19 世纪的首都》一书中对于世界博览会展示时尚的描写：“时尚规定了商品拜物教所要求的膜拜仪式。……时尚是与有机的世界相对立的。它把生命体与无生命世界联系起来。……这种屈服于无生命世界色诱的恋物癖是时尚的中枢神经。”①本雅明形容当时的世界博览会是“商品拜物教的朝圣之地”，它“使商品的交换价值大放光彩”，它们为人们打开了一个幻境，让人们进来寻求开心。本雅明一方面沿用马克思对于商品拜物和资本主义造成的人际疏离的批判；一方面又醉心于物质文化史和哲学史的建构，在巴黎的拱廊街搜寻渐被遗忘的历史物件，着迷于诠释大众文化商品。

今天，整个世界都被卷入了购物狂潮中，购物已成了一种休闲方式，或者更准确地说是一种心理治疗方式。在各大城市中，几乎最主要的新建筑都或多或少在制造更为完美的消费气氛。从空间角度来说，消费是不同场所的一系列购买行为的结果。但是，“买东西”(doing the shopping)与“去购物”

① [德]瓦尔特·本雅明：《巴黎，19 世纪的首都》，刘北成译，43 页，上海，上海人民出版社，2006。

(going the shopping)是不同的，前者被界定为工具性的，是围绕着生活必需品的消费行为，而后者则突出与视觉化、闲逛等相关的消费文化与购物体验。有人把“Shopping”音译为“血拼”，带上了几分惨烈；有人把逛遍一条街上所有的商店戏称为“扫街”。无论有多少说法，“购物”终归会被消费的“欲望”所捕获。

第三节 差异的工业化生产

一、边缘性差异：纯粹的引申意义

“广告从整体上看没有意义，它只有一些含义。它的含义(及它们唤起的行为方式)从来都不是个性的，它们都是区别的、都是边缘的且组合的。也就是说它们从属于差异的工业化生产——我认为，正是通过这种生产，消费系统被最有力地规定了。”①在鲍德里亚看来，整个消费进程都受到人为分离出来的“范例的生产”所支配(比如洗涤剂的商标)，即“差异的工业化生产”。

“任何一样东西都可以一个差异来使自己和它者区别开来：颜色、配件、细节。这一个差异一直被当作足够表现物品的特性。”②当科学进步标准化使得产品区别越来越困难的时候，广告诉求便从商品使用价值的直接陈述，转换到“无关紧要”的形象符号。

汽车广告就是一个很好的例子。温顿汽车公司在1909年声称：“一个人买了辆汽车，就等于是买了一件具体的实物。钢铁、黄铜、皮革、木材和马鬃，以一种特殊的组合形式组合在一起，能够产生特定的效果。那为什么要用一些毫不相关的东西来吸引他的注意力呢？汽车本身所蕴含的价值难道不能吸引他吗？为什么要说‘氛围’这种他买不到的东西？”③这种直白的观点很快就过时了。在广告人的帮助下，汽车广告很快就变了样子，开始用语言来刻画汽车充满魅惑力的欢乐，用画面去呈现汽车的“激情”“自由”“性感”等非机械的、非本质的元素。在营销史上，汽车广告中的“氛围”因素大获全胜，

---

① [法]让·波德里亚：《消费社会》，2版，刘成富、全志钢译，58页，南京，南京大学出版社，2006。

② [法]尚·布希亚：《物体系》，林志明译，163页，上海，上海人民出版社，2001。

③ [美]杰克逊·李尔斯：《丰裕的寓言：美国广告文化史》，任海龙译，154页，上海，上海人民出版社，2005。

象征着幻想的元素已经被合并到新兴的销售系统中了。

鲍德里亚认为，这是一种“二次度功能”，在消费社会中，这样的差异一直都被当作足够表现物品的特性。“事实上，就工业产品和技术合理的层次而言，个性化的要求只能在非本质必要的部分获得满足。要使得一辆汽车个性化，建造者只能采用大量生产的系列性底盘、系列性引擎，将其外在的性质稍作变化或增加一些配件。作为一件技术产品，汽车的基要部分无法被个性化，只有它非必要的部分才能如此。”①鲍德里亚沿用大卫·理斯曼的术语说这个差异是一个“边缘性的差异”，即一个“无关紧要”的差异。这是理斯曼在《孤独的人群》一书中提出的概念。其主要内容是商品成为人格的标记，其相互差异处被当作使用者合于其人格个性的选择。理斯曼以边际差异来总括人、服务和商品的分化现象，其背后预设则是社会由“内在导向”性格过渡到“他人导向”性格，商品成为个人向他人发出的信号。在理斯曼那里，个人最需要的产品，既非原料也非机器，而是“人格”。对于理斯曼而言，在一个丰裕的社会里，中心的问题不再是物质，而是人际关系。这样的社会要求的是一个新的性格类型，有能力闲暇和消费。一个团体的身份认同常是建立在消费中具有辨别性的品位之上。其成员发出的合于规范信号，常只是在很细微的品位差异上打转。对理斯曼而言，这个现象意味着消费者有很多要学的地方，而消费的学习打从儿童时期便已开始——彼此类似的出版品教育年轻人去区别百事可乐和可口可乐。

所以鲍德里亚得出结论：在这个动态环境中，消费者心中萦怀不去的，正是必须达到自我完成的强制要求。在他看来，这个强制要求是吊诡的：在个性化的消费行为里，正是因为主体有一个想要成为主体的要求，他便把自己当成经济所要求的客体。这些“特定的差异”既然是以工业的方式生产出来的，他所能做的选择早就被僵化了：所剩下的，只是一个凸出个人的幻象。“这便是系统的意识形态功能：地位的晋升在此只是一出表面上扮演的剧目，因为所有的差异早就被整合[在系统里]了。甚至那穿过整体的失望，也被整合在系统的不断向前消逝中。”②

这种由边缘差异导致的消费正是所有的人自觉被整合进消费的过程。在

① [法]尚·布希亚：《物体系》，林志明译，164页，上海，上海人民出版社，2001。

② [法]尚·布希亚：《物体系》，林志明译，174页，上海，上海人民出版社，2001。

这里，鲍德里亚觉得我们无法批评这个世界，也不需要抱有乌托邦情结，他把这种状况看作“必然”的社会进程，并且，就是在这里，物品的“符号价值”领域才因此应运而生。在这个体系中，在我们真诚地物化自己的过程中，才感到自己是一个主体，才能接近投注到模范上面的“完美的人”。他写道：

> 我们到底能不能说这是一种异化？此一被引导的个性化体系，就它的整体而言，在极大部分消费者的实际体验中，都被当作一种自由。只有在批判的目光中，这个自由才会显示出它只是形式上的自由，而[物的]人格化，实际上是人格的厄运冒险。即使广告操弄了无真正基础的购买动机(同一个产品分身为两个不同的牌子、无关紧要的差异、包装上的变化等等)，即使选择早就被设下陷阱，我们还是得承认，表面的差异仍是真实的，只要它们的价值建立在这个差异上。面对一个买了花饰垃圾桶的人或一个买了“抗磁性”刮胡刀的人，我们如何能对他的满足有所异议呢？没有任何一个需求理论可以让我们把某一实际体验到的满足放在另一个之前。如果个人价值的要求真是如此深沉，而在没有其他事物可以负起这项任务之时，它便体现在“个性化”的物品之中，我们又如何能反抗这个运动，而且又能用什么样的价值“真诚”本质来作反抗的名义呢？①

在这样一个社会中，广告、包装、展示、时尚、性、大众传媒和文化以及商品的增长都增加了符号的数量并导致“符号价值”的增长，所以，鲍德里亚才声称，商品不是像马克思商品理论所说的仅仅具有使用价值和交换价值，而且还有符号价值——即风格、威信、豪华、权力等的表现和标识，这一符号价值成为商品和消费的一个日益重要的组成部分。所以，鲍德里亚在《物体系》中强调：对于物的体系的分析，最后必须包括一项有关“针对物的论述”，也就是广告信息(形象和文字论述)的分析。因为广告并非物体系的附加现象，而是构成了一个“无用的、无关紧要”的世界，它是一个“纯粹的引申意义”。

鲍德里亚提醒我们辨别广告的双重机制：它是一项针对物品所做的论述，同时它本身也是一个物品、一种可以消费的文化物品。“个性化、强迫的差异化和非基要部分的繁衍、技术体制在生产和消费体制中的堕落、功能

---

① [法]尚·布希亚：《物体系》，林志明译，174～175页，上海，上海人民出版社，2001。

失调和二次度功能，它们都在广告中得到自主和完整的发展。因为它的功能性质几乎完全是二次度的，因为形象和论述在其中大部分是寓意性的表述，广告因此成为此一物体系中理想物品，同时又是它的揭示者。因为它就像所有带强烈引申意义体系一样自我指涉，因此它最能告诉我们，透过物品，我们到底消费了什么。”①

二、独特性与类同性的辩证法：消费意识与广告叙事的合谋

“找到自己的个性并肯定它，这便发现了真正成为自己的乐趣。通常这并不费力。我曾长久地寻找，后来我发现将一撮头发染成明亮色调就足以和我的额头及眼睛一起创造一种完美的和谐。这种金黄色，我在丽丝达牌系列染发剂中找到了它……用了这种如此自然的丽丝达金黄色，我并没有改变：我比任何时候都更像我自己了。”②这是摘自一份女性杂志上的广告文案，鲍德里亚分析说，如这个广告文本中所描述的，很多年轻人的“个人”价值模式就是在所有可选择商品的“个性化”丛林中披荆斩棘、满怀希望地找寻可以展现自己额头自然性的染色背景、找寻能够反映自身深刻特异性并“使自己成为自己”。对找寻这种差异的那些年轻人来说，这种价值模式在结构上都是一样的。

鲍德里亚认为，这一消费主题的所有矛盾都明显地反映在用来表达它的辞藻技巧中——“找到自己的个性”“真正成为自己”“我并没有改变”等。假如我是我自己，我还要“真正地”成为我吗？或者说，假如我的身上还附着一个假的“我自己”，那么“一小束明亮色调”的头发是否就足以恢复存在之神奇统一？而如果我是我自己，那么我怎么能“比以往”更像我自己？

这一“过分自我指向”的格式透露了消费社会的底细。鲍德里亚认定，在广告引导的消费中，这些深层的制约是以一种“新人文主义”的方式完成的。古典人本主义思想讨论的是如何将个体整合到集体理性之中，这种整合的最高表现就是马克斯·韦伯所谓的官僚社会，在这种社会存在中，个人成为马尔库塞所说的“单向度的人”。而今天，广告所叙述的是通过拥有某物表现出来的“个性化生存”，即通过拥有物品人们完成自我实现过程。物品的这种叙述方式不仅表明了消费的合法性(这是对传统新教伦理的颠覆)，而且在这种

---

① ［法］尚·布希亚：《物体系》，林志明译，187～188页，上海，上海人民出版社，2001。

② ［法］让·波德里亚：《消费社会》，2版，刘成富、全志钢译，57页，南京，南京大学出版社，2006。

游戏里，我们自由而满怀感激地进入到体制之中，使“个性化”的自由具有了道德意义。也就是说，当我们被消费体制所规整的同时，我们拥有了“个性化”的自由。

与此同时，“广告也不再是一个商业行为，而被当作一种消费实践的理论，并且是一个作为一整个社会建筑顶峰的理论。我们可以在美国广告理论家的言论中发现它的陈述。”①鲍德里亚所说的美国广告理论家是指迪希特和马丁诺，二者都是当时美国著名的购物动机研究者，他们的论证过程是：“(1)有史以来，消费社会(物品、产品、广告)第一次提供给个人一个完全解放和自我完成的可能；(2)消费体系超越了单纯的消费而成为一种个人和集体的表述，它构成了一个真正的语言、一个新的文化。”②

如果说“工业社会”的分工，造成了工作和产品的分离，那么“消费社会”与广告时代的到来，便造成了形象与真实的分离，产品不再以其原初的功能来衡量，而是以广告中的形象来深入人心。广告的语言具有一种双义性：一方面，广告以匿名的方式表现着共同体的愿望，即似乎所有的人都在按照广告的方式行事；另一方面，广告所针对的又是每一个具体的个人，似乎只有按照广告的方式行事，个体才能具有个性。这样，在广告中我们产生了双重认同，既认同自己，又认同整体，但这种认同却是在意象中完成的。

鲍德里亚看出广告中的暧昧意味：“它鼓动我们去进行竞争，但通过这个形象上的竞争，它已在召唤一个深沉的单调风格，一个同一化的预设、一种朝向幸福的消费大众的反向演化。”③于是广告一方面告诉人们说：买下这个吧，因为它与众不同！但另一方面又可能说：买下那个吧，因为大家都在用它！这两种广告的说法相反，意思却一样，都是要让每一个具体的消费者，在模仿别人的同时，却得到一种自己是独一无二的感觉。这一事实充分说明，人们在通过消费而获得心理满足的时候，实际上所需要的仅仅是一个与之相比较的模特，一个供集体性神话投射的图式就足够了。

这是“独特性与类同性的辩证法”，因为消费在本质上并不是围绕着某个个体组织起来的，个体的个人需求是以集体语境为索引的。其中首先有一种

---

① [法]尚·布希亚：《物体系》，林志明译，206页，上海，上海人民出版社，2001。

② [法]尚·布希亚：《物体系》，林志明译，206页，上海，上海人民出版社，2001。

③ [法]尚·布希亚：《物体系》，林志明译，205页，上海，上海人民出版社，2001。

区分的结构逻辑，它将个体生产为“个性化的”，也就是生产为相互区别的，但是根据某些普遍范例及它们的编码，他们就在寻找自我独特性的行为本身中相互类同了。所以鲍德里亚说：“对差异的崇拜正是建立在差别丧失之基础上的。”①

“有哪位家庭主妇不曾梦想过专门为自己设计的洗衣机?”一则广告这样问道。确实，有哪位家庭主妇不曾梦想过它？因此有上百万个她们曾经梦想过专门为她们中的每一位设计的同样的洗衣机。这里集中了“个性化”自恋的一切悖论。正是在你接近你的理想参照之时，在你“真正成为你自己”时，你最服从集体命令。因此，消费中的个性意识或者说个体的“自恋”并不是对独特性的享受，而是集体特征的折射。这个集体当然不是社会中所有的人，而是“市场细分”概念之下的集体，即目标消费者。

按照日本电通《广告用语词典》的解释，“市场细分化”即“消费者的必需和要求，性质上是不同的，按这个不同分割成几个市场区，细致地掌握各个消费者集团的要求，对它集中销售。这一分类基准虽然是数量上的基准，但也要列上年龄、收入、财产有无等项。其次，作为心理的基础，还要考虑生活方式属于传统的还是革新的。”②根据不同的指标，可以划分出不同的消费者集团，结合品牌定位而促使广告采取相应的目标市场策略。所以宝洁公司针对佳洁士牙膏的购买者，包括儿童、黑人、西班牙裔等推出了 6 种不同的广告宣传。

一些公司运用年龄和生命周期细分法为不同年龄和生命周期的消费者提供不同的产品，或采取不同的营销方法。马自达 929 型以生育高峰期出生的中年人为目标市场，因此采用了保守的广告基调。例如，戴珍珠饰品的女人、古典音乐等，主调雍容华贵、有安全感。相反，马自达 MX-3 型针对的是喜欢标新立异的青年人，因此广告采用了鲜明的色彩和喧闹的音乐。麦当劳对儿童、青少年、成年人、老年人做不同的广告和宣传。例如，它对青少年做的广告以摇滚音乐和冒险性及快速画面穿插为特点；而对老年人的广告则柔和并富有情调。

一位广告代理商说，每个人都有点喜欢的产品没有市场，而只有一些人

---

① [法]让·波德里亚：《消费社会》，2 版，刘成富、全志钢译，59 页，南京，南京大学出版社，2006。

② [日]电通株式会社编：《广告用语词典》，李直等译，79 页，北京，中国摄影出版社，1996。

非常喜欢的产品才有市场。广告作为沟通的艺术，所要达到的目的就是影响目标消费者的生活态度和价值取向，如果品牌所体现出来的生活态度与价值取向与目标受众在消费的个性意识领域取得默契，这一品牌必然会成为象征符码而被文化地接受并被文化地消费。

第四章 商品拜物教

商品崇拜的第一要义，就是挖空商品的意义，藏匿真实的社会关系，然后再使想象的/形象的社会关系乘虚而入，在次级层次建构意义。生产虚位以待，广告补注新血；真实在想象遮掩之下，无影无踪。如果生产的社会意义没有消失，市场的社会意义又怎样出得了头？话说回来，在资本主义产权结构下，哪里又容得了生产的社会意义被人熟知？皮囊中空的商品形式，终归要有某种意义加以填塞，再怎么肤浅也绝非所问。

就因为这个原因，看来“琐碎微不足道的”广告，才会有这么强大的力量。“本质”上，广告替商品披上的外衣并不是虚假的意义，只不过是，广告是在无人的空城，封地自作堡主。①

——苏特·加力

在早期人类学理论、马克思的政治经济学以及弗洛伊德的精神分析学中，“拜物”概念都被运用过。人类学家用这个术语描写早期社会的一些宗教仪式，其中某些物品能够捕捉住自然之力，治疗伤痛疾病，还能作为保护神把快乐带给拥有它们的人，并且能够激起浪漫的爱欲。此外，这些东西本身还被认为具有生命力。马克思认为拜物现象指的是商品仿佛有了自主性，有了自己的生命，足以自行与人和其他商品产生互动关系。弗洛伊德则把拜物作为临床诊断的术语来使用，描述的情境是如果没有某种特定的与性无关的东西存在，性行为则无法完成。依此而言，拜物/恋物的功能在于创造若干条件，使得某些社会关系的完成具有可能。

第一节 物的社会意义

一、物品的文化传记：商品化与去商品化

物的意义与社会实践紧密地联系在一起，它表征着社会的分野，积极参与着社会秩序的塑造，是社会关系的文化再生产的重要组成部分。在《物的文化传记：商品化过程》一文中，伊戈尔·科普托夫指出，在文化视野中，商品的生产同时是一个文化的和认知的过程：“商品不仅是物质上被生产的物品，而

① [美]Sut Jhally：《广告的符码》，冯建三译，96页，台北，远流出版事业公司，1992。

且是刻印了某种文化的东西。社会上所有可用的物品中，只有一部分可以被冠以商品之名。而且，同一种物品此时被看作商品，彼时又不是了。甚至于，在某个阶段，有人当作商品的，其他人却不以为意，某物何时以及是否是商品，此种转换和差异揭示了隐藏在可以观察到的交易的客观经济学之后的道德经济学。”①

从这个角度说，“商品化”是一个过程，“商品”是“物”的一种潜能。物品的生命中通常存在着两种可能性：一是完全的商品化；一是完全的去商品化。“完全的商品化”可以称为“一般化”，应该是任何物都可以用来交换或出售；“完全的去商品化”可以称为“特殊化”，应该是任何物都是不可交换或出售的。这两种状态是两个“理想的极点”，因为没有任何一个现实的经济体系符合这两种情况。没有一个经济体系能保证所有的物都是商品，都可以在单一的交换领域中与其他物交换；也没有一个系统能保证所有的物都是独特的，以至于连交换的征兆也不具备。

一方面，经济的内驱力驱使交换系统在交换技术允许的范围内最大限度地商品化，交换本身的内在逻辑先在地使所有的经济都有能力抓住明显地由广泛的商品化带来的新机遇。科普托夫引证布罗代尔的研究指出，现代早期欧洲逐渐发展起来的一整套新制度是如何塑造了可称为交换新技术的东西，结果，它们又是如何导致了资本主义根源处的商品化扩张。科普托夫认为，我们把广泛的商品化和资本主义联系起来，但它并不是资本主义的本质特征，而只是“交换技术的表征”，交换技术历史地与商品化相连，并戏剧性地为最大可能的商品化提供了更为广阔的空间。例如，丹尼尔·贝尔认为大众消费的出现主要归功于技术革命特别是分期付款等“交换技术”的发明。所以，我们最好是把商品化看做一个“生成的过程”，而不是一种或是或非的存在状态。正是在这一意义上，科普托夫说商品化的扩展采取了两种方法：第一，对于每一物品而言，是使它可以和越来越多的其他物品进行交换；第二，就整个系统而言，是使越来越多的不同物品可以更广泛地交换。

另一方面，文化构成了与商品化趋势相对抗的力量。因为文化的本质就是区分，就是特殊化。在这个意义上说，过度的商品化是反文化的，实际上已经有许多人意识到这一点。正如涂尔干所说，如果社会必须从它们的环境中分出一部分设置成“神圣”的东西，那么特殊化就是一种达成此目的的手

---

① ［美］伊戈尔·科普托夫：《物的文化传记：商品化过程》，杜宇译，见罗钢、王中忱主编：《消费文化读本》，397页，北京，中国社会科学出版社，2003。

段。文化确保一些物品明显是特殊的，并抵制其他物品的商品化；有时也会把已商品化的物品再特殊化——譬如通过广告与市场营销编码把已经商品化的物品再特殊化以及消费者依赖被特殊化的“品牌个性”寻求身份认同等。因此，杰克逊·李尔斯在《丰裕的寓言：美国广告文化史》的前言中说：“我觉得有必要形成一种新的认识广告的态度：与现有思想传统中得出的普遍结论相比，这种态度应该更加开放地面对货物的象征用途、与物质世界产生更多的共鸣，同时更为幽默地去看待这个物质世界。我逐渐意识到，当代广告业与其说是唯物主义的前锋代表，倒不如说是一种努力使人类从物质世界中解脱出来的文化力量。”①

物品就在这两极之间往复摆动，物的生命有不同的阶段、不同的属性和不同的身份。例如，在莫司奇诺香水的这则广告中，本该是头像和面孔的部分被一个“?”所取代，从品牌形象来说，这是一个 Logo，而从图像哲学来说，它传达着对指称和意义的思考。这则广告本身已然包含着对广告的解构，对普通的受众来说，这个“?”已经取代了具有个体差异的众多面孔。从创意上来说，这则广告是具有超现实主义风格的；从哲学上来说，它一定是有关问题的表述；而从超现实主义的图像哲学这两者来说，它则是“马格利特式”的。在马格利特看来，重要的是“事实上”由可见与不可见所唤起的神秘，而“理论上”可由把“物”统一到某种可唤起神秘的次序中的思想所唤起。马格利特热衷于探讨语词和图像的关系，而这种关系也是现代广告的文化本质所在。科普托夫强调，如同撰写人职业的、政治的、经济的、家庭的、心理的传记一样，我们也应该撰写“物的文化传记”。例如，一幅雷诺阿的画作终结于私人收藏，从此杳无音信意味着什么？如果是在博物馆或是从法国流传到美国，人们又会怎么想？对这些传记细节的文化反应揭示出相互纠缠的美学、历史甚至政治判断，也揭示了塑造人们对待物品态度的信条和价值。同样，在消费文化中，麦当劳快餐店在全球的扩张意味着什么？

对物的文化意义的探究，是广告与消费文化研究中的重要构成，因为消费文化可以被看作当代社会中物质文化的一种特殊形式，这表现在两个方面：一方面，个体作为社会生命需要物品。玛丽·道格拉斯和贝伦·伊舍伍德在《物品的世界》一书中提出，所有社会中出现的消费，都是跨越商业范围的。也就是说，消费不限于商业系统，它总是既表现为一种文化现象，又表

---

① [美]杰克逊·李尔斯：《丰裕的寓言：美国广告文化史·前言》，任海龙译，3页，上海，上海人民出版社，2005。

现为一种经济现象。它既与意义、价值和交流有关，又与交换、价格和经济关系有关。商品的用途通常由文化环境框定，即使是日常生活中最常用的物品的使用也有文化含义。从这个角度说，物质商品“有用”，部分是因为它们具有“意义”，正是在获得、使用和交换物品的过程中，个体才渐渐有了社会生命。所有商品都只是被当做人类创造能力的“非语言媒介”，这意味着，道格拉斯和伊舍伍德实际上接受了广告业对本行业的看法，即广告只不过是帮助自由的、富有创造力的消费者形成自己的价值，他们不能准确地处理符号的权力与控制问题。

另一方面，物品也具有个体般的社会生命。通过关注物品和物品的流通，我们可以将商品看作“活动的物品”，将物品视为过着“社会生活”的“生命体”，它们可以获得并失去价值，或者能够改变含义，甚至会成为不可交换的——因为它们可能会成为情感信物、崇拜物或者神圣的标志。从物品具有社会生命的角度来看，物品可以给我们的生活增添分量和权威，它们有能力指导我们的信仰和行为，能够自我展示，引申出责权关系并带给人快乐。在这个意义上，每一个社会都通过文化手段指定并且在法律上认可了物品流通的“途径”以及规定物品交换的条件，这样的途径与条件既包括正常的经济和有关商品销售、信贷条件、产品质量保证等方面的法律规定；也包括非正式情形，如二手商品是否可以作为礼物赠送或者不需要的礼物是否可以送还或转赠等。因此，物品经过的“大路和岔道”经常是充满变化、竞争和政治意义的。

二、社会区隔：经济资本与文化资本

所有社会都是通过使用物品才有意义的。无论是传统社会还是现代社会，在使用物品或商品的形式方面，有其相似之处。在马塞尔·莫斯分析的部落社会的礼品馈赠风俗中，物品蕴涵了地位与等级的“生命力”；在这种社会中，由于限制了交换的可能性，因而为了交换或供应新的物品，就保护并再生产着稳定的身份系统。在托尔斯坦·凡勃伦对“炫耀性消费”的研究与皮埃尔·布尔迪厄对“文化资本”的阐释中，商品象征的是上层阶级的品位与习性；这种社会中存在着不断变化的商品供应，它给人一种完全商品交换和任何人都可能得到某种商品的允诺。然而，也就是在这样的社会中，有关合法品位、分类原则、等级制度与行为得体等方面的知识，却受到了限制，这如同在时尚体系中发生的情况一样。从这一角度看，当代社会就是永远变化的商品洪流，这使得解读商品持有者的地位或级别的问题变得更为复杂。在这种情形下，品位、习性、判断力、知识或文化资本变得更重要了。

凡勃伦在1899年出版的《有闲阶级论》一书中提出了“炫耀性消费”的概念。所谓“炫耀性消费”，指的是富裕的上层阶级通过对物品的超出实际和生存所必需的浪费性、奢侈性和铺张性消费，向他人炫耀和展示自己的财力和社会地位以及这种地位所带来的荣耀、声望和名誉。凡勃伦论证了非生产性消费在早期掠夺性文化的情形下是人类威力与尊严的标志，而在较为现代的文化中，炫耀性消费包括各种炫耀——将贵重礼物送人、驾驶豪华赛车、举办奢侈的宴会等。这些行为证明了一个人的财富及其重要性，丰厚的收入使消费变成了“社会展示”，旨在表明家庭具有高雅的品位和良好的背景。

凡勃伦指出，炫耀性消费是区分上层社会和平民的重要标志，聚敛财富不是最关键的，关键在于对待财富的方式。与炫耀性消费相关的另一个重要观点是，决定物品价值的不是其实用性，而是与物品相联系的社会声望。例如，一把手工打制的银勺的贸易价格远远高于机器生产的银勺的价格，而前者的功能并不比后者的功能多，有时甚至更少。

凡勃伦明确地提出了上流阶层的品位和礼节在社会中通行的途径，即对高雅品位采用人人都能接受的大众标准。但是社会群体或阶层并不直接接受社会精英的品位和举止，而是模仿直接在他们之上的群体或阶层的品位或举止。通过这种途径，就在社会中产生了一种分层的、多级的品位和举止的体制。由于现代社会节奏的加快，人们只是偶尔有短暂的会面，在这种情况下也很难去注意到闲暇时间的多少。因此，作为社会价值的一个标志，它越来越多地被炫耀性消费或财物的积累、出于满足展示需要的目的取代了。像其他运用奢侈概念的消费理论家一样，凡勃伦在试图定义真正属于炫耀性消费、奢侈和由之而来的浪费时也感到困惑。因为奢侈属于有闲和有钱阶级，而一般大众只能消费生活必需品，但是许多形式的消费，在刚开始时是奢侈，而慢慢地大众化而成为必要消费的一部分，这涉及一个事实，就是在任何特定的历史时期，被当作奢侈或必需的东西，都是“相对”的。凡勃伦对这个问题的研究，以今日消费社会的背景来看，也仍具有洞察力。

由于消费是基于社会性的判断，它所展现的是一种相对的而不是绝对的活动，因此，人们从消费中获得的满足也是相对的。满足与否主要以社会尺度或一种平均标准来衡量，所以，社会越富裕，商品也就越丰富，而平均标准也水涨船高，但是满足与否的“水平”却保持稳定，平均标准的人数也保持不变。从这个角度来说，经济成长与快乐程度并不具有正面关系，人们会以“相对所得”的模式，参照同一时期、同一社会中别人所拥有的来判定自己的快乐程度。

凡勃伦关于炫耀性消费与社会声望的研究在布尔迪厄那里得到了进一步的发展。布尔迪厄认为，如果说传统社会是靠社会阶级的分化和对立来完成社会演变和重构的话，那么，现代社会则是靠消费、休闲和日常生活的风格的区隔化来完成其社会区分和重构的。生活风格、品位和生活方式的不同模式，既是个人和社会集团自我区隔和自我表演的方式，也是社会区分化的原则。布尔迪厄的贡献在于，他确定了“文化再生产”和“社会再生产”之间的关联。经济支配阶级能够根据其通向高雅文化的途径证明自身的优越性，使其处于上位的位置合法化，而从属阶级的成员不仅受到物质方面的约束，在文化上即在评价上也是处于劣势的。社会不平等体制的种种事实也因此得以合法化。

马克思主义曾准确地强调了经济基础在社会生活中的根本地位，但同时却将利益概念限定在社会生活的物质领域，而将非物质领域看做超利益、无功利的范畴。这一限定无意中巩固了主观/客观的二元对立。布尔迪厄则回避了马克思主义对经济基础和上层建筑的区分，而把经济利益的观念扩展到符号、象征、文化与非物质的方面。在这里，他借鉴了韦伯的宗教社会学，认为所有的行为都是与利益相关的，包括符号的追逐。他把经济计算的逻辑扩展到所有的商品，物质的与符号的，它们都毫无例外地把自己表征为稀缺的，在一个特定的社会结构中值得追逐。

布尔迪厄把资本的概念扩展到所有的权力形式，不管它们是物质的、文化的、社会的还是符号的。个体与群体凭借各种文化的、社会的、符号的资源维持或改进其在社会秩序中的地位。当这些资源作为“社会权力关系”发挥作用的时候，即它们作为有价值的资源变成争夺对象的时候，布尔迪厄就把它们理论化为资本。他认为资本可以表现为三种基本的形态：

经济资本——这种资本可以立即并且直接转换成金钱，它是以财产权的形式被制度化的。

文化资本——这种资本在某些条件下能转换成经济资本，它是以教育资格的形式被制度化的。

社会资本——它是以社会义务(“联系”)组成的，这种资本在一定条件下也可以转换成经济资本，它是以某种昂贵头衔的形式被制度化的。

另外，布尔迪厄还意识到资本最终的、辅助性的一种存在形式，即“象征性资本”，是用以表示礼仪活动、声誉或威信资本的积累策略等象征性现象的概念。它指的是一种把其他主要的资本形式加以合理化、合法化的权力。总的来说，布尔迪厄认为资本是“社会物理能量”的一种，它可以以各种形式存在，在特定的条件下可以通过特定的兑换率相互转化。

在布尔迪厄的理论中，经济资本在很多时候具有理论上的优先性，也就是说，经济资本处于所有其他资本类型的“最根本处”，而且，文化资本、社会资本以及象征性资本这些非经济的资本事实上是经济资本的“转化与伪装形式”。但这并不意味着经济资本与文化资本之间是对等的，并不是经济资本越多，文化资本也越多。布尔迪厄在西方资本主义社会中发现了文化资本与经济资本的“历史性对抗”。例如，19 世纪下半叶，在文学艺术场域中逐渐形成了一种“颠倒的经济逻辑”：一个艺术家越是远离经济资本，越是远离社会物质力量的控制，他的文化资本就越雄厚，他在文化场域中就拥有更大的符号权力。实际上，在统治阶级内部，根据其经济资本与文化资本的数量和构成，可以区分出两极三类：一极是拥有大量经济资本的人，即大资产阶级，他们在文化上总的来说是被支配的；一极是拥有大量文化资本的人，即知识分子，他们在文化上居支配地位；居于两者之间，文化资本与经济资本相当的人，即专业人士，他们在文化场域的话语权亦处于两者之间。

“文化资本”的概念对消费文化研究具有重要的理论意义。这个概念重新审视了文化与社会阶级的复杂关系，避免了经济决定论的简单倾向。作为马克思“资本”概念的延伸，布尔迪厄的“文化资本”更能说明现代消费社会中的消费实践。消费作为一种实践，首先是一种形成“区隔”的手段，消费偏好与生活方式实践，与具体的职业和阶层、群体等密切相关。布尔迪厄在《区隔》一书中提出的核心观点是：人们在日常消费中的文化实践，从饮食、服饰、身体直至文学、音乐、绘画等的鉴赏趣味，都表达和证明了他们在社会中所处的位置与等级。因此，在消费实践与鉴赏趣味中流行着的诸如高雅与低俗、内在与外在、精致与粗俗、男性与女性等区分，它们都是作为潜在地制约着我们心理活动的“基本分类范式”而起作用，在背后支撑着它们的是“整个社会秩序”。

布尔迪厄探讨了习性如何对从审美趣味到生活方式的广大领域的阶级差异作出解释。这包括知识分子的禁欲审美主义、中产阶级的矫饰、上层阶级的炫耀卖弄、工人阶级的朴实，布尔迪厄通过一系列生活方式方面的指标来追踪这四种倾向的表现。他指出，日常消费和审美消费一样，同样是为消费主体的社会空间占位所制约的。

以最为普通的饮食趣味来说，它依赖于每一阶级关于身体的观念以及这些食物对于身体的影响，这就是对身体的力量、健康和美的影响。在评价这些影响的时候，在某一阶级看来是重要的因素，对另一阶级来说可能是无足轻重的。不同的阶级以完全不同的方式来评价其重要性。工人阶级更关注男性身体的力量，因而倾向于选择便宜而富有营养的食品；而中产阶级则偏爱那些美味、健康、低热量的食品，以保持良好的体型。可见，趣味本身会反过来型塑身体，由一种阶级文化转化为“自然”或本性。

这在一定程度上可以证明审美消费与日常消费的同源性。但布尔迪厄未能就物品与文化实践意义的某些复杂方面给予充分的揭示。这种复杂性既体现在时间上也体现在空间上。从时间上来说，物品在生产、销售、使用等不同阶段的意义是不同的；从空间上来说，同一物品在不同的社会文化语境消费时，其意义也会发生很大的变化。认识到这一点，我们就有可能从特殊时空、特殊社会的历史中，找出具有结构性对立和严格等级差异的品位和生活方式的普遍形式。

第二节　商品崇拜

一、拜物现象与神秘：马克思与商品崇拜

在消费体系中，拜物主义与其说是依赖于实物，不如说是依赖于符号化的理念，而广告对图像处理技术的运用加速了这个进程。例如在很多汽车广告中，车子并未被视为人们付出许多劳力制造的产品，而是被塑造为男子气概、冒险或性刺激、地位与现代生活方式等，广告进一步还被赋予力量，将这些特质转化至消费者身上。

马克思没有碰到形象、意义、消费以及广告等现今我们所关注的问题，但他提出的“商品拜物教”这个概念，对于我们理解消费与广告文化有重要的启示。马克思的分析是从我们的感官可以直接达及的经验层面开始的。他说，我们在日常生活中面对任何一个物品，一般都不会具有什么不能认知的神秘感。例如一张桌子，木制有形，可站立并能放置物品，此时，桌子并没有任何形而上学的烦琐性和神学的微妙性。当然我们这里会承认桌子已经是人类劳动的制品，并且在使用中实现着一种物对人的需要的社会生存的功用性。但就效用这一层面来说，不会出现什么神秘感。

但同样是这张桌子，“一旦当作商品出现，它就成了一个可以感觉而又超感觉的东西。它不仅用脚直立在地上，而且在它对其他一切商品的关系上，用头倒立着，并从它的木脑袋里，展开比桌子自动跳舞还更不可思议得

多的幻想。”[①]这是说，一张桌子在过去的社会中，通过劳动制作，它是为了放置物品，生产是为了使用；而在商品经济中，产品作为商品被生产出来，首先不是为了使用，而是为了交换，并通过交换实现桌子所代表的价值。这张桌子的价值属性不是它物的属性，也不是它自身的效用功能，而是一种“特定的社会关系”。

资本主义市场中的商品交换是滋生商品拜物教的根源。马克思用其他的生产模式相对比，来说明商品拜物教的内涵。例如，在封建专制时代，各种社会关系是直接通过各个生产单位表现出来的，人都是互相依赖的：农奴和领主、陪臣和诸侯、俗人与僧侣。在这种生产模式之下，无论是物质生产的社会关系，还是其他的社会生活领域，都显现了人与人的依赖关系。但是，也正是由于人际依赖的各种关系透彻地呈现在世人面前，所以在这种制度下生活的劳动者以及他们生产的产品，也就不可能以任何神奇的形式遮掩现实。但是，在资本主义社会中，能够为人直接所见的却只是商品，生产关系只有在反思之后才能间接得知。所以，商品拜物的现象是在资本主义市场关系中的交换过程中显现的。在资本主义社会中，人与人的关系变得“自由和平等”——也就是说，统治关系被置换到“物与物之间的关系”上。

如果我们遵从马克思的说法，认为商品拜物教的出现，就是此时商品被视为具有自主性的，它们彼此发生关系、相互作用，它们以一种“神奇”的形式出现在与人类的相互关系中，那么我们也可以得出结论，即拜物现象不仅存在于生产过程之中，也存在于消费过程之中。

各种商品奇迹般地在市场上出现之时，其生产过程不为人知；然后，它们就进入了独特而随时变化的关系中，彼此竞争争取有利的位置，求得满足消费者独特而又随时变化的需求与欲望。在有些时候，商品明显采取了生动活泼的装扮。另外，物品与人类也在最为根本的层面上发生了互动：广告以神奇的手法，完成了转变的工作。广告带来即时的快乐与满足；广告捕捉了自然的力量；广告将重要的社会关系的本质把持不放，事实上，广告取代了这些关系。

商品通过市场交换所完成的销售，必须仰赖购买者对于眼前商品需要与否的自知之明；尽管未尽周全，但使用价值是销售必须考量的条件。然而，在交换的时刻，商品对于消费者而言不光只是具有使用价值；它同时还应允将满足特定的需求，并等待消费者自行体验。正是这种使用价值的承诺被搬

---

① 《资本论》，1卷，郭大力、王亚南译，46～47页，北京，人民出版社，1953。

上台面销售，同时这项承诺之所以奏效，则是通过商品的外观被建立的。

豪格以“商品美学”的发展来概括这种过程——商品对于消费者的承诺不只是通过广告被再现，同时还经由推销兜售、品牌名称、设计手法、包装与展示，亦即所有以商品外观来传达其吸引消费者购买的特质。某种程度来说，现代贸易已经转变为一种拜物的科学，或套用豪格的说法，一种“感官享受的技术官僚统治”，一种“凌驾人群的宰制”，其效果是通过其技术化生产的卖点达成。

总之，商品拜物教以及再现的模式是围绕着商品形式发展，将根本的神秘性操作植入现代生活，让人们因此混淆了社会真实或核心的形貌。人们混淆了决定他们存在的社会条件，故而错误地将他们真实的物质旨趣，联结至市场和商品、消费和对于生活水准的量化。威廉森以广告运作为例提醒我们关注其中的“错误意识”：广告所区分的错误类属，模糊了真实的社会结构，并以特定的消费所衍生出的差异来取代阶级。人们被驱策着通过他们消费了哪些商品来找到自己的认同。

商品拜物教作为一种再现的模式，彰显资本主义现代性的破碎与分裂，显示个体经验、行动、项目的杂乱无章。商品的交换将社会经验拆解为琐碎和分离的计算，并转变为精算和竞争的个人；它将所有社会现象自具体的脉络中抽离，并将其改造为流动、转变、异化的存在；金钱关系的必要性也毁灭了所有的社会连带。这种支离破碎、转瞬即逝与变化无常的特性，让人又惊又喜，并刺激着现代主义者的美学实践。所以波德莱尔笔下的浪荡子兴致勃勃地走在柏油路上，成为本雅明研究中现代消费者的隐喻：在某种程度上，所有现代社会的经验都被贬抑为际遇的“消费”，独立的事件很像商品，由于盲目的崇拜，而模糊其焦点，事件都由主导的美学模式被体验，故注重表面与外观，而舍弃了深度与历史。

二、拜物现象与广告符码：人与物的关系

马克思虽未能亲逢“消费社会”的到来，但他还是道出了商品在市场经济中独具的特色。他指出，我们所生产与消费的产品在化为客体形式以后，出现了谜一般的或神秘无比的特征：在市场上出售的商品，实际上有着丰富的社会构成，包括了协调一致的生产、分配与消费系统，但其社会属性却不可能立即显现出来。

概括来说，商品是向感官诉求的东西，但它同时也是超越感官而为社会性的东西：一方面，它具有我们可观察、触摸与嗅闻的质性；另一方面，它又象征了我们无法眼见的质性(由市场经济所主宰的繁复隐蔽的社会关系)。

借由市场关系的运作，商品拜物教掩饰了生产者及其在怎样的条件下生产产品的事实。

与早期社会的商品不同，现在的商品并不带有生产者及其动机与行为的信息，在资本主义市场经济体制中，以下这些资讯受到了系统性的隐藏：产品的计划与设计过程；工厂里真实的劳资关系与工作条件；品质管制与自动化程度；对消费者所做的市场营销研究；由于使用特定的工业生产手段对环境造成怎样的影响；使用的原料是否能够再生利用；原料产地的劳动者与资方的关系如何，等等。以上因素都已内含于产品，成为产品意义的一部分。诸如此类的资讯如果为人们所知，将会影响他们与商品间的互动情况。

试想，如果下列一些意义与某些商品是不可分的，而消费者又知道了这些资讯，那么他们将会有什么反应：某件产品是由某个独裁国家的童工制作的；某些产品是由某些人在每天工作 18 小时才能换得果腹工资的条件下生产的。这些信息将会大大影响消费的意义以及我们购物的方式，一旦为人所知，就会变成消费者评价产品的重要因素。因此我们看到，一群“反堵”广告者从李维斯牛仔裤广告牌(旧金山最大的广告牌)上垂降而下，将连续杀人魔查尔斯·曼森的面孔贴在上面，借此留下破坏性十足的信息，以抗议制作该品牌牛仔裤之劳工的现状。

实际上，产品的意义要远远超出市场情境中可能得到的，资本主义的社会关系已经确保我们无法以系统性的途径完整地得到产品的社会意义。也只有在这种真实意义已经被从商品中掏空的情况下，广告才能“乘虚而入”，以自己的意义填补空间。“商品崇拜的第一要义，就是挖空商品的意义，藏匿真实的社会关系，然后再使想象的/形象的社会关系乘虚而入，在次级层次建构意义。生产虚位以待，广告补注新血；真实在想象遮掩之下，无影无踪。”①由于这个原因，看起来琐碎而微不足道的广告才会有这么强大的力量。

“本质”上，广告替商品披上的外衣并不是虚假的意义，只不过是，广告是在无人的空城，封地自作堡主。人总是人，需要有关财货的意义。传统生产者与财货之间的“有机连带”，在资本主义的社会关系冲击下，藕亦已断，丝也不连。同时，其他可能愈合这个空隙的机构制度(如家庭、社区、宗教)，也给资本主义削弱了。广告就此产生了力量，

① [美]Sut Jhally：《广告的符码》，冯建三译，96 页，台北，远流出版事业公司，1992。

因为有关商品意义，再也无法从其他地方取得。这样的力量，源自人对意义的渴望，总要在一片财货的大海，以符号定着自己的位置。①

拜物概念为我们了解资本主义生产本身及其产品意义的神秘化提供了一个基点，而符号学的视野则有助于我们检视人们从广告中获取意义的过程。加力在《广告的符码》一书中区分了人与物关系的三个阶段，以此探讨现代广告的拜物力量。

第一个阶段是“传统的工业前社会”。其生活格调是乡村与农业的形态，此时的地方社群、宗教与大家庭非常之重要，其休闲与工作足以结合为一个浑融的整体。在这种情况下，人与物的关系是由氏族文化来充当中介的。唯有在家庭、宗教与社区这些老的文化形式之上，物的意义才得以具体呈现。这种关系可表示为：人—氏族文化—物。

第二个阶段是“工业社会”。当工业逐渐兴起时，老的氏族文化也就丧失了重要性与活力，因为此时的人们，已经从乡村生活移植到了一个新的世界与新的生产模式之中。都市的生活、工厂的劳动以及工作与休闲的分立，在摧毁老的传统并泯除了浑融社区之情。都市化的程度越广越深，村居日常生活的统一与连贯也就越难以依持。从前物质的生产须与手工劳动相联属，现在则变成了生产线上的量产，商品已是无名无姓。因此，老的生活方式所积累的诸般意义，也就无法在这些商品身上留下任何痕迹。从前那些个人行为的符码，既然是由封闭的宗教价值观与独具风格的氏族社区所形塑的，也就难免具有高度的限制性，但在工业文明的冲击下已再难存在。所谓工业文明至少包含：不同的族群快速融合而出现的文化相对观；大家庭曾经扮演的经济功能萎缩不振；新形态的休闲时间兴起，其本质为高度的个人化与隐私不再受制于传统流行娱乐方式，也不再受到家庭琐事所展现的集体约束。工业社会的性质是游移转型的，既已无能从过去汲取意义，也无法建构本身的意义结构。新与老的生活方式既已遭遇，文化之沟就于此成形。这种关系可表示为：人—老的思考方式/新的生产关系/文化之沟—物。

第三阶段是“消费社会”。由于有了工业社会的紧张与矛盾，这才有消费社会的出现：市场机能与消费取代了传统文化的功能。传统社会过渡至工业社会的过程中，出现了裂缝，因此，物以及关于物的论述与表征(广告)，纷纷进场填补，同时，社会人在重组之际，不再以社会阶级作为认同的主要标

---

① ［美］Sut Jhally：《广告的符码》，冯建三译，96～97页，台北，远流出版事业公司，1992。

准，而是以消费者阶层来重新进行划分。这种关系可表示为：人—市场机能/广告/流行文化—物。

这说明，消费已经成为现代社会的生活模式。我们既已知道物品在人类社会、文化及意义的建构过程中扮演了核心地位，那么也可得知“广告的力量”源自哪里。实际上，它的意义并非来自广告商的精诚，而是来自“人们对于意义的需要”。从这个角度说，广告在意识形态上的角色，并非创造需求，也不是左右市场上的占有率，广告之为用，在于“提供意义”。

第三节　广告拜物教

一、广告传播：现代生活的新宗教

麦克卢汉的《理解媒介》一书中有这样一节“广告——使消费者神魂颠倒”，他援引威尔·罗尔斯的发现：任何报纸拿到舞台上去念都会令人捧腹，今天的广告也是如此。任何广告被置入一种新的环境后，都是可笑的。这就是说，任何广告受到有意识的注意时都很滑稽。广告不是供人们有意识消费的，它们是作为无意识的药丸设计的，目的是造成催眠术的魔力，尤其是对社会学家的催眠术。

例如，路易·威登广告近年在原有时装广告的基础上增加了全新的核心价值广告系列。这些广告并不用于推销任何新产品，而是关于品牌形象和理念。率先登上核心价值系列广告的有肖恩·康纳利和凯瑟琳·德纳芙等，他们象征着光鲜亮丽的旧好莱坞时代。这种策略不仅让人缅怀那个时代，还在人们大脑里把该时代的玫瑰色回忆与其品牌联系在一起。广告总是提供了某些让人选择的标准，不管这样的选择再怎么具有不合理性，但消费社会中没有其他的东西可作为人们选择的标准。加力在《广告的符码》一书中指出：“广告问题的症结，并不只是广告引发了人们形象上的反映，更重要的是广告涉及了产品的使用及其结果。广告这个商品身兼数职，就它与人的关系而言，广告混合了心理、社会与形体的角色。客观的外在世界与人的内里世界，交织互动，从最深层最根本的地方，掀起情结，擎出了迷魅与轮转的神奇技艺。”①现代广告的这种神奇系统，与高度成形的科学技艺并行不悖。艾士林更将广告比拟于希腊戏剧，他说广告是种拜物的宗教，在其间出现的人

① ［美］Sut Jhally：《广告的符码》，冯建三译，274～275页，台北，远流出版事业公司，1992。

物，可以比作神话中的英雄。

> 电视的广告片，完完全全如同现在所知之最古老的舞台形态，就其本质而言，是戏剧的宗教形式；而戏剧对人的描写，岂不就是芸芸众生所生存的空间，乃是由许许多多无可名状的力量在把持、在控制，致使我们的生活为其塑造……我们的道德宇宙……基本上是个多神祇的宗教观。我们以为，支配这个世界的，是无法计数，代表万神的强大力量；他们显现在我们的每个消费或使用行为，在日常生活的每一个领域。如果古希腊神话故事里，御风而行，依水而居，傍溪而住，栖息林中的是那些形形色色的仙女、神祇，以及似神又兽的灵媒与精灵，电视广告呈现给人们的，也是如此。因此，在这样的世界里，我们所面对的多神观，相当原始，由来已久，极为接近万灵与拜物的信仰。①

就这种观点来看，新与老的拜物现象并无根本不同。在广告所创造的这个神话系统里，是种种科技的精灵渗入商品之躯体，从而奠定了人们对商品的信心基础。以这样的脉络来看，广告就是现代生活的新宗教。加力、雷士与克莱恩在1986年出版的《广告与社会传播》一书中发展出一套概念，指出商品通过广告所反映出来的文化意义，可以分成前后有别的四个阶段。

第一阶段(19世纪20年代—20世纪20年代)是器物效用(器物崇拜)阶段。这一时期，新科技所生产的产品为人尊崇，几近顶礼膜拜。广告的功能就是礼赞新产品，广告的焦点对准了产品的效用。文字支配了这个时期的广告传播模式。尽管新的印刷技术可以更多地印制插图和图案，但是，文字材料通常还是用来说明消费某一产品的原因、使用者的身份、适当的使用环境，并提供每一幅插图的意义说明。

第二阶段(20世纪20年代)是形象主义(偶像崇拜)阶段。偶像就是符号，它表征了一些意义。这一时期，广告的焦点从产品的礼赞转移到了把商品放在特定的社会脉络里，然后再定其意义。广告的重心从产品本身转向消费者的诉求。产品本身变得更加抽象，它代表着一种在使用中获得的价值，而非一件本身有价值的物品。这一时期也历经了技术进步，使展示产品的方式更为形象。

第三阶段(20世纪40—60年代)是人物化(自恋情结)阶段。这一时期，

---

① [美]Sut Jhally：《广告的符码》，冯建三译，276页，台北，远流出版事业公司，1992。

广告诉求的重点已经完全转移到人物身上，并且不再是抽象地描写，不再是以形象符号加以表征，而是活生生地予以呈现。这一时期的广告注重消费者或使用者的形象，而不是展示所使用的产品。它代表着各种各样的消费动机，包括对社会认可的渴求，对物主身份的自豪感以及焦虑感等。社会互动性表现在人们所拥有的产品的流动过程中，产品本身可能被拟人化，呈现出人的特点。其生动的形象渐渐可以独立存在，无须任何文字解释。文字材料则采用一种非常浓缩的方式——有时是对话式的，有时是暗示的方式，有时则是诗歌形式。

第四阶段(20 世纪 60—80 年代)是生活格调(图腾族)阶段。图腾是生活在古代社会的人们，用以联结自然界与人类社会的东西，自然界的差异也就代表人间的界线。现代广告则取代了自然界，成为人类的判定标准。这一时期的广告特点是生活方式与市场细分同时出现了，大部分广告的重心转移到消费者的身份特点以及消费活动在社会环境中的意义上来。产品被置于一个社会环境中，展现在该场景中的人们并不是根据他们的社会角色来区分的，他们处在一个特定的消费生活方式之中。消费被描绘为某种背景或场合下想象的快乐。

通过广告、大众传媒和商品展示技巧，消费文化动摇了原来商品的使用及其意义，并赋予其新的影像与符号，全面激发人们广泛的感觉联想和欲望。放到历史洪流中来看，广告的信息已经从物理功能的强调，转移到以欲望为中心，转移到人与群体的生活格调，转移到强调整体世界形构中“物我一体”的感觉。从 20 世纪末至今，广告越来越“不像广告”，它们已经蜕变为观念辩证、时事探讨，甚至干脆就是无厘头，但它们同时又是视觉文化，是意象形态，是消费社会的美学极致。这一变化归咎于广告商、经营者和推销员的努力，他们设法说服消费者在生产和消费循环中，扮演一个新的角色。为此，他们突出并规范了包含在产品生产中的美学知识，要求消费者从美学的角度去看待、使用这些产品。

斯图尔特·尤恩和伊丽莎白·尤恩认为现代化过程是一个使“商品美学”得以产生的环境。他们认为，城市化和移民过程使许多人放弃了熟悉的工作，摆脱了熟悉的家庭和社区模式，改变了习惯性或传统的理解世界的思维方式。这导致了人们对自我的陌生感或异己感。在此情形下，人们开始对广告和商品美学做出反应，因为这些美学叙事提供了“通用词汇”以及将自我与他人相联系的方法。

“使用通用的意念、外观和式样的商业词汇，有助于改变从内在的或主观的道德感和伦理价值来理解自我认同感——即用性格或者如好、坏等的属性角度来理解之。这日益被以外在的、表象的、通常看得见的特点来定义的自我认同感所代替，也就是说，从个性、外表、行为以及最重要的风格的角度来定义的自我认同感。”①因而广告的文化是有效的，它能够对通常使人无所适从的、与现代化过程相关的变化做出反应，而商品对解决现代生活所带来的异己感和无所适从的问题具有神秘的功效。

如加力所说：“广告的力量并不在于它精巧的创造力，也不在于其操弄、玩弄人于股掌的能力，（当然，我们也并无意否认广告在这些方面的效果）广告的力量，乃是蕴藏在意义渐被掏空，而人们又不时寻求意义的关系网络里。”②基于此，才有广告乃是现代生活之“新宗教”的结论。

二、知识与权力：许舜英现象

文学评论家王德威在许舜英《大量流出》一书的序言中写道：“许舜英是一个品牌。她写些什么和她怎么写同样重要。她的犀利与幽默，张致与佻达，与其说代表了她的见识，更不如说代表了一种姿态。这是一种都会的专业的姿态，一种另类的偏执的姿态，也是一种后现代的女性的姿态，或者这根本就是种拟态？许舜英谈资本主义伪性高潮、谈巴特傅柯布希亚、谈张爱玲莒哈丝、谈川久保玲 Martin Margieala。她笔下的知识成为卖点，言谈无非挑逗。卖弄——贩卖加戏弄，这不正是许舜英的本业？”③

许舜英曾是台湾意识形态广告公司的执行创意总监和合伙人，一直以来以独特而锐利的时尚视角而知名，更因成功操作许多品牌时尚化案例而为业界称道，是广告圈内当仁不让的时尚专家。许舜英广泛涉猎钻研生活美学的体验、探索与表达；除了广告作品流露出强烈风格与独特创意，她也持续在文学与时尚杂志专栏上发表文章，其书写混合了激进的消费生活观察、魅力化的学术理论，被誉为“一个时尚现象、时髦商品与知识符号”。结集出版的著作有《大量流出》(2000)、《我不是一本型录》(2008)、《古着文本》(2011)、《购物日记》(2011)。

---

① [英]西莉亚·卢瑞：《消费文化》，张萍译，60页，南京，南京大学出版社，2003。

② [美]Sut Jhally：《广告的符码》，冯建三译，281页，台北，远流出版事业公司，1992。

③ 王德威：《序言》，见许舜英：《大量流出》，6页，台北，红色文化事业股份有限公司，2000。

台湾意识形态广告公司成立以来，中兴百货、韦恩咖啡、司迪麦口香糖等品牌案例不但缔造了广告史上最为人津津乐道的传奇，也让许舜英的团队成为最顶尖创意的代名词。意识形态广告公司在许舜英的领军下，多年来不断缔造令人惊叹的得奖纪录，在时报广告金像奖、亚太广告奖、龙玺创意奖等主要广告节所向披靡，作品也受到瑞典、丹麦、英国、日本等国媒体邀请观摩播出。20世纪末台湾的"新女性"千姿百态，真能玩得风生水起的倒还是不多。许舜英异军突起，以她痉挛式的文体，有理取闹的话题，还有异想天开的议论，低调、优雅、另类、高傲地成为流行文化的明星。

许舜英在2000年出版的《大量流出》，是一本类广告文案式的文化评论集，刚出版即入选诚品书店"2000年十大好书"。在这本书中，她写"中产阶级拘谨的魅力"，写"咖啡党人的聚众滋事"，写"高潮或是假装高潮"，等等。她告诉我们，"有些学术理论比刚上市的 Comme des Garcons 单性香水更具时尚意义"①，"专注于某类肤浅杂碎的资讯是极具魅力的"②，"坏品味是理解当代经验世界的狂欢样式"③，许舜英的这些"文本"挑战的不仅是读者的语文能力和思考能力，更是生活态度、神经系统的反应能力，如果"跟不上"她的速度和广度、尖锐和细腻，最好的办法就是放弃。

所以蔡淑玲才说："或许根本不是为了沟通。这使得许舜英变成一个极重要的作家。"④不必沟通，因为毋庸模仿；不必沟通，因为无法跨越。只有距离造成的疏离以及疏离诱发的反省。这使得阅读"许舜英"变成一种行为艺术。在这方面，她使我们想起陈文茜或张小虹。不同的是，没有政治或学术的依托，作为广告人的许舜英反而更能理直气壮地促销自己。

令许舜英成为明星的关键无疑是遭遇中兴百货。台湾中兴百货自1985年成立以来，一直以引领时尚、独树风格为特色，秉执着"提供消费者最新情报及生活提案"的理念，并不时以独特的生活美学提案丰富消费者的生活，带动高品质的购物享受，奠定了中兴百货领导流行的形象及典范，将商品与生活精致串联，塑造优质之消费文化楷模。1988年，日系太平洋崇光百货公司进入台湾，中兴百货以全面改装来应对，包括CIS、商品结构甚至营销定位，并重新将定位调整为"中国创意文化"，以唯一的本土百货公司和日系百

① 许舜英：《大量流出》，18页，台北，红色文化事业股份有限公司，2000。
② 许舜英：《大量流出》，23页，台北，红色文化事业股份有限公司，2000。
③ 许舜英：《大量流出》，44页，台北，红色文化事业股份有限公司，2000。
④ 许舜英：《古着文本》，13页，台北，漫游者文化事业股份有限公司，2011。

货公司相区别。多年来，由许舜英操刀主导的中兴百货广告作品，记录了以台湾为代表的消费生活主张，其中创意曲折令人屏息叹观，具有绝对流行时尚的图腾表征，更进一步汇整出结合人文通路与消费策略的创新手法和包罗社会关怀的宏观视野。譬如历年曾提出的“家庭生活万岁”“一年买两件好衣服是道德的”“标准三围是个坏名词”“到服装店培养气质，到书店展示服装”“衣服是这个时代最后的美好环境”“没有禁欲的消费者，只有太清教徒的百货公司”等。

在这些广告中，许舜英的创意团队把女性的欲望、焦虑与脆弱的神经表现到了极致，并且经过精心装饰，似乎找到了堂而皇之的借口。在这些广告中，可以看到女性阴冷的脸孔、奇异或受控的举止以及对美的迷恋(中兴百货广告“时尚患者的强力春药”)；可以看到她们仿古宫廷的做派、专注而虚空的神情(中兴百货广告“服装是一种高明的政治，政治是一种高明的服装”)；可以看到在黑与紫营构的气息中女性恋物狂的形象(中兴百货广告“不景气不会令我不安，缺乏购物欲才会令我不安”)；还可以看到诸多荒诞虚幻的仪式化场景和人/物关系的颠倒，即购物狂式的宣言与自我实现(中兴百货广告“三日不购衣便觉面目可憎；三日不购物便觉灵魂可憎”)(图 4-7)。

在这些广告中，有女性主义的欲望森林，有消费社会的狄德罗统一律，有妇女乐园中的恋物沉迷，有日常生活的审美呈现。“生活的戏剧化是不健康的”，早半个世纪以前张爱玲如是说。但无论是张爱玲还是许舜英，都是明知故犯而乐在其中。所以王德威才会说：许舜英其实是张门秘密传人，专长就是“不健康”的生活。人生如戏，如奇观(德波)，如拟像(鲍德里亚)。如此看来，许舜英广告文本的演出其实不过是生活符号的延伸，人生也不妨是种修辞学。在许舜英的广告文本中，“话语意识”明显大于“商品意识”。许舜英是用解构的手法来建构广告和消费的意识形态的。

她说：“语言是乱伦的，语言不是一夫一妻制的，所以语言(包括影像语言)并不忠于什么。”“广告的理论存在于解构哲学之中、诗之中、文学批评之中、精神分析之中、禅宗的精神之中、时尚评论之中、漫画文本之中、马克思主义之中……广告理论不存在于广告学与行销学中。”“如果客户找的创意总监是一位精神分裂患者，就可以带领他们冲出我们看这个世界的狭隘观点。”①

---

① 许舜英：《许舜英创意之道——在一个笨蛋主导的世界里我如何做广告?》，载《鲜氧》，2006(1)。

因此，思想、文化、美学、时尚，这些东西就成为她最为痴迷的广告调味剂。因为许舜英，广告才得以花样翻新，甚至在传统左派批评者头昏目眩，分不清是敌人还是朋友的时刻，开了条新路逃脱。

许舜英的创意思维是分裂片段式的，冷漠而又歇斯底里的。不论是写广告文案还是文化评论，许舜英的文字都是内省、自觉与疏离，都是企图以消解广告的方式来营造广告、以嘲讽商品的论调来叫卖商品。

许舜英为广告新人列出的“文案写作指南”有德波、鲍德里亚、齐泽克、德里达、杜拉斯、巴塔耶、川久保玲、查理·考夫曼、格特鲁德·斯泰因、雷奥斯·卡拉克斯、莫里思·布朗修、特里·伊格尔顿、Frame、故宫博物院、椎名林擒和东京事变、Prada Epicenter 的空间概念设定。

作为消费社会的“灵媒”，她把广告文案写得像禅门公案，把米歇尔·福柯、罗兰·巴特装扮得像芭比娃娃。她吞吐各种资讯，有如厌食与贪食两症齐发，自恋自嘲，语无伦次却也言之成理。在她看来，“当季”就是一种合法。

中兴百货的广告文案说：“对大众品位严重过敏者，请来中兴百货挂号。”相对于启蒙主义人文传统对思考及意义的强调，这个年代的焦点与其说是资讯，不如说是“嗅觉”。许舜英痴迷于对资讯的嗅觉，对资讯的市场性的嗅觉，对资讯如何挪用变形的嗅觉，对发现别人尚未发现的资讯的嗅觉。她说：“出神冥想是一种症状，收集癖是一种专业技术，收集癖更是一种现代创作的特色。”①她借张爱玲《红玫瑰与白玫瑰》中的娇蕊之口道出：“不是够不够的问题。一个人，学会了一样本事，总舍不得放着不用。”②也许正是在这个意义上，许舜英把自己的书命名为“大量流出”。

实际上，广告只是许舜英诸多书写方式中的一种。她曾长期为《中国时报》《联合文学》与各大时尚杂志撰写专栏。当“时尚研究”成为一种“研究时尚”的时候，都市、文学、时装、广告、消费等也就彼此渗透、交错混搭而形塑一种新的审美。这在世纪之交的台湾，特别是女性创作群中，成为一种文化风潮。

2008 年，许舜英出版《我不是一本型录》，收录《ppaper》杂志人气专栏“许舜英·包益民对谈集”，包括“配件”“零食的慰藉”“男人女人包包大对决”等题目。很多人读《我不是一本型录》的心情是动荡的：一方面惊服于许舜英

---

① 许舜英：《大量流出》，23 页，台北，红色文化事业股份有限公司，2000。

② 许舜英：《大量流出》，18 页，台北，红色文化事业股份有限公司，2000。

阅读的全球化和独特的生活品位，也发现她有“亲民”的一面，如爱用万金油、爱吃零食等；一方面又会不安，或气愤她对台湾的种种说法，如“可怕的小碎花拼布蕾丝边面纸盒”“快要变成垃圾桶的年轻人”“生活在丑陋里而不自知”“不知道要带外国人到哪里参观”“大家只会看电视”。

就像侯孝贤和朱天文借卡尔维诺的观点创作的广告语“深度在哪里？深度是隐藏的。隐藏在哪里？就隐藏在表面”。看似浅浅的生活物件使用、时尚经验、设计概念交换的底层却是深不可测的品位养成学、国际观和某种浑然天成的美学天赋。用鲍德里亚的话来说，这是“表面的深渊”。

2011 年，许舜英结集出版新书《古着文本》和《购物日记》。《古着文本》所收集的文章继续保持了许舜英一贯的风格，只是更加挥洒、更加出格和反体例。她在书中建构了“神圣玩具”“异化组序”“内爆语咒”“后设娱乐”4 个中西对照形成准学术光环的变造概念术语，并以此引领出更多的“关键词”，如恐触症、折纸治疗、库存情结、偏执赋格、病理试衣间、正典阅读倒错等，它们基本是生活省察和文化省察的敏锐洞见。例如在《史上最强购物单》一文中，许舜英说：

> 穿丝质内衣写稿，写出来的东西会有一种透明感。正如胸部尺寸会影响你的人格发展一样，服饰对你的创作人格、美学人格、性趣人格、你的态度，感官、梦境、心脏、呼吸、肠胃、腔调……都有一定的影响。所有的事件都是从衣柜开始的。服饰是欲望的证据，但这是一种最强烈的绝望。①

这样的姿态、立场与基调是抱持反省而保持的距离。许舜英的这种观察与经验累积到一定程度之后，就会有一个稳固的角度，不论是去看一个企业或是去看一个品牌，甚至是她自己家里的一罐茶，都有非常高的敏锐度。她“尖锐的差异”确实与大众拉出一种距离感，经她出手的广告和文字，则像一首写在匕首上的唯物哲学诗刺向庸俗社会。

在《购物日记》中，许舜英集中于讨论流行时尚与消费文化，并隐隐然从一个旁观者、消费者的角度转到圈内人和专业研究者的态度。对于这样一个常住台北和上海两大华人城市、饱经国际先进社会生活文化洗礼、有着客观化的资讯和立场来做比较的文化人而言，对于华人社会在这一面向的落后总不免有深深的焦虑。在《购物日记》中有一篇《失去年龄的时代》的文章，许舜

① 许舜英：《古着文本》，53 页，台北，漫游者文化事业股份有限公司，2011。

英写道：

> 老东西通过时间的洗礼，具有文化印记，充满美感的想象，但是我同时对这一种老东西的喜爱感到绝望，因为现代社会里任何一种价值都会变成一种消费概念、消费潮流、流行风潮，所以那种文化层次与美感层次的意义与价值很快就会被抵消。任何一个东西只要进入消费体系里，它就会变得什么也不是了，而仅仅是一个媒体的符号话题。一夕之间突然狂销百万个的环保购物袋似乎与环保一点关系也没有。①

相较于《大量流出》，《古着文本》和《购物日记》的读者群放宽了，它们释放的信息更清楚，指涉更明确，它们作为消费美学评论的性质更为突出。从全球范围来看，经过20世纪80年代大众传媒的兴盛与90年代互联网络的快速发展，知识与权力已经无所谓结构不结构，而是细密地渗透到每个人的衣食住行中。在广告主、产品行销与消费者和读者之间，许舜英以她的作品表达了既在其内、亦在其外的立场。

三、恋物与自恋：第凡内早餐

杜鲁门·卡波特的小说《第凡内早餐》于1958年出版，并于1961年由派拉蒙公司拍成电影。大家对小说的评价相当高，销量很大，但现在一提到《第凡内早餐》，很多人眼前首先浮现的可能却是电影主演者奥黛丽·赫本的容颜以及考究的纪梵希黑礼服。

小说《第凡内早餐》中，并没有提及在第凡内吃早餐，事实上，它也并不是一个真实存在的场景。“第凡内早餐”，确切地说，是一个女孩的浮华白日梦。小说中的主人公郝莉·戈莱特利小姐说：“我发现最好的办法是坐进一辆出租车到第凡内去。这马上使我平静下来，那里有安静气氛和高贵气派。你在那里就不会发生非常不幸的事儿，同那些穿着高级西服的和气的男人在一起，还有同那银餐具和鳄鱼皮皮夹的好闻的气味在一起，是不会发生不幸的事儿的。”②

郝莉灿艳如珍宝，欢跳如鸽子。男人都渴慕，想要抓住她，揽在怀里，至于与她一起长久生活，也许从未去想。郝莉看起来似乎也不需要“生活”，她只是希望面前总有拆不完的礼物盒，处处有惊喜。如果说浮华如烟云，那

---

① 许舜英：《购物日记》，187页，台北，漫游者文化事业股份有限公司，2011。

② [美]杜鲁门·卡波特：《蒂凡尼的早餐》，董乐山、朱子仪译，170页，海口，南海出版公司，2008。

她想要的就是烟云。只有最好的年华才能和这烟云相配。

电影《第凡内早餐》为了让故事变得浅显易懂，在开头就解释了片名，那个画面被观众永远地记住了：穿着黑色小礼服和一身冒牌货的女孩，站在玻璃橱窗前面，一边吃面包一边注视着陈列柜上的第凡内项链。她怎么会明白，她自己也是闪闪发光的珠宝。岁月流金，青春慷慨，生命在一次次破费中，渐渐富足。

卡波特的这篇小说最初预定一次性刊登在女性杂志《时尚芭莎》上，连合同都已订立，但该杂志最终却拒绝登载，令卡波特极为愤怒。作品转而刊登在男性杂志《时尚先生》上，使得该杂志创下了巨大销量。《时尚芭莎》拒绝刊登这部小说，理由之一是郝莉·戈莱特利很难不被认为是个高级娼妇，而且文章多处提及同性恋；理由之二是编辑们担心这会引起小说标题中涉及的杂志大广告主"第凡内"珠宝店的不快。据说卡波特对此付之一笑说，用不了多久，第凡内就会把我的书摆在橱窗里。实际上，随后多年，小说也确实在客观上大大宣传了第凡内珠宝品牌。

小说中的郝莉说："钻石，我是喜欢的。但是还没上四十岁就戴钻石，就有点儿那个；甚至很危险。只有戴在真正上了年纪的娘们身上才合适。"①朱天心也写有一篇《第凡内早餐》的同名小说，嫁接的正是这种感觉。朱天心《第凡内早餐》小说的开场是："职棒六年，职场九年的春天，我初初萌生想要买一颗钻石的念头，而且要就非得是一颗第凡内的独粒钻戒，可不是其他任何品牌或老土银楼的，也不要彩钻碎钻拼嵌的……我要一个白金指环、六抓镶嵌的典型第凡内圆形明亮切割的钻戒。"②

接下来小说巨细靡遗地告诉你钻石的历史、钻石广告词，还有一大堆的马克思名言、霍克海默和阿多诺的文化工业批判的语句，这些都是揭露资本主义商品美学的伪个体化，批判富人的殿堂就是建立在工人的贫民窟之上的说法。小说中这个一心一意想买第凡内钻戒的女人并不是任意的一个女人——她搞过学运、读过马克思，明明说自己在职场当了9年"女奴"怎么搞得却认为买一颗钻戒能让她"重获自由"呢？

在法兰克福学派等批判哲学中，最重要的一个检查能力是人不可以物

① ［美］杜鲁门·卡波特：《蒂凡尼的早餐》，董乐山、朱子仪译，169页，海口，南海出版公司，2008。

② 朱天心：《第凡内早餐》，见王德威主编：《第凡内早餐》，1页，上海，上海文艺出版社，2001。

化，而女性消费的“自我取悦”往往被视为“虚假需要”的极致。朱天心《第凡内早餐》的女主角是一个新人类，女性。她在杂志社做采访工作，刚采访过一个女作家A，采访时女作家手上就戴着第凡内的独粒钻戒，但这仍不足解释她的行为，她说不是为了保值，也不是为了模仿女作家A，只是要买。第凡内珠宝专柜成为她告解的对象，其所散发出来的吸引力是她每天唯一的心灵放逐时间，“原来它贩卖的不只是珠宝首饰(这都是我在人行道上透过落地玻璃墙日复一日看到的)，它有银制的文具餐器、有绘着精致花卉的陶瓷器、有手表、丝巾……等等商品美学制造出来的假性需求，的确我在面对帷幕揭起前并一无所缺，现在，每一样东西都因为我的想要而感到缺乏。”①

对于一个读过马克思和马尔库塞的女性来说，她是明知故犯而乐在其中，“商品美学制造出来的假性需求”“因为我的想要而感到缺乏”，这本来都是西方马克思主义的批判主题，现在却变身为有恃无恐的广告宣言。在这里，我们看到的是，禁欲主义很难抵制物化；消费主义的厉害之处更在于，它会把“反思性”成功地纳入自己刺激消费的单向道。

长期以来，批评消费文化的人一直在喋喋不休地提醒人们，消费会导致价值感的丧失与主体的消解；当太多消费社会的批判性话语，把物质女人定义为精神沦丧的无可救药的族类的时候，也许在一定程度上忽略了物质和女性的内在联系。物品自身的存在于女人就是可信可亲的，实际上，我们已经很难从精神维度本身，来谈女性的精神解放。就像在《欲望都市》里，商品已成为女人心理和精神危机的解决之道，因为一双漂亮的皮鞋，可以让孤独走开。女人以她们的天赋——精致和敏感，和物品达成某种亲密关系。在《欲望都市》里，凯莉对鞋子的那种热爱，实在很有煽动性，作为最受欢迎的女主角，她让很多女人从此和她一样沦为彻底的“鞋奴”，她贷款买房时，拿不出钱来，但却可以买100双“马诺洛”鞋。

朱天心小说中的女主角打算在情人节买颗第凡内钻戒，买之前她到店口看钻戒又说：“我像卖火柴的小女孩在严酷的雪夜里踮着赤足看窗内的人家在欢度丰盛温暖的圣诞节。”她要去买钻戒，而第凡内钻石又那么昂贵，她好像很恐惧，她要揣摩如何可以脸不红气不喘地一举推动那扇真的好重的玻璃门，要计算进了门得几步才能走到柜台，要用多快的速度去买，“距离那扇重门大约、大约男人六七步左右，女人穿高跟鞋约十一步，以我的步伐，九

---

① 朱天心：《第凡内早餐》，见王德威主编：《第凡内早餐》，13～14页，上海，上海文艺出版社，2001。

至十步可抵。地上且铺着绵密隐晦图案的东方风地毯，不致有过滑而摔跤之虞，所以妹妹你就大胆地往前走，往前走，莫回头……"①

整部《第凡内早餐》最终的谜是在于女人对物质消费的一种不可解情感，但这种种不可理喻的行为却又是那么真实，不正证实了那句：我怕富贵繁华原一梦，更怕仍爱此梦太分明。女主角留心着购买行为中所可能发生的任何细节，与其说是在学习宫廷的种种虚矫烦琐但必要的礼仪，其实比较像在进行一项秘密周详的"打劫计划"：

> 我甚至从来不曾有的在临睡前保养双手，以厚厚营养的绵羊霜努力按摩两手，并非为了或可漫漶指纹，实在只希望届时试戴戒指时，不致让它们照眼即被认出是一双女奴的手。
>
> 我还准备妥了那日的穿着，上好质料但透着随意轻松，并由于前述观察过地形的关系（铺着地毯），我可以放心地穿着我那双高跟亮漆皮的玛莉珍绊带鞋，而不用分神担心跌跤（逃跑时？），我且去真品平行输入店买了 Armani 新推出的香水。（掩盖我的逃逸踪迹，就像草食动物摩挲一身尸臭借以逃避肉食动物的追缉？）
>
> 万事齐备，只差那一只七折即将可望将成五折的 D&G 麂皮背包，青苔一样的颜色和青苔一样的触感，各家时尚杂志上不停告诉你这一季不可或缺正 in 的配件，其实远看颇似军用帆布包，但直觉背上它会使我有如年轻战士一样显得精神抖擞，至于其中要放什么东西，水壶？手榴弹？行军地图？……嘿，真的不重要。②

一切应该万无一失。反悔，还来得及。都市"女奴"恋物及自恋的心事，尽皆投射于著名的第凡内珠宝上。小说描绘生动、思虑深刻，其间种种诡辩，已自成为一种文字炼金奇观。"美钻传真爱，此情永绵绵，钻石恒久远，一颗永留传。"De Beers 的广告这么说。钻石是情真意切的永恒象征，也是资产累积的富裕指标。钻石以其超乎寻常的价值，伪托生活及生命无价的追求。它惹起人们"重获自由"的迷思，只因为我们甘愿被它套牢。

---

① 朱天心：《第凡内早餐》，见王德威主编：《第凡内早餐》，19 页，上海，上海文艺出版社，2001。

② 朱天心：《第凡内早餐》，见王德威主编：《第凡内早餐》，20 页，上海，上海文艺出版社，2001。

——在中世纪，一个等级只要它能佩剑，就成为自由的人。

在游牧民族，拥有马，就能成为自由的人，并有可能参加共同体生活——

如何我认为在那冷湿、等待回巢穴的时刻，一颗钻石，可以使我成为自由的人？①

朱天心笔下“年华老去”的新人类在洞悉“钻石学”的一切后，仍嘿嘿然地全副武装，去“打劫”“属于”她的一个结晶体。在第凡内公司的台北店里，最精致的消费文化与最寒碜的消费欲望相互撞击，这样的快感来自断裂、缝隙以及狡黠与谋划。

在小说中，“新人类”的形象是：新人类没什么历史包袱，新人类政治立场虚无得很，新人类视媒体资讯如神，新人类失去了使用感情的能力，新人类是男的像女的，女的像男的，性别中性化，“新人类的女生在性方面要主动得多，也无传统性别差异所带来的传统负担……或相反，新人类视感情爱欲为负担，怕吃苦，宁愿过无性的生活……”这种形象，挑战了传统认为女性应该谦逊含蓄和不招摇的观念，实际上给予女性更多的自由和权利。对于一个自谓“我做女奴，已经有九年了”的职业文艺女性而言，新人类的身份是他人赋予的，对自己来说，重要的是，她开始为购买一颗钻石做准备。这个过程，是主动的物化，也是通过物化而自我放逐与拯救。

把完全无色的钻石送给女人，就如同把一颗纯洁的心交给她——De Beers 公司这么说。

……

选购女人，不，钻石，越无暇，就越罕贵美丽。De Beers 公司如是说。

……

良质钻石通常有不同大小、不同形状可供选择，相信她绝对不会介意优质美钻为她带来的额外重量。De Beers 又说。（还真会说！）②

小说中一段段对戴比尔斯（De Beers）广告语的解构分析，并没有遏制女

① 朱天心：《第凡内早餐》，见王德威主编：《第凡内早餐》，8 页，上海，上海文艺出版社，2001。

② 朱天心：《第凡内早餐》，见王德威主编：《第凡内早餐》，17～18 页，上海，上海文艺出版社，2001。

主角的购买欲望，反而像是欲拒还迎的自我说服。这样的行为正是广告“非暴力攻击”的镜面反映，因为广告叙事对目标对象的攻击采用了“非暴力”的方式，它从一开始就中和了我们的反抗性。作为随大流者，我们已经没有能力去分辨自发性和强制性、需要和被利用之间的差异，我们成为广告的嫁衣。

如果说广告是浮华和空谈的结合，那么消费选择的极致就是戒不掉的“瘾”。人生在世，每个人都会对一些特殊的事物持有执念，每个人都会迷恋至少一种东西，可能是巧克力、鞋子，或者是性。在恋物风潮中，原来不为人所知的小执念，统统浮出了水面。消费社会沉浸在文化解构的风潮里，躁郁悸动，辗转难安。

在研究了 De Beers 钻石的广告符号学课程，又通过《手稿》中分析的穷人的生活状态，结合自己新人类与新农奴阶级的处境进行了一番意识形态的批判后，小说末尾，女主角终于付诸了购买行动，“是夜，我推门进入第凡内，门不轻不重恰如我长期所观测揣摩的，我且走了不多不少整整九步到橱柜前——总之整个过程皆在我预先掌握之中，前后费时十七分钟略超过估计，只因为情人节晚上的顾客大约是平日的四倍。”①女主角带着购得的“南方之星”离开宁静宫殿一样的第凡内，挤公车回到地下室。

她将地下室所有能亮的灯都打开，褪开包扎的白丝带，掀开土耳其石色的纸盒，将普鲁士蓝的丝绒盒打开，它，在那里了。她以右手拈起它，并以情人的款款神情之姿缓缓套在左手的无名指上，心中涨满了宁静的快乐。

如果盒子代表女性的“不可言说”，那么她的好奇心则显示为一种欲望，揭示她所再现的形象的秘密。劳拉·穆尔维在《恋物与好奇》中分析说，一件隐秘的东西可能会被藏在隐蔽之处，但一个隐秘的意义必定会被转化为信码。前者可以轻易地被眼睛看到，后者则需要被阐释。信乐团的《潘多拉》，歌词是这样写的：“你不能不去打开，不去炫耀……无路可逃，逃不出人性的牢……PANDORA，OPEN IT……”所以说，盒子是一定要被打开的，谁管里面卖的是什么药。

---

① 朱天心：《第凡内早餐》，见王德威主编：《第凡内早餐》，24 页，上海，上海文艺出版社，2001。

第五章　时间的价值

在《尤利西斯》(1922)中，詹姆斯·乔伊斯就描绘了一个正在逐渐消亡的商业文化，比如风骚的侍女和前后挂着广告牌的宣传员；在正中间站着广告人利奥波德·布鲁姆，不过他的形象到了20世纪10年代早已经过时，仅仅在当地报纸拉广告和倒卖空白栏而已。对布鲁姆来说，商品文明的残渣，比如写着“没有李树鲜肉的家庭就不叫家庭！根本不完整!”的报纸一角不停地出现在他的视野之内，激起了有关妻子莫莉的情色回忆，还有女儿米莉和夭折的儿子鲁迪。从严格的词源角度来看，这些回忆都是富含情欲意味的：对那些逐渐远离的人物，这些回忆中都包含了一种难以得到满足的渴望。不过，就像普鲁斯特被一块小蛋糕激起了幻想一样，这些回忆也依赖于商品文明中并不重要的碎片；只有这样才能重新唤醒沉睡者，让他进入一张人际关系的大网，将过去、现在与未来仅仅结合在一起。①

——杰克逊·李尔斯

在很多情境中，时间被具体化为记忆的物品。例如，洛克(RoC)的维生素身体雕塑广告中，有一个模特儿正在试穿一条很紧的牛仔裤，之后的说明文字是“回到十年前的皮肤紧实”。广告鼓励观看者将过去理解为现在的事实。在中国，白丽美容香皂曾以“今年二十，明年十八”的广告语赢得女性消费者的认同。在这些广告中，真实的过去、历史被充满产品的广告挪用，未来则转变成鼓舞人心的理想。广告试图操控时间：不仅操控关于再建构的当下，也操控从时间的自然流动中观看者的错置。

第一节　时间与商品形式

一、观看就是做工：收看电视与工资劳动

当代社会传播媒体的运作，在经济上主要依赖广告的收入。在资本将各种物质条件充作已用之时，收看电视的“主观性”也取得了其客观性质。主观之情而被客观的物质规律所左右，代表了资本的价值形式的更高阶段。其间运作的逻辑，是马克思“劳动力”理论的再次显现。以具体形式来说，意识的

① ［美］杰克逊·李尔斯：《丰裕的寓言：美国广告文化史》，任海龙译，302页，上海，上海人民出版社，2005。

过程变成了可以增值的现象，史麦塞因此把现代大众传媒说成是“意识工业”。

史麦塞认为，阅听人是一种商品，大众传媒其实就是这种商品的生产者（卖方），而广告商则是买主。他指出，由广告商支持传媒的组织化形式，现在已经普遍化，不仅电视、广播、报纸和杂志，而且电影、音乐与表演等也是如此。电视节目就是“免费的午餐”，目的就是尽一切力量把观众吸引到电视机前。因此才有调查公司去调查收视率，然后传媒公司再把观众打包卖给广告商。这时，一个真正的商品——阅听人的收视出现了。史麦塞从经济基础来定位传媒工业，认为阅听人不过是广告商和传媒公司的劳工而已。

阅听人把“收看能力”卖给传媒所有权人，正如劳动者把劳动力卖给资本家。并且，正如劳动力的使用价值是劳动，收看能力的使用价值在于收看行为。从这个角度来看，阅听人的观看就是做工，他不仅在消磨时光，也是在以一种相当确定的方式付出自己的精力和时间：他观看节目的同时实际上做了广告商所支持的传媒公司的社会化背影。在史麦塞看来，工人下班后的时间，除了睡觉外，都得承受垄断资本主义的消费业和服务业所施加的压力。个人的、家庭的与其他社会交往的需要都必须放到产品和行销的脉络中来处理，在不断承受这些几近泛滥的压力下，个人与家庭的任务基本上成为一种“拷贝”，当阅听人置身其间，形成了他心理的采购单，并把收入花掉时，广告商就从阅听人的观看工作中获取了利益。

> 循此推论，则构成阅听人“工作日”的只有“广告”时间；电视节目，也就是收看能力的价值，是阅听人的“工资”，也就是传播工业的可变资本。电视节目也同时是再生产收看能力的时间，是“消费”的时间，是不工作的时间。①

收看电视与劳动做工还有相近的特征——在执行此活动者的眼中，二者都是“不愉快的”。对许多现代社会的人来说，工作实在不是一种能够让人享受的活动。大体说来，人们工作并不是因为他们喜欢自己的职业，而实在是出于必须如此，即为获得工资以支付消费所需而不得不为之。劳动变成一种“异化疏离”的活动。“我们不妨以类同的道理，审度阅听人是以什么态度对待广告时间的。虽然制作广告的费用非常之高（比制作节目还多），但人们还

---

① ［美］Sut Jhally：《广告的符码》，冯建三译，135～136页，台北，远流出版事业公司，1992。

是想尽办法，躲避这些使出浑身解数要吸引人的广告片。”①例如，使用遥控器就是助长换台以避开广告的一个主要方式。

传媒在此面临了一个诡异的情况，观众可以收看电视(获得工资)，但却不必从事可以产生价值与剩余价值的工作(收看广告)，这种现象自然没有逃脱广告界的注意，近年来，广告商开始觉得传统的“收视率”概念不再有用。收视率所测量的是收看节目的时间，而不是观看广告的时间。因此收视率调查公司展开实验，以新器材和新方法测量收视实况。

如果把阅听人视为自然现象，就应调查包含有价值阅听人和无价值阅听人在内的阅听人整体。然而从市场角度看，这种调查的效率显然很低。而广告商想要的是真正的消费者，也就是有收入且又热衷购买固定品牌的人，这种消费者才是广告商所“觊觎”的对象，是传媒网络所欲卖出的商品阅听人。因此调查公司就是要调查这种特制的商品阅听人，并有效地把商品阅听人从一般阅听人中筛选出来。

虽然商业调查公司的实验法与问卷研究仍占优势，但也出现了用人类学方式来记录阅听人使用传媒素材的生活经验。这种方法源于社会学家采用的定性方法和文化研究方法。文化研究派制定了一些文化指标，试图将批判理论与量化方法结合起来。例如，文化唯物论者威廉斯强调生活经验，在他看来，生活经验既非全由亲身经验决定，又非完全被决定，而是由经济结构与社会集团，次文化与主导意识形态相互作用、共同影响所致。文化唯物论者发现，阅听人实际上常常是主动从传媒有限的菜单中选择节目，并从中获得满足的。

二、时间规训：广告心理学中的时间问题

在 20 世纪早期，广告对“时间规训”的专注，在生产力经济的终点和消费之间提供了清晰的联结。如果一个商品可以产生效益，那么投资在生产此项商品上的劳动时间以及消费它的时间，就可以清晰地传达给消费者。在理性广告中，时间是可控制的稀少资源、在决策中的压力、一个可以交换的商品以及风险的主要元素。消费者被鼓励将物品看作可体现的实体效益价值。福特主义时代的企业家们期待广告传播为标准化制造的产品创造一个和谐的全国市场。广告被视为创造文化同质化的关键，在当时对于维持全国市场似乎是重要的特点：广告会向人们诉求消费的优点，并且缓和不同的意见，同

① [美]Sut Jhally：《广告的符码》，冯建三译，140 页，台北，远流出版事业公司，1992。

时也培养消费者意识。

当时，广告的大部分知识都受到将消费者当作可认知、受到限制的实体之技术理性观点所影响，消费模式的线性理性也随之被描绘出来。“感觉到需求/问题认知”即是“决策过程”的起点，这被描述为当下和期望状态之间被感知到的特殊差异。例如，购买新家电的“需求”，这个差异性(或“需求”)是通过“搜寻”(也就是收集产品资讯和考虑)而得以调和的。一旦新家电的“需求”得以实现，“被理性地调动”而具有洞察力的消费者就会开始在许多选项之间思索和抉择。因此，“消费者行为是一个过去经验、当下拟仿(例如广告)和未来期待的产物。它可理解成一个按时间发生顺序、并以事件为基础的过程，此过程是藉由思考、认知性的活动引起。”①

虽然决策过程模式持续被消费者的技术理性观点所影响，但也开始出现挑战这种传统想法的著作，1908 年斯科特的《广告心理学》一书就以挑战当时的理性决策模式而著名。他的广告论述将消费者定义为“非理性”的存在，可以通过使用“强烈印象”策略来说服他们购买，此策略不是诉求消费者的理性判断，而是诉求他们的欲望。到 20 世纪 20 年代，行为主义的新信仰被广告专业人员广为采用。对于理性广告的挑战具有吸引力，不是因为它呈现了消费心理学的进步，而是因为它在逐渐转为垄断的市场中，更加努力区分那些本质上相差无几的产品。斯科特的理论让广告心理学家认识到“暗示”是购物的一项动机。与把人类称为理性动物不同，他认为把人类称为暗示的生物更具真实性。

斯科特把“记忆：记住与遗忘”放在《广告心理学》的第一章，他列出增强记忆的 4 个原则：重复、深刻、联系、巧妙。1932 年，霍华发行了斯科特经典作品的修改版本。他的修改文本针对记忆提取比储存困难的事实，提出详细的实用方法。霍华辨识出“机械性”、“巧妙性”和“睿智性”3 种广告技巧，以便在消费者记忆中“修复东西”。

机械性方法就是不断地重复信息。霍华指出：“产品的名字应该要清楚地一再重复，使其深深烙印在读者的脑海中，如果可能的话，也应再三强调该产品的主要用途。在每个广告、每条资讯中纳入产品可在何处买到，也是

① [英]Pamela Odih：《现代与后现代时代的广告》，叶碧华译，130 页，台北，韦伯文化国际出版有限公司，2010。

一个很好的做法。”①

巧妙性方法就是使用新奇的押韵、节奏和“动作加强”。这种方法注重时间与记忆术的关联。

睿智性方法就是依赖消费者借由以前的经验互相联结而分类资讯的能力。这种方法必须将观点或产品在消费者生活和事务中的重要性呈现出来。

霍华对记忆的说明潜藏着时间概念，在这个概念中，事件的秩序是按照线性时间排列的，主要的记忆对于之后发生的事件具有因果影响。在20世纪50年代，消费者主体性的心理动态概念逐渐得到支持，并在20世纪60年代以动机研究的形式达到最高点。动机性广告信息被设计为“隐藏的说服者”，倾向刺激连锁的反应。动机研究承认时间对于潜意识心智的重要性以及潜意识心智显著地决定消费行为的倾向。

根据迪希特的说法，“记忆”是自我的一个重要部分，记忆来自之前经验的“痕迹”，而这会受到当下意识的刺激或活化。迪希特认为，在广告传播中，单一信息在接收时可能会被遗忘，但是它会留下痕迹，加上其他痕迹组成一个混合的痕迹系统，这就是实际上被记得的事实。在迪希特的动机理论中，记忆的痕迹同时也是深锁在人类心灵隐蔽处、受到压抑和压迫之动机的产物。当受到压抑的冲突被解决时，就会产生一种狂喜感和愉悦的体验。在某些个人与产品联结的行为以及发泄之间，迪希特分辨出直接的关联。商品或许会碰撞到个人的人生经验，并且立即引发“隐藏的罪恶感”，借此个人可能会使用产品以获得情感的释放。为了这个目标，迪希特详细说明广告主应该遵从的方法，以便加速正面的释放。人们从广告中获得“往昔的记忆”绝不比他们从博物馆中得来的少。消费者从商品大繁荣的现代工业岁月一路走来，进入“消费后现代”之后，一切关于“过去”的经验被重启了，其中好像没有什么是不可以被拿出来纪念和珍藏的。过去的每一个日子似乎都值得纪念，每一段人生似乎都值得回忆，每一件物品似乎都值得“馆藏”。

三、时间切分：广告与家务劳动时间

马歇尔·麦克卢汉在《理解媒介：论人的延伸》一书中指出，人们发现可以把时间固定在两点之间以后，西方就发生了伟大的文化变迁。“我们将时间切分为统一的、可以视像化的单位，由此产生了我们对期间的感觉，产生了我们对两件事情之间延误时间时不耐烦的感觉。这种不耐烦的感觉，或时

① ［英］Pamela Odih：《现代与后现代时代的广告》，叶碧华译，130页，台北，韦伯文化国际出版有限公司，2010。

间是期间的感觉，在没有文字的文化中是闻所未闻的。正如工作的概念肇始于劳动的分工一样，期间的感觉发端于时间的切分，尤其是发端于分秒的划分——机械钟表借分秒的划分，把统一的时间接续性强加在我们的时间感觉上。”①

在现代社会里，时间的许多不同意义被整合在一起。有限的时间资源和“间隔摩擦”(以时间来衡量，或者是为克服它所花费的成本)使日常运动变得很紧张。劳动力所有者和资本所有者之间就利用时间和强化劳动而进行的斗争早已成为普遍。马克思注意到：为劳动日的长度而进行的斗争出现于英国的伊丽莎白时代，当时国家通过了针对靠暴力剥夺刚刚从土地上解放出来的劳动者增加习惯的劳动日长度的立法，结果却容易出现不稳定、纪律涣散和流动。对陷入疯癫的失业者的监禁(马克思突出了这一点，而福柯则把它提升为一整本书)不过是使劳动力就范的众多手段之一。

新的劳动习惯形成了，新的时间控制施行了。汤普森证实说，在好几代人当中，在使劳动的社会分工和细致分工同步的压力之下，在使榨取劳动者剩余劳动时间(利润的基础)最大化的压力之下，稳步前进。在汤普森看来，工厂工人们的第一代通过自己的雇主懂得了时间的重要性；第二代人则形成了自己的 10 小时运动的短时间工作委员会；第三代人为了超时或加班工资而进行罢工。他们接受了自己雇主的各种范围，学会了在那些范围内进行抵抗。他们曾经有过非常深刻的教训，即时间就是金钱。

现代时间的强迫意识不只体现在以生产力为标准的工作范围内，它已经占据了所有生活领域。例如，针对 19 世纪家庭中的女性认同和家务劳动时间，吉亭斯提供了几个重要观察。她认为加之于家庭劳动时间上的需求，总是与将干净等同于女性认同和阶级的论述有所关联。在这个干净等同于阶级的程度上，女性通常借由她们拥有的膳宿种类、其干净和维护的程度，来区分她们的生活水准和自身。事实上，在 19 世纪，家庭的干净程度代表了“可尊敬性”，并且被专门定义为女性的工作。在科技以及家事上的发展，对于女性认同的生产有直接的可能影响。家庭化的设备并未节省劳动时间，而是变成女性在追寻干净无垢的家居环境时的必要工具。

20 世纪早期见证了家庭新发明更进一步的巨变，并且以节省劳力的装置行销。广告革命赋予电子设备产业力量，认知到家庭作为家电市场的商业价

① [加]马歇尔·麦克卢汉：《理解媒介：论人的延伸》，何道宽译，187 页，北京，商务印书馆，2000。

值。例如，1932年美国《文学文摘》杂志封面给人的印象，无论家庭的甜蜜或忧伤，都呈现出一种浪漫气质和女性维度(图5-3)。到了20世纪50年代，广告引导家庭主妇描绘理想的女性主义，广告和完美主义的意识形态合作，试图增加贡献给家庭杂务的时间。因此，虽然家电科技的进步使得花费在完成工作上的时间减少，但是完成工作所需要的品质程度却延长了家务劳动的时间。

20世纪50年代见证了女性期刊开始蓬勃发展以及家庭消费前所未有的上升。在家务电器的设计和生产上的科技进步加速了消费需求，吸尘器和洗碗机等家电被当作节省劳力的装置来促销。在这个意义上，它们的目的是以资本替代家务劳动时间。但是女性文化历史学者也在质疑，究竟节省劳力的家务设备能够真正降低女性贡献在家务工作上的时间到何种程度。家庭新发明的革命并非让女性能够以“家务工作时间”交换“非家务时间”，而是似乎强化了家务劳动的私有化，成为资本主义对于女性家务劳动时间征收的一部分。“事实上，家庭单位的标准化特征和一致的程度提供了一个有效的情境，在该情境中，家务劳动时间任意运用的增加可以被传播到消费者市场。广告主因为试图提供大量生产的产品给逐渐都市化和分众化的消费市场，所以逐渐大量地利用新耐用消费品的节省劳力主题。借此，透过大量生产的耐用消费品之消费，广告利用社会的文化矛盾，试图达到个别的区隔。”①

在尼古拉斯·穆雷的摄影作品《MCCAIIS》家政杂志封面中，年轻夫妇和一双儿女刚进家门，围在精心准备晚餐的祖身旁。桌上的糕点和水果、女孩懂事的问候、男孩目不转睛的表情、父母发自于心的微笑、花边装饰的窗帘，每一年细节都不遗余力地表现美国中产阶级的富足与幸福。广告画特有的浓艳颜色，刻意标准的神情，这是典型的家政杂志封面。

为迎合消费者对买得起的商品的强烈购买欲，制造商们把生产重点从“销售已生产产品”转移到“生产所需产品”。于是他们纷纷将战时生产所用的新原料、高科技及高效生产系统转用于民用生产。例如，尼龙是为制作降落伞而发明的，后取代昂贵的丝线来织女用长袜。烟雾容器最初在南太平洋地区出现时，被称作“臭虫炸弹”，而加上了一个简单的喷雾器盖后，这一容器应用于喷洒家具油漆、杀虫剂、洗发水和防臭香水等。新型的薄塑料也有了新用途，为从调料瓶到家具的所有物品提供了新原料。泡沫最初是为军事漂

① ［英］Pamela Odih：《现代与后现代时代的广告》，叶碧华译，175页，台北，韦伯文化国际出版有限公司，2010。

流所设计的，当时也有了商业用途，先是被用于植物及工艺装饰，后被用作绝缘体。其他的一些战时发明，如计算器、电子打字机和计算机等也为办公室设施合理化做出了贡献。

“电子仆人”的广告承诺，要减轻直至消除所有可能想象到的家务活所带来的劳累。美国人以前所未有的数量购买着冰箱、冷冻机、洗衣机、烘干机、洗盘机、电子启罐器、食物搅拌器及榨汁器等。1948 年的一则销售自动洗盘机的广告说：“你甘心被判处终生从事脏乱可怕的洗盘子工作吗?”广告接着说：

> 早餐的盘子……午餐的盘子……晚餐的盘子。盘子……盘子……盘子！它们在水池中堆积成山……它们“吞食”了您所有的夜晚……它们毁了您的玉手……那么，现在，就摆脱“洗盘子”所带来的忙乱与痛苦吧。
>
> 为自己买一台新的索牌自动洗盘机吧。如果我们战后的生活真有奇迹，这就是其中之一！

广告商在销售电子烘干机时，也采取了相似的方法宣扬一个观点：“即使最简单的洗衣工作也是艰辛的。”这则出现于 1953 年的广告解释了烘干机是如何减轻平均每周 65 磅的洗衣工作量的：“扔掉您的晾衣绳、架及筐吧!”随后的广告文案说：

> 这是您——拽出来，晾出去，在各种天气中……每周取下湿衣物？您是否遭受晾衣绳断裂、雨水、浓烟、油灰及尘土的侵扰？您在暴风雨前乌云密布时把衣服晾在地下室里吗？
>
> ……这又是您吗？有全新的“凯尔文尼特”牌烘干机为您自动烘干衣物。

一般情况下，广告的主题是帮助家庭主妇减轻家务负担以及创造美好生活。这些广告设计出许多令女性羡慕并愿意追随的妇女形象。广告中优雅、夺目的广告女郎衣着入时，常戴着手套按动新设备的按钮，以此来表现新科技是如何有效地帮助家庭主妇减少甚至消除家务负担的。

麦克卢汉观察象征这个时代的广告美学形式，认为它具有“共同经验的强力戏剧化”的特征。日常生活在制度上变得理性化，并且被收编进入符号价值的增强系统。视觉意象在艺术、媒体和设计中流通，其中的新安排已经为符号经济的成熟奠定了基础。战后的经济和社会繁荣，也从正当化的消费任务中释放了广告。这些美学创新的洪流，推动商品符号成为主导的社会形式。

第二节 存在与时间

一、广告断片：记忆的永恒

1931 年的一个晚上，打算早些休息的达利在餐桌前坐了一会儿，独自思考着晚餐中那块入口即溶的卡曼贝乳酪带来的“超级柔软”的各种联想，脑子里忽地闪现出一幅描写“柔软”的画。这时，按照老习惯，睡前他又望了一眼白天的作品，那是画了一半的利加特港的风景画。画面上的岩石被夕阳的光线照亮，前景是一棵截断的无叶橄榄树，达利觉得应当把它作为某种观念的背景，可这是什么观念呢？多么需要一个惊人的形象啊！在关灯走出画室的一瞬间，“流淌的钟”占据了他的头脑，其中有一只挂在树枝上。达利走向调色板动手画起来，两个小时后，这幅著名的画作完成了。

这幅画就是著名的《记忆的永恒》。画中的一切说明达利表现的是一个梦境，可是时钟盘面上的蚂蚁和附近的苍蝇又把观看者拉回现实世界中。画面中时间无法逆转地疯狂流逝，表现出在生活压迫下个人世界面临崩溃的感觉。正如毕加索毕生都把色情的热狂用做主题一样，达利也调动了阳痿和罪恶的形象。凡是“不坚挺”的东西，凡是表明萎靡不振的东西，他都喜欢——稀糊糊的卡曼贝奶酪、拐杖上撑起来的一块块像西瓜样的肉块、软塌塌的钟表、煎过的鸡蛋、容易吸收潮气的头颅……柔软的钟是达利作品中一个最为显著的意象，这只蜗牛一样的钟泄露了他内心中一种隐匿得很深的惶恐——对时间的恐惧，对死亡无望而乏力的抗拒，绘画中这些来自沼泽深处的钟表成为一个挥之不去的梦魇，蔑视一切的死神总要在时钟的表面上握着收割的镰刀徐徐而来。

达利觉悟到时间对生命的制约，嗅到时间中的腐朽气息，他在 1953 年 9 月 17 日的日记中写道：“墨西哥有一个人死了。他活到 150 岁，他抛下的儿子也已 101 岁。我多想超过这个年纪！我等啊，等啊，希望有一天具体科学终于能够(自然是在上帝的帮助下)发明一种延年益寿的办法。而目前，它们或许如同我一样，正在为‘开始诞生’的问题伤透脑筋，因为重新获得新生也是一种长寿的办法。我的记忆无比顽强，我生活的时钟却会变软，你们能够了解我吗？”①

有关私人体验的往昔回忆使怀旧广告往往带着浓厚的主观色彩，创意者会依照自己喜爱的方式和现代人的审美趣味改造“过去”。在这一类的广告里，诉求重点是触动目标消费群的内心体验，实现人们重拾过去模糊记忆的愿望，以此来增加产品和广告的亲和度。总之，无论是广告中的文字、影像还是声音，这些记忆或是美好，或是感伤，都令人难以忘怀，值得记忆珍藏的经验。

人类感受着存在、事物、制度和自然本身的短暂性，同时也比以往任何时候都更沉重地肩负着要牢记和不断去纪念的重担。人们开玩笑说欧洲每天开放一座博物馆，所以人们不再计算历史上重要和不太重要事件的周年纪念日。现在，还有什么不是人们馆藏、修复、纪念的东西？就像吉尔·利波维茨基所说：“随便一个日子就可以成为从 10 周年到 50 周年、从 20 周年到 150 周年纪念庆祝的借口。这样下去，很快就不再有任何活动、任何物品、任何地点值得进入一座博物馆了。从煎饼博物馆到沙丁鱼博物馆，从猫王博物馆到披头士博物馆，超级现代社会的所有遗产和所有值得纪念的东西都是同时的。”②

1979 年 3 月 15 日下午 6 时，上海市民如常打开家里的黑白电视机，屏幕上出现了一条长达 1 分钟的雷达表广告，由于时间和操作上的原因，这条电视广告是用英文解说的，只是配上了中文字幕。同一天，雷达表在《文汇报》上也登载了手绘插图的通栏广告。那一年，对于把时尚看成海市蜃楼的中国人来说，雷达表的这两条形象广告实在是刷新国人观念的一次极其震撼的冲击。而作为第一个在中国打广告的外国品牌，雷达表“敢为天下先”的创新意识也在第一时间深入人心。事实上，整整 4 年之后，雷达表才真正进入中国市场。这时候，对于中国老百姓来说，雷达表早已无人不知，无人不晓。

不是所有的事物都可以用“恒久”来加以形容的，需要经过岁月的流逝和时间的洗练方可幸存。时间所显现出的这种恒久的价值，正是雷达表所专注的价值，以不断创新的材料和独特的设计带出一个永恒的主题：时间改变一

① [西]萨尔瓦多·达利：《达利的秘密生活·一个天才的日记》，陈训明等译，311 页，长沙，湖南美术出版社，1997。

② [法]吉尔·利波维茨基、[加拿大]塞巴斯蒂安·夏尔：《超级现代时间》，谢强译，80 页，北京，中国人民大学出版社，2005。

切，精神历久弥新，在记录时间的同时，让时间来证明一切。在雷达表的广告中，人与时间都是变数和陪衬，只有物品本身——雷达手表，才是永恒和不变。

西尔维娅·阿加辛斯基在《时间的摆渡者》一书中说，现代意识是“摆渡”和“过客”的意识。今后要这样思维：一切都“到达”并“经过”。如果现代指的是一种“摆渡”和“过客”的体验，一种运动和短暂的体验，一种起伏变动和必然消失的体验，那么它应该有很多张面孔；现代不仅抛弃了永恒，也抛弃了时间性和历史性的单一形式。

二、节庆广告：礼品馈赠的符号学

节庆往往是百货公司不可错过的促销广告主题。节庆是购物欲望与价格比的最佳“混搭”季节，在洞悉消费心态的基础上，广告创意能量往往因此得到挥洒的空间，如中兴百货的节庆广告。

> 圣诞节分享快乐的方法之一：送份抒情的礼物给你所爱的人；圣诞节表达感激的方法之一：送份温暖的礼物给帮助过你的人；圣诞节促进和平的方法之一：看看周遭被遗忘的角落，送礼物给无人送礼的人。中兴百货拥有你所需要的各式各样合适的礼物。

> 妈妈们的无法抗拒。妈妈、岳母、婆婆、干妈、女上司……通常我们都幸福地不止拥有一个母亲，她们的共同点在于：都无法抗拒中兴百货的优雅品位……（爱的 55 种借口，母亲节手册于一楼服务台免费赠阅）

中兴百货的节庆广告文案总是透着那么一股天生达观的乐天劲头。至于节日消费里的非理性狂热，可视为消费达人们自娱自乐式的喃喃细语，或是让人心安理得的消费借口。在这些广告里，节日消费如同一场盛大的狂欢节彩车游行，欢呼的队伍经过街道两旁耀眼炫目的商店橱窗，作为这个浩荡队伍中的一分子，由不得你冷眼旁观。自我享受和馈赠他人赋予礼品消费以物质主义使命感，购物中荡漾的快意欣慰总是伴随着五彩缤纷的潮流符号。例如，中兴百货羊年春节特卖广告把传统文化符号进行了新的演绎，使其具有了开放式的阅读效果：“肥羊，黑羊，羊跪乳，高雄羊肉炉，披着羊皮的狼，顺手牵吉羊，数羊睡觉，吉羊如意”。

在节日里，礼品不是简单地被归属为无生命的消费品，而是作为馈赠者人格和感情的象征。欧·亨利的短篇小说《麦琪的礼物》是一个经典案例。在这个故事中，一对贫穷却彼此相爱的年轻夫妇，同时牺牲自己最珍贵的东西为对方购买圣诞礼物，丈夫卖掉自己的手表，买了一把梳子要让妻子梳理漂亮的头发；而妻子把自己的头发剪下来卖掉，为丈夫心爱的手表买了一条表链。虽然故事结尾制造了礼物交换的尴尬和辛酸局面，但这次交换礼物的行为本身所承载的意义却得到了体现。

米切尔·舒德森在《广告，艰难的说服》中讨论了“礼品与物质主义”的相关问题。在详尽地分析了圣诞消费的巨大经济效力之后，舒德森还进一步指出了其中社会层面的负面意义，“圣诞节期间，人们试图加固自己认为重要的各种社会联系，这种活动有其病态的一面，那就是试图通过送礼去买爱或应付罪恶。即使必须债台高筑，他们也会这么做。商家深谙此道，在关键时刻毫不手软地利用消费者的社交心理和出手大方。”①

人们都在节日里交换礼物，丈夫与妻子、家长与子女以及朋友之间、同事之间，这些似乎是最合情理的事情了。礼物往来的次数和范围被成倍扩大了，这是消费社会的一个典型情境，从客观上刺激了礼品消费的普遍性。无论是作为礼品的馈赠者还是礼品的使用者，鉴于礼品交换中的“对等原则”，在这个往来循环的过程中，都将被归属到整个商品传播的接收和消费实践中去。

有关现代社会礼品馈赠的说法，列维－斯特劳斯是用“结构主义”进行解释的，这些解释不涉及参与者个人的独立意志。例如，法国南部的廉价餐馆里摆放着可以供两个人用餐的小桌子。午饭时间，人们涌出工厂、办公室，挤进饭馆里，陌生人往往对面而坐用餐，其中一人举起酒瓶为另一人倒了一杯酒，对方立即还礼，做了相同的事情。在这个例子中，由于二者交换的消费品相同，因此此次交换行为并不具有经济学上的任何意义。然而，列维－斯特劳斯从社会学角度分析认为，交换行为本身比所交换的东西重要得多。因为，礼品馈赠用一种社会关系取代了空间上的并置，它使双方感到必须彼此热情相待，友好交谈。

也就是说，礼品馈赠具有建立和维系社会关系的功能，并且，这种功能是在一切人类社会的一切情况下都具备的。这也就从侧面合理地解释了节日期间礼品馈赠的传统根源：消费者购买的商品由于作为礼物用场，那么，它们的社会意义就将凌驾于物品的使用价值之上。例如，台湾诚品商场“光复

---

① ［美］米切尔·舒德森：《广告，艰难的说服》，陈安全译，82页，北京，华夏出版社，2003。

节”特卖的广告文案：

> 用一条手工的银项链，有希望光复略有凉意的七年恋情。向日葵普照的领带，逐日光复大量萧条的中年信心。250mL 的檀木香水，3 秒钟内光复争辩后房间的清净。满桌的生啤酒，连夜光复毕业后 5 年的交情。膝上 15 公分的贴身皮裙，在众人的侧目中光复失恋已久的欲望。用便宜两成的预算，以速度光复一件在上个月错过的秋大衣。借着秋天的借口，从身不由己的城市，光复自己沦陷已久的随心所欲。10.25，一个属于你和诚品的秋天光复节。西门店、板桥店全馆 8 折优惠价，光复你对秋天的所有欲望。

舒德森认为，“从某种意义上说，人们利用广告按照自己的意愿建立社会联系”①。而在这里，广告主与消费者的利用关系其实是相互的。一方面，广告主利用节日中礼品馈赠的大好时机集中投放广告，并且这些广告是根据节日诉求专门制作的。“中秋有好礼，何必寻千里！哈根达斯月饼冰淇淋”，这是由专营甜品冰激凌的美国品牌哈根达斯在中国传统的中秋节来临前夕发布的节日广告，在文案旁边还搭配了画有嫦娥奔月场景的中国画(画上的明月被替换为哈根达斯月饼冰淇淋产品本身)。作为舶来品，哈根达斯希望尽可能将品牌自然地融入到地道的中国传统文化中去。而在另一方面，单单是月饼冰激凌这个产品创意，就已经足够撩动消费者的好奇神经了。这些由广告代理商们精心策划的节日广告诉求，它们有助于受众借广告了解商品(礼品)之外的外延意义，也就是所谓的“地位”商品和“奢侈”商品的身份确认，从而判定它是否适于作为礼品馈赠他人。

广告主深知，广告中推销的每件商品都是被作为礼品来看待的，因此，它们被赋予的人格内涵和文化意蕴更值得重视。用舒德森的话来说，“礼品是一种社交表现方式，目的并不在于增添收礼人的物质财富。广告有帮助确定商品档次高低的作用”②。这是来自节日消费的商用价值和本质所在。

三、共时性的存在：广告操控了时间

海德格尔在其著作《存在与时间》中对于“此在”(Dasein)的说明，是对人

---

① ［美]米切尔·舒德森：《广告，艰难的说服》，陈安全译，80 页，北京，华夏出版社，2003。

② ［美]米切尔·舒德森：《广告，艰难的说服》，陈安全译，80 页，北京，华夏出版社，2003。

类认同作为横跨时间延伸的理解。存在通过时间的历史而分散。此在的存在性时间拥有一个强烈的即时性，对于人类而言是特别相关的。然而，此在作为一个概念，也将注意力放在主体性总是以体现形式存在的方式。主体实践了时间—空间的事件，如同被这些事件所构成一样。因此，时间与空间、身体是密不可分紧密联系的。因为人们并不太思考真实时间，而其实是感性的、以质性的步调在生活。在自我的过程中诞生的认同，以“今天的自己”与“昨天的自己”有一个历史性的连接，而横跨时间延展。借由反思之前的经验、当下的连续和未来的欲望，自我持续性地使其自身存在。“叙事性”因此对于现代自我认同来说是不证自明的。

在广告的叙事时间中，过去被理想化，未来则转变成鼓舞人心的理想。“当下”变成了前往较不平庸的时间之十字路口，并且与日常存在令人不满意的事实分离。朱迪・威廉姆森观察时间和广告的叙事中，日常互动的开放未来如何被转变成“决定的且无法改变的当下”。它的运作是使主体从时间的自然流动中脱离，并且将“同步的地位”归属给它们的存在，在其中，事件在一种“永恒时刻”内开展。这样，“共时性的意识形态”歪曲了历史，将其作为同时发生的事件视野。也就是说，广告时间代替时间的历时流动，有特定的开始和既定的结束。

威廉姆森认为，共时性的意识形态，当它试图将需要的感觉符合受众对广告的经验时，其运作是“否认当下的可能性”。她说：“当下的愉悦并不存在，因为在真正的现在，你是看着这个广告期待着，而非享受着。”①广告以“错误的现在”替代了生活的体现当下。因此，共时性的物质存在“一定是在真实时刻之外，因为当我们站在广告的前面、在真实时间之中时，所有的时间是立即可得的”②。在这个意义上，广告试图操控时间：不仅操控关于再建构的当下，也操控从时间的自然流动中观看者的错置。

---

① ［英］Pamela Odih：《现代与后现代时代的广告》，叶碧华译，200 页，台北，韦伯文化国际出版有限公司，2010。

② ［英］Pamela Odih：《现代与后现代时代的广告》，叶碧华译，200 页，台北，韦伯文化国际出版有限公司，2010。

第六章　广告的符码

人的符号能力进展多少，物理实在似乎也就相应地退却多少。在某种意义上说，人是在不断地与自身打交道而不是在应付事物本身。他是如此地使自己被包围在语言的形式、艺术的想象、神话的符号以及宗教的仪式之中，以致除非凭借这些人为媒介物的中介，他就不可能看见或认识任何东西。人在理论领域中的这种状况同样也表现在实践领域中。即使在实践领域，人也并不生活在一个铁板事实的世界之中，并不是根据他的直接需要和意愿而生活，而是生活在想象的激情之中，生活在希望与恐惧、幻想与醒悟、空想与梦境之中。正如埃皮克蒂塔所说的："使人扰乱和惊骇的，不是物，而是人对物的意见和幻想。"①

——恩斯特·卡西尔

无论是史学、人类学，还是文化研究，都已经提供了充分证据，显示物品对人们之所以重要，不但是因为效用，而且也因其符号上的意义。从广告符号学角度来说，人们的物质消费也是一种精神消费和文化消费。阿尔都塞在《意识形态和国家的意识形态机构》中援引了马克思的例子：英国工人阶级需要啤酒，法国工人阶级需要葡萄酒，人类需要本身就是某种文化的体现。朱迪·威廉姆森在她研究广告的经典著作《广告解码》中指出，广告在人们生活中起着能动的构造作用，广告在某种意义上确定了人的身份，确定了人本身。对广告商来说，只要能够控制符号系统，就可以让商品产生任何意义，此时商品与实用性无关。

第一节　物的体系

一、物品向符号的转化：针对物品的论述和作为物品的论述

起初，目光将沿着一条又长、又高、又狭窄的走廊，在灰色的化纤地毯上向前滑动。两边墙上是浅色木料打成的壁橱，铜镶边闪闪发亮。墙上挂着三幅版画，其中一幅画着爱普森马会上的冠军，一匹唤作"雷

① ［德］恩斯特·卡西尔：《人论》，甘阳译，33～34页，上海，上海译文出版社，1985。

鸟”的马，另一幅表现的是“蒙特罗城”号桨船，第三幅上绘有斯蒂文森式火车头。再往前去，紧里边儿是一道皮质的帷幔，悬在黑色带条纹的、粗大的木环上，轻轻一拉就可以移动。化纤地毯的尽头紧接着浅黄色的镶木地板，上面铺着三条色彩黯淡的地毯，但并没有全部遮住它。①

这是乔治·佩雷克的小说《物》中的第一段，作为一个富于探索性的、完美的开端，它包含着丰富的意义潜力。就全书的宏观布局而言，人物幻想中的居室出现在他们自己正式登场之前，“物”的显现先于面向事物的主体“意识”的显现，这种时序安排已经暗示了小说主人公借“物”以造“我”的存在方式。而在叙事话语的微观层面上，人物在潜意识中建构“想象性自我”的过程本身更被场景化了。

《物》表现的是一对从大学退学不久，从事广告工作的青年情侣在20世纪60年代的日常生活。他们身处巴黎这个消费文化的中心，一心想依靠对各种各样的“物”的观照和想象来对抗挥之不去的虚无，获得明确的身份认同，却又极度清醒，富有自我批判意识，对这种毫无指望的沉溺状态日益不满。

鲍德里亚在《物体系》一书中结合这部小说分析了当代社会对“物”(实则是对物的“意义”)的消费机制，指出：“消费是一种[建立]关系的主动模式(而且这不只是[人]和物品间的关系，也是[人]和集体与和世界间的关系)，它是一种系统性活动的模式，也是一种全面性的回应，在它之上，建立了我们文化体系的整体。”②如果消费这个字眼要有意义，那么它便是一种符号的系统化的操控活动。鲍德里亚认为，佩雷克《物》所描写的物品并不像巴尔扎克小说中的物品那样各自具有“实在性”，而是被抽象之后加以重新组合，成为一个新的意指系统中的元素，因此消费行为即是对作为符号的物的系统摆弄。

鲍德里亚说：“要成为消费的对象，物品必须成为符号。”③而在物品向符号的转化过程中，广告具有强大的地位；同时，广告本身，也是作为符号而被消费的。这就是鲍德里亚所说的“针对物品的论述”和“作为物品的论述”。

---

① [法]乔治·佩雷克：《物：60年代纪事》，龚觅译，3页，北京，新星出版社，2010。

② [法]尚·布希亚：《物体系》，林志明译，222页，上海，上海人民出版社，2001。

③ [法]尚·布希亚：《物体系》，林志明译，223页，上海，上海人民出版社，2001。

也就是说，广告首先是关于物品的述辞，这指的是，广告由文案、图像所构成，是作为宣传商品的功能而表现的侧面。其次，广告又是被消费的物品本身，这指的是，文案和图像本身也是一种文化作品并成为被消费的意象。

就"针对物品的论述"而言，这是广告的基本功能，广告自己宣称的任务是告知某一产品的特性并为它促销。由告知，广告发展成说服，后来又成为"匿名的说服"，这时它的目标是引导消费：这种对人和他的需要的极权性制约，其所带来的威胁，曾经使人们大为恐慌。例如，1907年就有一位批评家认为，从道德角度来说，广告是完全错误和有害的，它滋生粗俗的行为，麻痹人们的想象和希望，助长贪婪、嫉妒、仇恨和不正当的竞争。历史学家阿诺德·汤因比也说过，想不出在什么情况下广告能不是邪恶的了。他认为西方文明的命运将取决于和麦迪逊大街所代表的一切作斗争的结果。马克斯·霍克海默和西奥多·阿道尔诺在《文化工业：作为大众欺骗的启蒙》一文中指出："广告和文化工业在技术上和经济上融合起来了。在这两种情况下，在任何地方我们都可以看到同样的事物，对同一个文化产品的机械重复，与宣传口号的机械重复是一模一样的。在这两种情况下，对有效性的需求使技术发展成为一门心理技术，一个专门用来制造人的程序。在这两种情况下，它们的标准令人不仅感到吃惊，而且也感到非常熟悉，简单得让人难以对付；客体完全可以制服消费者，因为后者不仅愚蠢之极，还想顽抗到底。"①

就"作为物品的论述"而言，广告本身已变为被消费的物品，可以像文化作品那样被制作和被消费。人们对它作为一个二次度消费品和它的文化自明性越来越敏感，这不再是发言内容和证据的逻辑，而是"寓言和跟从"的逻辑。人们不相信它，可还是很在乎它。广告的大块整体，构成了一个无用的、无关紧要的世界，一个纯粹的引申意义。鲍德里亚说："它在物品的生产和使用中，都没什么作用，然而它却是完全可以加入物的体系，不只因为它谈及了消费，更是因为它本身又反过来变成了消费品。必须好好地辨别这种双重决定机制：它是一项针对物品所作的论述，同时它本身也是一个物品。而且也正是因为它是一种没有用途、无关紧要的论述，它才会成为一种

---

① [德]马克斯·霍克海默、西奥多·阿道尔诺：《文化工业：作为大众欺骗的启蒙》，见《启蒙辩证法：哲学断片》，渠敬东、曹卫东译，182页，上海，上海人民出版社，2003。

可以消费的文化物品。”①广告越显得无意义，就越变得无所不能。从这个角度说，广告是一种“否定性”原则：一切没有贴上广告标签的东西，都会受到人们的怀疑。修辞性的论述或对产品做告知性的论述，对购物者没有决定性的效力。在广告中，人们并不是被其主题、词语、形象所“异化”，而是被它的关怀所攻陷。大卫·里斯曼曾指出，人们对产品的判断，越来越不是依据它的内在品质，而是依据通过它看到公司所花的苦心以及对大众的关注或尊重。广告通过一个巨大的“关怀机制”，去除人们的心理脆弱并满足其形象投射。在一个所有事物都臣服于销售和利润的社会里，广告是一项最民主的产品。如鲍德里亚所说，物品是卖给您的，广告则是“免费赠送”。

“广告最重要的是被消费，而不是指导消费。今天，如果一个产品不在论述和形象这两个向度(广告)中出现，而且也不呈现于一组模范的可能范围中(选择)，那么它会变得怎么样呢？就心理意义而言，它将不存在。同样的，现代的公民，如果物品和产品不再在广告和选择的双重向度里被提供给他们，那么他们会变得如何呢？他们将不再自由。”②如今，人们不只把广告过量本身视为丰产富饶的直接记号，还把它视为自由的直接记号。广告扮演的角色，是作为整个社会的真实或虚拟的购买力的永久海报。

广告或许夸大其词、文过饰非、妄许诺言，但这无损于它对社会的影响力和冲击力。如马歇尔·麦克卢汉所说，未来的考古学家将会视广告为任何一个社会有可能为其全部活动所做出的最丰富、最可信的日常反映。广告在此扮演了过去节庆的角色，通过它，社会在呈现和消费自己的形象。广告并不能创造或满足欲望，它只是表达欲望并希望利用它。就像经济学家马歇尔·萨林斯所说：华兹华斯对诗人的定义正适合现在的广告——通过世间万物与人交谈。

二、符号消费与自我认同：从使用价值到符号价值

物品变成了系统中的符号，这种身份转换，同时也包含人与人之间关系的改变，它变成了消费关系，也就是说倾向于自我消费：人与人之间的关系在物品之中并通过物品自我“完成”和自我“消解”，而物品成为人和人关系必要的中介。

---

① [法]尚·布希亚：《物体系》，林志明译，187页，上海，上海人民出版社，2001。

② [法]尚·布希亚：《物体系》，林志明译，195页，上海，上海人民出版社，2001。

在鲍德里亚看来，这种以符码系统为主要特征的文化，确已造成日常生活中的某种根本性变化。为此，他试图使用符号学来补充并背离马克思针对传统资本主义的批判，用所谓“符码方式”来替代马克思的“生产方式”理论。

这样来看，在消费社会中，商品不仅仅是如马克思的商品理论所说的由使用价值和交换价值来决定的；符号价值——表现风格、品位、奢侈和权力等的标志——成了商品和消费中越来越重要的一部分。总而言之，商品的购买和陈列所图的既是其使用价值，也是其符号价值，而后者成为消费社会中的商品和消费的一个实质性因素。

在鲍德里亚的体系中，需求是真实的还是虚假的，劳动是自由的还是异化的，这些问题并不重要。他认为，这个时代的资本主义生产方式再生产的建构力量，不像传统的马克思主义所认定的那样，产生于经济、政治领域，而是转移到了文化领域。“第二次世界大战”后迅速变化和发展的当代资本主义社会，是鲍德里亚理论探讨的出发点和主要对象。鲍德里亚用“新的技术秩序”“新的环境”“新的日常生活领域”“新的道德”以及“新的超级文明”等词汇来描述这种全新的社会类型，并且认为，这种社会的特征即是“消费”和“富裕”。既然“物”与“消费”已经成为当代资本主义社会的重心，那么，通过对物与消费的社会意识形态体系进行分析，就能够使我们理解日常生活的结构，把握整个社会发展的基本动力。

鲍德里亚使用“氛围”的概念来说明和解释“物的体系”，因为“物”固然是人们日常生活中必不可少的组成要素，但同时又必须同其他东西关联在一起(如受教育程度、职业经历、居住场所、人际关系网络等)，有关“物”的话语必须同其他社会实践相关联。毋庸置疑，物品往往构成了一种认同体系，但它连接于尤其是附属于其他的体系(诸如手势、仪式、典礼、语言、道德价值符码等)。因此，围绕着“物”而建立起来的现代社会环境或“氛围”已经完全变成了一种符号体系。

“物”作为“符号”，能够表现消费者的个性、特征、地位和修养，并据此构成社会分类原则。鲍德里亚这一观点无疑受到凡勃伦有关“炫耀性消费”观念的启发。这一观念原指19世纪末美国大亨和暴发户发明的一种消费方式，它违背人类消费的“自然需求”原则，通过挥霍性大肆消费，有力地显示豪门风度，模仿贵族趣味，以建立起一种以巨额财产为基础的社会权威地位。鲍德里亚认为凡勃伦当年的定义仅仅适用于少数上层“有闲阶级”，如今这种行为方式经过广泛扩散，发展成了全社会的消费模式。

广告在这一过程中具有特殊作用，“如果说我们是在产品中消费产品，我们在广告中，则是消费它的意义”[1]。广告促成了大众社会并借助一种任意的系统的符号来诱使人们的认同，刺激人们的意识，消费社会不断从广告中获得其合法性。在广告的作用下，消费者无法拒绝消费，因为它就是个人责任、社会伦理以及整个社会赖以连接的基本方式。在这方面，LAUDER 香水广告可谓上乘之作，幸福就是这样一种想象的理想。那些兜售奢侈气味的香水卖家，他们出售的不仅仅是造型精美瓶子和里面色泽香艳的神奇液体，还有给人无尽遐想的美好体验。

在索绪尔的结构主义符号理论中，能指与所指之间的关系不是一一对应的，而是任意的，简言之，语言符号是任意的。商品对于鲍德里亚就像语言之于索绪尔，都是一些符号能指。他们也都具有字词那样的抽象性、差异性和互换性。在这种由商品构成的“符码系统”的支配下，人与商品可以相互替代，并依据商品的符号价值实现人自身的价值。

由于把消费定义为一种系统化的符号操作行为或总体性的观念实践，这样的消费便大大超出了人与物品之间的关联以及人与人之间的个体性关联，从而可以被拓展到社会、历史、文化乃至人类社会的所有领域。鲍德里亚的“符号消费”观念明确批判了建立在经济学和社会学观点之上的消费理论。在他看来，从马克思到加尔布雷斯的整个经济学和社会学都不能胜任对新型消费主义的分析。经济学的“理性人”或“经济人”概念假定，市场中行动的个人是自由的，而社会学则使用了诸如“个人”等范畴以及还含有对个人具有决定意义的“社会”概念。鲍德里亚认为，如果从这些假定出发，我们都无法把握消费主义的实质。消费对象不能从任何具体的需求之类的概念出发予以理解，而只能从不断变动的符号象征体系中作出解释，这种变化不定的符号象征体系具有一种永无止境的激发人们欲望的能量。正是由于消费对象所具有的象征意义，使人们对消费对象的使用价值的需求转换成了“为欲望而欲望”的需求，从而，过去意义上为满足“需要”的消费被转变成为满足“欲望”的消费，亦即对欲望本身的消费。

鲍德里亚指出，消费作为一种完全的理想主义的实践，不可能有彻底满足的时候。我们注定要不停地“欲求”下去，因为这是一种恒遭挫败的对于完全性和总体性的欲求，消费得越多，也就越想消费。这种冲动，是因为根本意义匮乏的缘故，消费因此成了我们存在的一个理由。如果说消费显得不可

---

① [法]尚·布希亚：《物体系》，林志明译，203 页，上海，上海人民出版社，2001。

抑制，恰恰表明它是一种完全的理想主义的实践，不再与需要满足和现实原则有关。而客体与符号在其理想性方面，又是彼此相当的，所以，它们只能无限地繁殖下去，以不断填补现实缺席所留下的空白。总之，在鲍德里亚看来，消费社会中的消费，纯然追求的是象征性和理想性，而这些又注定是无法完成和实现的。于是，人们只能为了消费而消费，贪婪地吞噬一个又一个的商品符号，没有限制，没有终结。那么，在这种情形下，倡导“适度”的消费，无疑只是一种天真而幼稚的道德说教。

商品的符号化意味着人的主观价值观念优先于客观价值而成为决定企业生产方向与消费者购买选择的因素，“符号消费”的概念将会给产业界带来新的变化，企业经营的重点将不再是生产更多的产品，而是不断开发符合时代要求的新技术、新式样、新格调。目前的商品领域和消费生活正在追求和高扬一种符号性的“抒情价值”。许多成功品牌证明，一种产品打开市场销路越来越少地取决于它事实上的质量，而是更经常地取决于消费者感知到的符号价值。大多数商品事实上的质量不易被人们所感知，消费者单凭感官很难区分。如果不使用技术手段人们无法检验一种高价位品牌的乳液是否确实比另一种低价位的更能美白，或者某品牌的牙膏是否确实比其他品牌更能有效防治龋齿。事实上的差别越不容易看出，消费者就越相信他们对符号价值的判断。“饱食暖衣”的时代，就是符号的时代。

三、广告文化与表现模式：从产品信息到生活方式

苏特·加力在《广告的符码》一书中指出，广告本身在过去百多年里，运用的技巧发生了很大变化，其中有两项很重要的发展互成对比：“一是广告的诉求，从价值的直接陈述，转换到了隐喻的价值与生活形态；再就是文字的说明减少，而相应地‘富裕的视觉影像有增无已’。”①现代的广告，特点是影像传播模式跃居主导地位，而广告重点从商品转移到形象，正是符号化广告传播的本质所在。回顾 20 世纪西方广告创意表现的潮流，其发展大体可概括为如下 4 个阶段。

第一，产品信息模式。从 20 世纪 50 年代到 60 年代前半期，西方一些国家的经济经历了战后的恢复，已达到大量生产、大量配销和大量消费的阶段。市场营销观念的兴起，广告通过大众传播沟通市场，并且与电视等新的大众文化进入人们的日常生活，这被企业视为整个营销活动的中心，即以强

① [美]Sut Jhally:《广告的符码》，冯建三译，57 页，台北，远流出版事业公司，1992。

调商品差异化特色为诉求重点。罗瑟·瑞夫斯首创的“独特的销售主张”(Unique Selling Proposition，简称 USP)理论认为，每种产品都要有自己独特的销售建议，必要时反复述说，将这一信息传达给受众。开发一个 USP 有三条指导原则：告诉你的消费者他购买产品将会获得什么样的利益；它必须是独一无二的，是其他竞争对手所无法提出的；必须有助于销售，它在消费者的决策过程中有很大的影响力。

第二，品牌形象模式。从 20 世纪 60 年代后半期到 70 年代，由于生产技术的提高，产品日趋同质化，广告表现逐渐离开了商品本身，扩大诉求范围，于是转入以“品牌形象”为中心的时代。广告大师大卫·奥格威率先将“品牌形象”的概念用于广告实践。他认为，每一则广告都应该对塑造品牌整体形象有所贡献，同时它也是建立品牌声誉所做的长期投资。他指出，厂商若能致力于运用广告为品牌建立最有利的形象，并塑造最清晰的个性，长此下去，必能获取市场最大的占有率，进而产生最高的利润。在此基础上，奥格威融合了“唯理派”与“唯情派”两派的长处，产生了独特的既吸引人又促进销售的奥美广告风格。

第三，社会信息模式。20 世纪 70 年代后期，西方国家的市场环境发生了许多变化，如能源危机、环境污染、通货膨胀、失业增加、消费者权益保护运动盛行等。菲利普·科特勒提出的社会市场营销观念已为多数人所接受。这个新观念的内涵就是：企业的营销行为不仅要满足消费者的需要和欲望并由此获得利润，而且要符合消费者自身和整个社会的长远利益，要正确处理消费者欲望、企业利润和社会整体利益之间的矛盾，求得三者之间的平衡与协调。因此，广告表现加入了社会信息。广告不仅仅传播商品信息，而且传达企业的社会观念，把企业与人性、社会、自然的关系作为中心在广告中表现出来，以赢取社会公众的信赖感，从而实现其营销目的。于是，对社会公害的批判、回归自然的向往、爱心与人性的追求等，成为广告表现的新潮流。

第四，生活方式模式。20 世纪 80 年代以来，在现代市场营销活动中，生活方式是一个被广泛运用的概念。在现代消费社会中，人们有着更多的自由去选择一组产品、服务和活动来体现自己。一个人对产品和服务的选择实际上是在声明他是谁，他想拥有哪类人的身份。消费者经常选择这样而不是那样的一些产品和服务，因为他们是与一种特定的生活方式相联系的。正因为如此，生活模式的广告策略试图定位一种产品使其与消费者独有的生活方式意愿相联系，这也是当代广告表现的主流。

上述广告表现模式的演变可概括为从“以产品为中心”到“以生活方式为

中心”的模式的转变。不难看出，具有广泛社会性和文化内涵的广告日益增多，广告表现由强调商品功能差异、利益承诺转移为塑造商品的品牌形象或符号价值。也就是广告通过符号化的创意表现手法，让受众接收到隐含于商品背后的象征意义而满足其文化上的需求。

当消费者希望从消费中寻找某种特定的文化含义，超过了对商品功能效益的需求时，在这种情况下，广告创意表现的重点便转而追求符号的差异性。其主要方法是，运用符号学原理，针对目标消费者的意识和行动，创造适当的符号，使其具有特定的象征意义，并通过直观的意象，以获得受众共鸣。

鲍德里亚说，广告符号在指涉真实的物品时，好像是在谈论一个“缺席”的世界。这也是为何广告具有“唤醒联想的力量”的原因。广告使得各种浮动的微弱愿望集中于一个物品，而它同时既遮隐又展现这个物品。“广告提供的既不是一种幻觉式的满足，也不是导向实用的中介：它所引起的心态是一种遭遇失望的微弱意志——未完成的步骤、持续的上升、持续的挫败、物品的初端、欲望的黎明。阅读形象的时候，心中出现的是一出为时迅速的心理剧。它在原则上可以使读者承受他的被动性，并且将自己转变为消费者。”①

通过广告呈现，商品已经不仅仅是物质的对象了，商品中也包含了一些观念性的东西。当人们消费商品的时候，不只是在“使用”对象，同时也买进了一个观念。即使像汽车这样的重工业产品也不例外，它已经不仅仅是作为交通工具而已，事实上，有很多人是因为感性上获得满足才买的。一则轿车广告不会只说“你看这轿车不错，它会跑!”广告会用无穷的联想和暗示，为那些轿车创造出丰富多彩的感觉与形象。所以在广告中，一部轿车可以是“气派而华丽”，也可以是“纯真而自然”；可以是“潇洒而快乐”，也可以是“沉稳而凝重”；可以是“显示出您辉煌无比的成功”，也可以是“透露出您朴实无华的高贵”。消费的欲望不仅仅局限在汽车作为交通工具的这种“实实在在”的功能上，欲望脱离了“生存的必要需求”这一“实在”但却是“有限”的地平线，而进入到一种“无限”的意象与符号的空间。

旧的思维模式认为，人们有某种生活需要，它是第一位的，然后根据这些需要生产出产品和广告对它予以满足；产品和广告是第二位的，是反映，是第二层建筑，生活需要决定了产品和广告。然而从新的思维模式来看，结

---

① [法]尚·布希亚：《物体系》，林志明译，198页，上海，上海人民出版社，2001。

论则恰恰相反，是产品和广告塑造、规范并刺激了消费者的需要；广告具有极为有力的能动构造作用，直接影响着人们的消费。一方面，消费者依赖广告提供的意义，界定自己的社会生活；另一方面，广告也依赖消费者的知识，从他们的参照体系提炼了意义得以运作的素材。

广告文化意义的构成，取决于两类因素：往内，广告本身的各种符码之组织方式；往外，广告与社会的信仰体系之关系。种种关于形象的运作原则与实际状况，都被广告吸收融合了。无边无际的文化参考资料，正是广告信息提取并精炼其影像内涵的来源。广告从中借取观念、语言，从文学与设计的视觉呈现，从其他媒介内容与形式，从历史与未来，从它自身的经验，同时也从它所设定的市场，取得其特定的经验与论述；然后，广告很有艺术技艺地将这些东西组合起来，并归于消费主题。借由广告，商品被编织进社会生活与文化意义的领域。广告往外营借的参考资料又回到商品本身，然后融合又成为文化论述的一部分。

第二节　品牌形象

一、品牌的文化构成：商品与符号的世界

鲍德里亚在《物体系》一书中提出一个重要命题：物必须成为符号，才能成为被消费的对象。他所要表明的，概括地说就是商品具有两面性。其一是“使用价值”，这是由商品具有的品质、功能等所塑造出的价值，它给消费者带来有用性的价值；其二可称为“符号价值”，是由商品的品牌、设计、包装、广告及企业形象等所塑造出来的价值，这些形成了商品的意象，并成为消费者感性的选择对象，可以说形成了附加性的价值。

传统的经济学只是从单一的“使用价值”侧面来把握商品及消费的。鲍德里亚则比较重视“符号价值”的侧面：“消费既不是一种物质实践，也不是一种‘富裕’现象学。它既不是依据我们的食物、服饰以及驾驶的汽车来界定的，亦非依据视觉和听觉的意象和资讯的材料来界定，而是通过把所有这些东西组成指称来加以界定的。消费是在具有某种程度的连贯一致性的话语中所呈现的所有物品和资讯的真实总体性。因此，有意义的消费乃是一种系统化的符号操作行为。”也就是说，物(产品)本身并非首要的兴趣所在，必须在该产品上嫁接一套与该产品没有内在联系的意义才能把它卖掉。这套经常受到符号学分析的意义变成了消费的主导方面，消费客体因为被结构化为一种代码而获得了权力与魅力：“使用价值”在消费的意义中逐渐退隐，“符号价

值”则日受瞩目；物的“有用性”在商品、消费、广告中被视为当然，而被生产、被消费、被传播的愈来愈侧重于物的“符号性”，如 Chivas Regal 威士忌广告对土著文化与现代都市文化之间的差异运用。

鲍德里亚没有把商品仅仅看作与人类固有的需求系统相联系的使用价值和交换价值，其灵感来自其老师亨利·列菲弗尔对日常生活的批判形成的可能命题和罗兰·巴特的符号学。尤其是罗兰·巴特的《神话》一书对“商品—符号”观念的形成具有重要意义。该书收集了一系列论大众物品的论文，巴特认为，物品载有“隐喻”的意义，它们带有广泛的联想，起着“符号”的作用。以葡萄酒为例，在法国人的感觉里，葡萄酒有如一种魔力，非常独特。这是一种图腾式的饮料，相对于荷兰牛奶或英国皇室的喝茶仪式。巴特对此曾有分析。

> 葡萄酒是社会的一部分，因为它不仅为道德提供了基础，也为环境提供基础；它是法国日常生活中最轻微的仪式行为装饰……它可以涵盖法国人空间和时间的所有方面。只要你开始了解某人的日常生活，那么缺乏葡萄酒会给人一种震惊的感觉，有如某种异国情调的东西：科帝在接受拍照时正是他七年总理任期之初，是坐在一张家中的桌子前，上面有一瓶啤酒，在一种奇特的特殊情况下，代替了熟悉的红酒酒液，全国为之骚动；这就像一个单身国王一样，令人难以忍受。在这里，葡萄酒是执政者在位理由的一部分。①

罗兰·巴特致力于揭示物品、环境及事件的社会心理功能，认为它们含有比一眼瞧上去丰富得多的含义和强得多的力量。这样一种符号学的视野，可以让我们对如今的商品与消费作出一种全新的观照。

以全球各地无所不在的麦当劳为例，其金黄色的双拱形“M”标志已如神圣的图腾成为全球化的共通符号。一项对学龄儿童的民意调查表明，他们中的96%能认出这一跨文化的品牌形象——罗纳德·麦当劳，仅次于对圣诞老人的认知。许多人强烈地愿与麦当劳认同，对有些人来说，麦当劳成了一种神圣的制度，一种“美国标志的终极偶像”。麦当劳已经达到了它的崇高地位，因为事实上所有的美国人和许多其他国家的人在无数的场合经过它金色的拱门。销售心理学家路易斯·切斯金曾信心十足地阻止了麦当劳创始人想放弃使用M形拱门作为店面标识特色的危险举措。他提出自己的研究心得，

---

① ［法］罗兰·巴特：《神话——大众文化诠释》，许蔷蔷、许绮玲译，69～70页，上海，上海人民出版社，1999。

说那些拱门对潜意识具有弗洛伊德式的暗示作用，是笔绝佳的资产；那些拱门是“母亲麦当劳的双乳”——如果你要在外头吃顿“家庭烹饪”，这是很强的联想。

鲍德里亚在论述消费的神奇地位时指出，对于商业选择来说，从杂货店到高档时装店，两个必要的条件是商业活力和美学感觉。在消费社会符号化和审美化的商品世界中，百货商店、购物中心、商业广场、街道、林立的建筑物及所有陈列的商品，还有那些穿梭于这些空间中的人，都唤起了人们如今半数已被遗忘的梦想。基于商品符号化的人类消费活动，与诗性的表现最为接近。当代社会中文化领域的一般性扩张，不仅说明了文化商品与信息市场的扩大，而且也表明，商品的购买与消费这种假定的物质行动，不断被弥散的文化影像(通过广告、商品陈列与促销)所调和、冲淡，而商品记号与符号方面的消费，反倒成了满足消费的主要源泉。

从人类学观点来看，实物商品及其生产、交换与消费，需要放在一个“文化母体”中加以理解。例如，道格拉斯和伊舍伍德在《商品的世界》中指出，传统的经济思想认为人类需求起源于物质满足的追求与羡慕的假定经不起分析，人类学的分析角度应该把消费当作社会的部分“文化类型”。他们在消费的传播理论中，引进了“仪式”这个概念。人类学上的仪式，其实就是支配阶层的工具，作用在于稳定并巩固优势社会意义，它也是锁定社会关系的方法。“仪式之为用，在于替浮动的意义，设定疆域”。仪式固然可以采用口语形式，但经由物质的东西来表征仪式，效果更大些。从这个观点出发，他们得出结论：商品只是仪式的附属品，消费也是个仪式的过程，其主要功能是赋予变幻的事件以某种意义。

在鲍德里亚看来，面向大众的商品生产运动的重要特征，是在资本主义交换价值支配下，原有的“自然”使用价值消失了，从而使商品变成了索绪尔意义上的记号，其意义可以任意地由它在能指的自我参考系统中的位置来确定。因此，消费就绝不能理解为对使用价值、实物用途的消费，而应主要看做对记号的消费。鲍德里亚把商品形式的逻辑推演得尽可能远，这就是他对商品实物的参考原型的拒绝，而代之以一个不稳定的、漂浮的能指领域。

二、品牌的形象塑造：商品生命周期与消费符码的转换

由于物向符号的转化，消费者的商品选择也在符码化，在购物时，大都处于无意识的状态之中。以诗的语法来说，就是自动地选择常识性的措辞。正如我们会很自然地把“秋天”与“叶落”联系在一起而很少想到“花开”，在商品的领域也是同样道理，我们可以举出很多符码化组合的例子：在餐饮方

面，如面包与果酱，牛奶与饼干，豆浆与油条等；在服装方面，如T恤搭配牛仔裤，西装配衬衫领带等。

对于消费者来说，这些符码是可以理解而且绝对自然的。但这些符码是否有绝对必要的组合理由？它们是不是一直不变？蒙勃托·艾柯在《符号学原理》一书中，举出下面一个值得玩味的事例：在1969年和这以前的许多岁月里，美容食品在美国市场大做其广告。这些广告大肆宣传，劝人使用"糖精"，因为糖被认为能引起肥胖，而肥胖又和心脏病等疾病联系在一起，所以，美容食品将糖排除出去，并以糖精取而代之。但是，1969年11月，一项医学研究计划发现糖精能致癌。因此，主要成分标明含有糖精的所有美容食品停止出售，不含糖精而含糖的美容食品便取而代之，开始上市。糖这种物质原被普遍当作致肥因素，但现在含有糖的食品竟被当做美容食品来销售，真是矛盾。尽管如此，消费者却能接受。艾柯把这种符码转换予以图示化：

1969年之前：糖＝肥胖＝心脏病＝死亡＝(－)
糖精＝瘦＝无心脏病＝生存＝(＋)
1969年之后：糖＝不会致癌＝生存＝(＋)
糖精＝癌症＝死亡＝(－)

尽管糖本身完全被视为一种物品，但作为一种商品，糖在美容食品市场的生命周期却有了回转的机会，这种事态正是基于消费的符码转换。我们的符码化消费，由于未意识到各商品相关意义的表现，所以有时也觉察不到它们本身的相关矛盾。很少有食品加工商能像巴黎的时装设计师一样，开创一个新时尚就能影响下一季大众市场的风格。食品时尚大都体现了神秘的消费符码转换，这与其商品生命周期休戚相关。而消费符码的转换又与整个社会文化的走向是一致的。

20世纪80年代，医学研究证明，胆固醇会引起心脏病、糖尿病、心血管疾病、癌症和早逝。当时，有钱的美国人花80多美元买双跑鞋，每星期沿着公路气喘吁吁地跑上20英里，期望健康长寿。他们纷纷放弃鸡蛋黄油，以免前功尽弃，新鲜蔬菜和低脂肪肉类以及面食成为雅皮士家庭的主食。各食品公司立即做出反应，他们为无胆固醇的食品大做广告。在这种背景下，"黄油"与"人造黄油"的消费符码又发生了戏剧化的转换：

原来：黄油＝高价＝营养高＝健康＝(＋)

人造黄油＝低价＝营养低＝不健康＝(－)
现在：黄油＝营养高＝含胆固醇＝不健康＝(－)
人造黄油＝营养低＝不含胆固醇＝健康＝(＋)

威尔逊在《美味欺诈：食品造假与打假的历史》一书中说，1997年美国人造黄油年人均消费量是黄油消耗量的两倍多(当年黄油的人均消耗量为4.2磅，人造黄油的人均消耗量为8.6磅)。有一些人选择人造黄油，是因为价格便宜；而另一些人则是因为某些承诺，这些公司承诺吃了他们的人造黄油会永葆健康，至少也会承诺说是减肥食品或低胆固醇食品(这些万灵黄油可比传统黄油贵多了)。一些人认为人造黄油是一种廉价替代品，另一些人则认为是一种高级选择，还有些人则是出于无奈，因为他们无法消化黄油中的乳质成分。不管怎么说，以上几种情况表明，消费者选择人造黄油的一个重要原因就是因为它们不是黄油，而且它们也无须假装成黄油。即便是那些不吃人造黄油的人也可以欣然接受它们出现在超市的货架上，因为在他们看来，人造黄油不是欺诈食品。

历史上，美国国会与参议院曾就人造黄油究竟是新鲜事物还是伪造的假货展开过激烈争辩。有些人认为人造黄油是一种"滑头滑脑的赝品"，一位国会议员称它是"19世纪最大的骗局"。另一位国会议员也很困惑，利用狡猾的诡计可以合成出一种物质，再用这种物质伪造出一种类似天然黄油的食品，但无论从外观、气味、味道抑或是销售方式都和天然黄油不一样。

实际上，从一开始，人造黄油就备受质疑，它源自法国并且总是和贫穷联系在一起。1886年，参议员帕默抱怨说，人造黄油是巴黎围困那年(1870年)出现的。第一次世界大战爆发时，英国作家乔治·奥威尔还是个孩子。回首自己的童年时光，他发现，留在记忆中最多的并不是那些死亡的场景，而是人造黄油。战争使得黄油短缺，人造黄油不再像过去那样是穷人的"专利"，而是一种社会上广泛使用的"替代品"。奥威尔以自己洞察一切的视角，见证了从食物锐减到无食可进的整个过程。他憎恶这个机械化的时代，食物的机械化多多少少夺去了食物的口味，纷至沓来的罐头食品、合成香料几乎使味觉器官全都变成了摆设。在他的小说《上来透口气》中，男主人公乔治·鲍林(只能被迫食用讨厌的假冒食品，比如法兰克福鱼肠或者是人造橘子果酱)大肆批判任何从纸盒、罐头或者冰箱里拿出来的东西，或者从水龙头里流出来、从管子里挤出来的东西。

事实上，奥威尔所描述的这个毋庸置疑的合成食品的世界才仅仅是个开始。奥威尔说得没错，20世纪将是一个假冒食品随处可见的时代。假冒食品最初只是一些质量低劣的替代品，但很快它们就会取代真正的传统食物，成为很多人的首选。依照旧的标准，这种被塞在纸盒里，装在罐头里、备受挤压的食物或许可以归入掺假食品行列。但随着时代的发展，人们的口味、规矩都在悄然改变。所谓光泽、味感和形状变得比食物本身更加重要。

“仿真”一词的出现摒弃了一切欺骗行为，所谓仿真并不是想以假乱真。20 世纪 70 年代早期，一家名叫史蒂文森与霍韦尔的公司开始在食品贸易新闻中做广告，广告中出现了一些杂交水果，比如菠萝与苹果的杂交体、李子和草莓的杂交体，以及一半是香蕉一半是梨的奇怪的“梨蕉”。标签上有这么一句话：“您需要什么口味，我们都能满足您，试试看吧。”费尔顿国际香料公司打出的标语是：“有了费尔顿，明天的味道会更好。”在其广告中，来自不同国家的儿童正在快乐地享受着各种各样的人造食品：好喝的汽水、人造蛋糕、谷类早餐、奇怪的绿色冰激凌蛋卷、巨大的旋涡形棒棒糖。

这些例子说明，符码化的“选择”和“结合”的结构，未必是一成不变的。关于商品的符码重组或商品集合会发生变换，这就是“符码转换”。商品本身毫无改变，但有时会由于“符码转换”而跟不上时代潮流；相反，有的商品看起来已经进入衰退期而濒临死亡，却又出乎意料地复活了。

三、品牌的个性差异：广告符码与品牌形象

无论商品本身变化与否，消费符码是超越商品本身而存在的价值体系，它的价值在于为消费者提供象征性的符号意义而非具体的使用价值。消费者对商品的理解并不局限于功能上，他们往往根据自己的感受性给商品塑造意义。正如辛迪·莱瑞在《销售的象征》中所说：现代商品被认为本质上是一种心理事物，既象征着个人的属性及目标，也象征着社会的模式及竞争。所有的商业物品都具有象征性特点，而进行采购则涉及评估——无论是含蓄的还是明确的——以便决定这种象征适合与否。

品牌形象就是这样一种消费符码。品牌形象的塑造即是引用文化与自然中现有的符号，加以变形，或者搭配组合。广告在这里的作用就是将某种特殊的含义从外部世界传达给品牌。而后，当消费者购买和使用这一品牌时，相同的含义又从品牌传达给了消费者。

简言之，我们可以有个推论，每个品牌背后都一定有个产品，但不是所有的产品都能够真正成为品牌。如果这个产品无法和消费者之间建立起强韧而亲密的关系，它就不能成为品牌。基于此，以“品牌管家”著称全球的奥美广告公司将品牌定义为“消费者和产品之间的关系”。这样一种“关系”的创意和培养即体现在商品消费符码的选择和重组上，体现在从“产品”到“品牌”的

过渡中，体现为广告将商品生成“符号”建立品牌形象的行销策略中。

品牌形象一经塑造成型便具有相对的稳定性，作为消费符码，品牌形象成为生产者与消费者之间交流和交换的对象。商品的“功能性”被视为理所当然，而“符号性”成为同质化商品之间寻求差异性的手段，成为满足消费者心理文化层面需求的价值形式，这种价值即被称为“附加价值”。当消费者购买商品时，比起商品本身的普遍的使用价值，将更加重视它是否符合自己主观上的需求与爱好的问题。

将产品或品牌冠上一个正确的形象可以增加它的价值感，非理性的感情因素及其他替代补偿效果往往很容易把产品卖掉。商品物化的最后阶段是形象，商品拜物教的最后形态是将物转化为物的形象。在这样的文化背景下，人们的消费心理也从物的消费转向形象消费。广告的文化本意应当是“信息”或“信息传播”，但是，符码化的广告运作必然是“增殖”活动，即实现“超信息传播”。在这种机制下，商品有了新的含义，即商品已经不仅仅是物质的对象了，商品中也包含了一些观念性的东西。当人们消费商品的时候，不只是在“使用”对象，同时也买进了一个观念，而且对这个观念进行了奇怪的处理。

人们消费的过程，也是解读符码的过程。通过对符码的解读，受众获得了商品之外的东西，把握到了品牌的“形象”。换言之，商品并不是完全依靠物质性使人满足，广告及品牌形象无时无刻不联系着人们最简单的欲望。广告人古迪说得好：“广告所反映的，并非总是人们正在进行的活动，倒是人们的遐想，总出现在广告里。就某个意义来说，我们所做的，正是把你的情绪包装起来，然后卖回给你。”①

第三节 广告符号

一、编码与解码：广告传播与符号意义的建构

从传播学角度看，广告实质上是一种符号的传递行为，即利用语言文字或视听觉形象等来传达有关商品或服务的信息。在这个过程中，信息发送者把既定信息进行编码成“广告文本”，广告受众通过解码即解读广告文本的过程接收信息。因此，一则广告是否能够达到良好的传播沟通效果，主要依赖

① ［美］Sut Jhally：《广告的符码》，冯建三译，192页，台北，远流出版事业公司，1992。

于广告创作者编码过程和广告接受者解码过程的一致与否。

从符号学的角度看，广告就是这样一种“能指”与“所指”的游戏。正如同“玫瑰”作为一种植物而被当作“爱情”的表征，“符号”是以能指(物质载体)与所指(心理上所创造出来的意义)的两面性作为表里一体的事物而成立的，这个典范，形成了符号论的原点。在符号中，能指与所指的关系既是任意的，又是约定的。能指和所指之间是一种“任意性”关系，除了历史的、文化的、民族的“约定俗成”外，没有任何内在原因可以解释。

例如，“猫”这个概念，在中文里的语音形象(能指)是“猫”，在英语中则是“cɛt”，在法文、梵文等中又是另外的模样。虽然各自的语音形象(能指)不同，但又都是表达相同的概念内容(所指)。由此可见，作为语音形象的能指与作为概念内容的所指之间没有必然的联系，二者的结合是任意的。当然，这里的“没有必然的联系”，并不是说每一语词产生的时候，一定的能指与一定的所指结合在一起，没有其历史上的“具体性”理由，而是说从比较语言学的观念来看，它们之间没有理论上的“本质性”理由。没有必然的联系却被联系在一起，只能是由于其“约定性”。

例如，在戴比尔斯钻石的广告语“钻石恒久远，一颗永流传”及其所构建的意义体系内，能指(钻石)与所指(永恒的爱情)共同组成了符号(永葆爱情的钻石)。如果放在另一个意义体系或是另一种文化里，钻石代表的意义可能就完全不同，可能并不代表永恒的爱情，这就是能指与符号的区别。把钻石当成能指，可能会是个“空洞”的意义。但如果钻石是个符号，则“充满”了意义。由此，我们可以说，生产单位把商品生产成“能指”，但广告将商品生产成“符号”。

“统一企业”在1996年推出冷藏杯装咖啡时，曾翻阅法国针对160个美国观光客的调查：什么是巴黎最迷人的东西？不是巴黎的铁塔，不是巴黎圣母院，也不是巴黎的凯旋门，答案竟是巴黎的咖啡馆。据此，他们锁定富有人文气息的“巴黎咖啡馆”，以此为中心，其中又因塞纳河左岸为文人雅士聚集之处，遂以“左岸”作为品牌名称。左岸咖啡的广告主要是经营品牌，很少谈及商品本身。整个电视广告以漫步在巴黎塞纳河畔独自享受咖啡的女孩为主题，仿佛在叙说一段故事。

事实上，利用巴黎形象做广告的产品不在少数，最令人记忆深刻的算是“黑松”出品的欧香咖啡。当时由歌手叶瑷菱远渡法国取外景拍广告，背景以巴黎铁塔及香榭丽舍大道为主，品牌名称也相当具有法国味道。广告一经推出，立即受到消费者的注目而风行一时。在当前这样一个充斥着广告的社会中，为了获得受众的共鸣而被认知，广告本身已变为被消费的物品，像文化作品那样被制作和被消费。尤其是近年来，很多人说有些广告“好看”，而广告批评也如文化批评一样。詹姆逊说：“广告艺术的发展也是多样化的，完全可以和文艺复兴时期的艺术、十九世纪的小说相媲美。”①这种事态，是随着广告文化地位的确立而出现的。

现在的广告制作为了获得受众的共鸣，而预先取得潜伏在受众潜在意识或无意识里的感性意象，并且把那种隐含的意义置于广告本身之中。以符号论的方法分析，如同商品是由物的符号和文化的符号这两种符号所构成一样，广告也是由资讯的符号和文化的符号这两个部分所构成的，前者传达商品情报而成为述辞本身，后者则获得受众的共鸣，而成为如同文化般被消费的东西。在当前的社会中，无论是商品还是广告，其差异化的重点已经从物的价值和宣传功能转移到在符号的价值和共鸣上取得功能。

以现代广告的实例来看，把一个符号的意义，转移至另外一个东西，很少是挑开来明讲的，广告本身的内容对此并没有直接的阐述。例如，苹果计算机《毕加索篇》电视广告表现的是毕加索的别出心裁，大家以为他正在画一头牛，而他画出的却是一个丰满的女人。广告中压根儿没有说苹果计算机与这位画家有什么关系，是“我们”参照广告语“不同凡响”而把毕加索代表的意义(不同凡响)转移到苹果计算机所推行的品质上的。

意义并非从天而降，而受众等在那里接收。事实上，受众经常重新创造意义。意义并非强行灌输给我们，而是通过受众而存在。受众必须做的部分，正是广告没有完成的，但要做这部分的工作，又必须有广告的形式。受众在此的“介入”或“参与”甚为紧要。从这个角度说，广告并没有如批评者所说的完全“操纵”受众，而是把他们列为上宾，共同建构了意义。麦克卢汉说受众“做了工”，然后才消费了电视的影像，即此道理。这种工作之所以能够成功，基本的原因是符号拥有某些可以被转移的意义；其次，在广告力邀之下，受众通过解码把意义转到了商品身上。

例如，对于耐克广告的《乔丹篇》，受众首先必须知道，迈克尔·乔丹是谁？他在世界流行文化与运动领域里代表了什么意义？这种意义体系提供了参照的工具，受众从中完成了意义的转移。也就是说，信息传达所用的符号至少有一部分既存在于发送者的符号储备系统中，也存在于接收者的符号储

① [美]杰姆逊：《后现代主义与文化理论》，唐小兵译，223页，北京，北京大学出版社，1997。

备系统中。只有这样，传达才能实现。对一个没有任何西方文化知识背景的中国人来说，耐克的广告语“Just do it”的符号就不能勾起任何“激情、运动”的感觉。广告扮演的就是“中介者”的角色。为了让受众适当地“解码”相关的信息(转移意义)，广告商必须尽其所能，根据受众的知识背景与传达内容来转成信息(编码)，开发出合适的模式，塑造必要的形象，以达到良好的沟通目的。这样才能完成起自受众终于受众的广告传播过程。

二、无物之词：广告符号与能指的漂移

(一)能指链

广告符码是超越商品本身而存在的价值体系，它构建的商品符号价值将不再关注产品的使用价值——或者换句话说，符号价值现在就是使用价值。如马克·波斯特所说：“于是，商品被从经济理论或道德评论领域剥离出来，被看做一种复杂的代码。消费主义的关键不是走向摆阔炫耀的非理性趋势，而是个体被插入交流关系中接收以商品形式出现的信息。”①所以，消费者不是“非理性的”，物也不是一种“效用”；广告介于物品与意图这两极之间，瓦解了符号差异的正常倾向。

波斯特认为，广告并没有把语言预设为对一种“实在之物”的指涉，而是将它预设为“能指”的任意关联。广告径自重新排列那些能指，悖逆它们的“正常”指涉：广告占据一个能指，即占据一个“词”，这个词与广告所促销的物品并不具有传统意义上的关系，但却被附加到那个物品上。广告构建了一个新的语言及传播现实。在广告中，这些流动能指的语境被重建，而它们的作用源自这种语境重建。浪漫或性感一旦从恋人的实际关系中被抽出，便在语言力量中得以增加。广告中，浪漫性感的饮料比实实在在的性爱关系中的男女还要浪漫性感。波斯特说，广告的目的便是在叙述称心如意的生活方式时令人联想到一个“能指链”，如百事可乐＝年轻＝性感＝受欢迎＝好玩。

广告符号的本质并不指示“事物”，而是指示“意义”。经过广告的“符号化”，商品已被赋予一种符号学价值，这一价值与商品的使用价值及交换价值迥然不同，事实上，它们根本就不在一个层面。在这种情况下，鲍德里亚提出的新消费观念，在现实上也具有适用性。在《消费社会》一书中，他把消费定义为：

---

① [美]马克·波斯特：《第二媒介时代》，范静哗译，90页，南京，南京大学出版社，2000。

1. 不再是对物品功能的使用、拥有等等；

2. 不再是个体或团体名望声誉的简单功能；

3. 而是沟通和交换的系统，是被持续发送、接收并重新创造的符号编码，是一种语言。①

鲍德里亚认为，从事消费活动的基础，与其说是以物品的使用价值为目的，不如说是以追求脱离实体物的那种意象的、符号的"差异性"为目的。这样一来，消费不再只是经济的行为，更转化为以差异化了的符号为媒介而如语言活动般的文化行为。关于这点，雷蒙·威廉斯指出：

如果我们真的是那么地唯物是问，那么就使用物品这个层面的生活来说，我们应该会觉察到大多数广告不但与此无关，而且愚蠢无聊。比如，光是说啤酒能喝不也就够了？何必又多此一举，说喝了它就会显得雄赳赳而心神焕发，或是和蔼容易亲近？洗衣机是个有用的洗衣机器不就了得，何苦说有了它我们就比邻居来得有见识，就是邻居羡慕的对象？有些研究证据的确显示，前举的那些隐喻或明言，真的是能够用来促销啤酒与洗衣机之类的产品，以此，我们可以明确地推知在我们的文化形态里，光是物品本身还不能算数，假使要把它们推销出去，还得依靠特定的社会或人际意义，才能奏效。②

实际上，正是出现在啤酒、洗衣机、汽车、清洁剂、香水、服装等商品广告中的所谓"愚蠢无聊"才是商品符号化得以实现的一个条件。在广告中，人们可以建构各种新的意义组合，甚至可以将"腋臭净"与"革命"组合在一起。这一过程发生于再现活动，而不发生在与物品本身的关系上。物品仍旧是其自身，如腋臭净仍然是腋臭净，但是，物品的意义在广告文本中已经改变了。换言之，广告符号意义的建构已无须考虑什么真实的对应物了，广告所创造的经验必须依其本身来理解。这是一种"无物之词"。它是漂移的能指，是片段性、短暂性、多重性的图像文化。

产品在广告的叙事中已经由中心退向了边缘，甚至有时干脆就不出现。广告文本构建了后现代的文化主题，任何事情都是表面的、形象的，所有文

---

① [法]让·波德里亚：《消费社会》，2版，刘成富、全志钢译，63页，南京，南京大学出版社，2006。

② [美]Sut Jhally：《广告的符码》，冯建三译，34页，台北，远流出版事业公司，1992。

本都是等价的。真实的编码就是在模仿真实自身，通过这些编码策略，广告将对消费主义的批判作为掩饰有关需求及其满足方式的问题的手段加以接纳。在罗伯特·古德曼看来，正是因为反思性地面对批判，才使广告人培养了消费者的自信：相信自己是聪明的消费者，既能做出自己的选择，也能在发现广告叙事与消费意识形态的诡计时认识到其中的花招。这种广告叙事技巧圆滑地允许对广告迎合的物质主义进行批判性的揭露，它邀请受众参与符码的读解，在此意义上，广告人试图为受众重建“文本的快乐”。感受文本、认识文本，这也是受众主体性与自我提升的源泉。“雪碧”甚至直接将摄像机交到高中生手中，让他们为其创作广告。这样做显然是因为业余制作可以颠覆所谓传统的、专业的、大多数广告的熟悉符码。

三、省略的模式：新生代广告的编码规则

> 所有新生代的广告都在缩写编码规则的基础上引入了省略的形式。电视广告率先通过不声不响地设定观众的位置，来激发他们解读广告的惯例的知识，而同时又不凸显这些解读规则。这种省略形式在最近几年达到了极简抽象主义的程度，因为广告制作人发现他们可以假定——由于先前的广告的暴露——观众不再需要一种明确的商品叙事。结果，商品叙事现在被嵌入符码本身当中。还有一种相关的省略形式包含了产品的消失。第三种省略形式则创造了谜一般的模糊性，激发观众作为具有自我意识的符号学家而行动。在此，广告人依赖的是观众对图像的指谓功能的预期，但是他们通过省略意义过程的关键元素为观众设下了一个圈套。①

这是罗伯特·古德曼和史蒂芬·帕普森在《超符码化时代的广告》一文中的一段话，概括了新生代广告在缩写编码规则的基础上引入的三种省略形式：“极简抽象主义”“产品的消失”“创造模糊性”。

“极简抽象主义”是以“能指”的极少主义来吸引受众，他们厌倦了传统广告千篇一律且陈旧繁多的画面与风格，讨厌并鄙视广告创作者把受众当做愚蠢的大众。在经验过媒介的符号暴力又了解市场营销的常规策略的后现代受众看来，把男子汉气概和吸烟的万宝路男人联系起来是可笑的事情。如果说传统的广告以“加符码”为特征，那么新生代广告则以“减符码”为特征。在某

---

① 吴琼、杜予编：《形象的修辞：广告与当代社会理论》，130页，北京，中国人民大学出版社，2005。

些情况下，消解意义的“胡闹”广告，要比因意义过剩而过度流露出修辞的意义的广告，更容易令人接受。例如，在Suntory热带饮料的广告中，观众看到的是河马爬树和猪在天上飞。这类广告所要传达的意义是什么？思考这个问题是没有意义的。在意义过剩的广告泛滥中，在充斥着“加符码”的广告环境中，消解意义的“零符码”可能更具新鲜性。

再看“产品的消失”。不少著名品牌的新广告表现从具象到抽象，最后游离于产品本身之外。不是产品，而是广告形象成为消费者的依赖，符号消费已成为一种自我定性的神圣仪式。所以马克·波斯特说，当一个人看到一则广告时，社会的主要关系被再生产了。成功的广告外延到一个产品起不到作用的范畴，形象的定位与设计的价值要比产品本身的意义更加重大。忘掉产品！这已成为后现代广告的创作原则。在广告中，产品已从中心退居边缘，或者根本就不出现。传统的说服方式已经走到了尽头。今天，若想使产品具有诱惑力，广告的分量已经超过了产品本身，如果广告剧本具有出色的构思，产品自然也坐享其成。真理已不再存在于产品当中。

新生代广告的第三种省略形式是“创造谜一般的模糊性”。实际上，这可以从后现代主义文化的角度理解为文本的开放、多义、断裂、不预期等。“吉尼斯”黑啤酒电视广告《老人篇》有这样的描述：度日如年的一位老人，他身穿睡衣漫无目的地蹒跚在街上；他翻开一本满是旧时照片的相簿，回忆起往事；他喝一杯茶，逗他的鸟；他跟他的金鱼聊天；最后他穿好衣服，很困难地打上领带；然后我们看见字幕出上现彼德·汤辛德的名言“希望别等到老了才死”；接下来，我们看到这位老头儿正在教堂背诵结婚誓言；他娶了一位看上去20多岁，令人着迷的金发女郎；她挺着怀孕的大肚子；他们双双从教堂幸福地走出来；出现字幕“不是任何黑和白都有意义”；最后，画面上出现一大杯吉尼斯啤酒。在这个广告中，老态龙钟的老头儿没有按照传统的对于“老人”的固有看法生活，而是穿上西装打上领带像个幸福的年轻人一样，娶了一位金发美女做妻子，而且她还怀有身孕。参照“不是所有的黑与白都有意义”的广告语，除了能指和所指完全断裂(产品与这个故事毫无相干)之外，后现代主义的去中心、多元化的文化精神显露无遗。广告传播的并不是完整的商品信息，而是体现出多元开放、异端、反叛等“不确定性”因素，体现出对一切秩序和构成进行消解的后现代主义精神。广告处于一种动荡的否定和怀疑中，抛弃逻辑叙事而展现出令人眼花缭乱的关联偏差的可能性，而维系语言结构、社会结构和知识结构的统一性不再有效。

以上讨论的广告编码及其发展趋向乃是基于对广告文本广泛的感知与熟

悉。广告的增加预示了一种媒介书写能力，即对以前广告的形式和内容的再循环以及将它们转变为媒介反思性和商品差异的能指。自我指涉的互文性是广告文本和媒介文化的一种独特的在场，有过媒介消费经历的受众，必定也有过同广告策略进行“谈判”的经历，这种双重的经历可以使广告人唤起受众的记忆，同时也唤起他们对过去公式化的、灌输型广告策略的抵制。“依赖于自我指涉的互文性的广告要求一定程度的对广告体系的反思性，因而它们是对更高形式的媒介的书写能力的言说，在那里，观众必须具有对特定文本进行抽象和概括的能力。”①

但是，广告中的反思性是作为重新启动受众关注广告的策略出现的。广告已经将反思性转变为元交流的平台，这种方式赋予受众一定的地位，将受众视为文化资本的持有者，视为具有符码知识与解读能力的主体。广告工业不再满足于仅仅从其他领域挪用文化碎片，为了独领风骚，广告创作者还要发掘受众对广告本身的知识储备。有些广告创意预设了受众对以前广告创意熟知的前提，如“耐克”广告中的波·杰克逊形象，起初的创意只是要求受众知道波·杰克逊的运动员身份及他在多项专业运动上都卓有成就，但是随着创意的展开，每个连续广告的叙事使以前的广告内容变成了对“波·杰克逊神话”的一个新的玩笑性的指涉。

现在的广告实践试图将广告符码的自我反思意识转变为“消费的客体”，转变为受众可以控制与游戏的符号，并用它来表明对消费过多符码的操控性后果具有一定程度的“免疫力”。第 1000000 辆大众车的广告是白纸一张：“我们无法将它展示给您看，它刚刚被卖掉了。”这则足以载入广告修辞学史册的广告，说明广告必须维持其作为游戏、庆祝、教诲的无私形象。广告越来越多地进行自嘲，并把“反广告”纳入其广告技巧当中。鲍德里亚已经指出，这种反话语并没有建立起任何真实的距离，和消费社会的任何其他方面一样都是“内在于”消费社会的。正如中世纪社会是通过上帝和魔鬼来建立平衡一样，我们的社会是通过消费及对其的揭示来建立平衡的。

四、绝对广告：基础为零度的广告

“在今天，我们所经历的，就是把表达的所有虚拟模式吸纳进广告的模式。所有原创性的文化形式、所有被决定的语言，都被吸纳到广告中，因为它没有深度，它不仅是即时性的，而且瞬间又被忘却。这是浅表形式的胜

① 吴琼、杜予编：《形象的修辞：广告与当代社会理论》，133 页，北京，中国人民大学出版社，2005。

利，是所有意指的最小公分母的胜利，是意义的零度的胜利，也是超越了所有可能的转喻的熵的胜利。它是符号能量的最低形式。这个没有被整合的、即时性的形式，没有过去，没有未来，没有变形的可能性，但却有凌驾于一切之上的力量。所有活动的当前形式都倾向广告，而且，大多数都会在那里面耗尽自己。"①在《仿真与拟像》一书中，鲍德里亚用"绝对广告"、"基础为零度的广告"等概念来说明广告对日常生活的渗透。所有原创文化都被广告吸纳，这是广告"浅表形式"对原创文化的全面胜利。

例如，获得2010年欧洲广告杰作奖铜奖的德国SPUK商业图库公司的系列广告，其创意思路很简单，即只要转换视角，我们就会发现经典形象的另外一种形态，就是文案所说的"See the unseen"(见所未见)。其中大家最熟悉的当数梦露的经典形象，那张站在地铁通风口的照片，只不过，广告中的视角是由地铁通风口往上看的，对准的正是梦露的裙下风光。

"见所未见"在这里只是一个浅表的入口，重要的是，广告吸纳的是大家的怀旧心理，每当地铁大厅上空的通风口有风呼呼鼓出、地铁急驶而过，我们大概就会想起那位站在纽约地铁地下通风口的铁栅上，按住自己突然飞起来的百褶裙的性感女神玛丽莲·梦露。那时的地铁，还靠蒸汽机车牵引。梦露与地铁共舞被人以动静两种形式记录下来。导演比利·怀尔德在电影《七年之痒》中给了观众这个生动女人的形象片段，摄影师萨姆·肖则用照片定格了一个最动人的瞬间。这位被奉为女神同时也被斥为放荡的女子，一下子双手按裙，按不住的部分"恰到好处"地体现了导演的要求，既无可指摘又"伤了风化"。她的金发、唇边的痣、骄人的三围被人津津乐道，也经常被当做广告创意的符号。比利·怀尔德留下的是个过程，这个过程后来被剪辑定格成不同的画面，但都不及萨姆·肖留下的那一刻。就在这一刹那，照片上这个凸凹毕露的女子惊愕的双手按压裙子，她的惊愕带着可爱的笑容。以后很多年，这个"被过度消费和剥削"的特征一再被广告所吸纳。

Spuk的"See the unsee"系列广告中还有一幅利用的符号则是喜欢摄影文化的人所熟知的，即摄影师刘易斯·海因的著名作品，那张一排共11个工人在空中横梁上休息的照片。海因拍摄的目的就是把工人和他们工作的背景有机地结合起来，只有这样才能全面而真实地反映出工人的工作状态和工作环境。在Spuk的广告中我们见到的是另一角度——由一排工人的脚部开始

① [法]让·波德里亚：《绝对广告，零度地带的广告》，见吴琼、杜予编：《形象的修辞：广告与当代社会理论》，107页，北京，中国人民大学出版社，2005。

向上仰望，被“放大”的是横梁和背景中的天空和乌云。

创意是什么？就是换一个全新的目光看世界。从某种程度上说，广告创意是一种预言：预言一种信仰的可能，预言一条众人追随的路径，预言一种风格、一种气质和一种文化上的对撞与融合。

这是“泛广告”时代的文化寓言，不再有商品阶段，有的只是广告阶段。尽管这是一种“浅表形式”，但它却有凌驾一切之上的力量。在鲍德里亚看来，一旦社会将自身转化为广告，借着力图强加于它的注册商标意象把自己转化为普选的选票，那么社会自身便落入了“集体性企业”的水平：“处处都在呈现着一种社会性，而一个绝对的社会性最后在绝对广告中得以实现——这就是说，某个总体上也被分解的社会性的遗骸以某个社会需求的简单化形式在所有的墙上迷离幻化，那一需求立即就被广告的回音所满足。这个社会是一个脚本，而我们是被它所迷惑的观众。”①

历史地看，阿多尔诺早就指出了文化工业的商业逻辑，哈贝马斯也道出了公共领域的商业化趋向，鲍德里亚不但揭示了这个现象，而且从符号政治经济学批判的角度利用麦克卢汉提出的“内爆”概念来分析这一现象。鲍德里亚宣称，媒介中符号和信息的剧增通过抵消和分解所有的内容消除了意义——这是一个引向意义的瓦解以及媒介与现实之间差别消除的过程。在后现代的媒体场景中，信息与娱乐、影像与政治之间的界限也均告内爆，电视新闻和纪实节目越来越多地采用了娱乐的形式，其结果是出现了一种被称为“娱讯”的东西，在这种娱讯中，信息与消遣娱乐之间的界限消失了。同样的内爆也发生于政治与娱乐之间，这在政治竞选中非常明显，在这些竞选中，形象比实质性的东西更为重要，政治竞选越来越依赖于媒体顾问、公共关系专家以及民意测验者，他们将政治竞选转变成了形象的竞争或符号的斗争。

正是在这样一个世界中，维利里奥称作“消失美学”的东西聚集了力量，随后出现了碎裂的客体和碎裂的形式，也就是说，客体和表征、事物和观念之间的界限消失了。这就是广告肤浅的饱和与魅力。鲍德里亚说，我们只要看一下拉斯维加斯就知道，那是一个绝对广告的城市。“当我们看到拉斯维加斯在日暮时分广告的光华中从沙漠中展现全貌时，我们明白了，并不是广告照亮和装饰了墙壁，它反而把墙壁销抹了，它销抹了街道、市容、所有的建筑、所有的支撑物和所有的深度，它就是这种液化，是把万事万物归并到

① [法]让·波德里亚：《绝对广告，零度地带的广告》，见吴琼、杜予编：《形象的修辞　广告与当代社会理论》，108～109页，北京，中国人民大学出版社，2005。

表面的重新吸纳(无论什么样的符号在那儿流通)，这种吸纳把我们投入到这种麻木的、超现实的极度逸乐中，在其中，我们不能和别的任何东西交易，并且这种逸乐就是诱惑的空洞的与不可避免的形式。”①

在鲍德里亚的论点中，广告已经将整个世界吸收进它的漩涡之中，它已经发展成为一个虚构阐述的完整系统，一个表意模式的封闭系统，没有什么事件可以从中逃离。广告不再有自己的地盘，但却又无所不在。就此来看，广告是一面打开来映照着政治经济学和商品世界的镜子，在某个时刻，它就是它们光芒四射的想象，是关于这个被撕裂的世界的想象，然而也是一个扩张性的想象。从更加广泛的意义上说，广告作为消费的通用媒介，会把它的领域扩展至各个方向，将社会生活完完全全地包围起来。

这也是广告业以“创意”为意识形态的文化代价。一方面，阅听人已经习惯于广告的常规信息和阅读规则，传统的广告模式使他们身心疲倦，新生代也以冷漠的姿态对待广告的常规叙事模式，文化素质高一些的受众对广告人提出了挑战；另一方面，广告圈不断推陈出新，通过消除熟悉的商品叙事标记，广告人赋予、培养受众“符号学家”的身份去把握和阐释作品中那些悬浮的、漂移的能指。

两方面互为因果，反映在广告大赛上则更为极致。这是广告行业中一件不可思议的事情，奥美广告中国区总裁陶雷把它叫作“广告圈的阴谋”，就是说用参赛和获奖抬高自身的价值，名利双收，跟客户和大众都没有关系。但广告圈又内在地需要这些“云上的日子”，无论是先锋或是媚俗，或者兼而有之，它一定要走在前端，或是走得“虚”一些，用做创意的自慰，用以奢靡的实践。

例如，上海 DDB 为中华环境保护基金会创作的作品“绿色出行”，除了获得戛纳广告节设计类金奖外，在 Spikes Asia 广告节中也获得户外金奖。

这类作品的意义不在于现实中是否执行，无论是品牌还是传播，它们的存在是为了传达人类生活中一种更合理的、更好的生存方式。人类学家列维－斯特劳斯有一本书叫 The View from Afar(《从远方来看》)，“来自远方的眼光”，斯特劳斯曾经说，人类学者对自己所属社会的态度，他不是内部的一个成员，而是置身于社会之外的一个观察者，无论时间上还是空间上，他都是从远方来看他所属的社会。

---

① [法]让·波德里亚：《绝对广告，零度地带的广告》，见吴琼、杜予编：《形象的修辞：广告与当代社会理论》，112 页，北京，中国人民大学出版社，2005。

广告人的养分过去来自整个行业给予的传统训练，可是这些训练现在已经失去典范作用，很多广告人的思维模式与现在新的传播和营销手法已经脱节。事实上，中国广告业没有经历过其他成熟市场的那种巅峰时代，就已经面临因为全球环境带来的根本性改变，整个行业要重新定义。中国广告教育和广告人刚刚建立了相对“完善”的“专业知识体系”，就马上要面临广告“范式转换”所带来的不适和面临不断变动的不确定性的挑战。所以才有人建议将“广告”这个词拿掉，换做“市场营销”。但无论怎么做语言学的游戏，这个行业不会消失，只不过会以一种不同的形态去存在。

第七章　形象的修辞

一个资本主义社会要求一种以影像为基础的文化。它需要供应数量庞大的娱乐，以便刺激购买力和麻醉阶级、种族和性别的伤口。它需要收集数量无限的信息，若是用来开发自然资源、增加生产力、维持秩序、制造战争、为官僚提供职位，那就更好。相机的双重能力——把现实主观化和把现实客观化——理想地满足并加强这些需要。相机以两种对先进工业社会的运作来说必不可少的方式来定义现实：作为奇观(对大众而言)和作为监视对象(对统治者而言)。影像的生产亦提供一种统治性的意识形态。社会变革被影像变革所取代。消费各式各样影像和产品的自由被等同于自由本身。把自由政治选择收窄为自由经济消费，就需要无限生产和消费影像。①

——苏珊·桑塔格

"人们不可能拥有现实，但人们可以拥有(而且被拥有)影像"②。苏珊·桑塔格指出，需要拍摄一切的最后理由就在于消费本身的逻辑。消费就意味着挥霍，意味着耗尽——因此，就意味着补充。广告作为消费的通用媒体，会把它的领域扩展至各个方向，将社会生活完完全全地包围起来。当代广告已经成为一种复合的社会建制，它巧妙地结合了视觉景观，应用了一系列社会的、文化的和伦理的问题。当广告把商品的功能性标记掏空之后，在创意上它便可以成为任何其他的事物，在"话语"准则下，广告必须要与消费主体的精神保持合拍，如对一些拥有相当文化资本的主体，就要利用文化上的参照，利用多少有些隐晦的影射来与之进行交流。广告由此也就进入了控制论的时代。广告也为人们提供了一种共同分享的经验，作为一种视觉文化，广告广泛地传播关于社会世界的信息，而且大部分是通过图像的表征。

---

① [美]苏珊·桑塔格：《论摄影》，黄灿然译，263页，上海，上海译文出版社，2010。

② [美]苏珊·桑塔格：《论摄影》，艾红华、毛建雄译，180页，长沙，湖南美术出版社，1999。

第一节 信息方式

一、媒介即信息：消费总体性

1964年，麦克卢汉在《理解媒介》一书的开篇就提出“媒介即信息”的观点。他认为：“任何媒介（即人的任何延伸）对个人和社会的任何影响，都是由于新的尺度产生的；我们的任何一种延伸（或曰任何一种新的技术），都要在我们的事务中引进一种新的尺度。”①

《理解媒介》一书的副标题是“论人的延伸”，因为在麦克卢汉的定义里，任何一种技术，只要它是人类身体、思想、存在的任何延伸，它就是“媒介”。例如，“服装”是皮肤的延伸；“住宅”是人体温度控制机制的延伸；“货币”是内心希望和动机的延伸……麦克卢汉认为这些事物都是“媒介”。

任何媒介或技术的“信息”，是由它引入的人间事物的尺度变化、速度变化和模式变化。例如，铁路的作用，并不是把运动、运输、轮子或道路引入人类社会，而是加速并扩大人们过去的功能，创造新型城市、新型工作、新型闲暇。这样的变化与铁路媒介所运输的货物或内容是毫无关系的。电话的引入不仅使得人们可以进行远距离交流，而且拓展了谁可以与谁交谈的界限，从而危及了现存的阶级关系；它甚至改变了求婚模式以及风流韵事的种种可能。同样，电灯的引入极大地改变了大众休闲与文化，夜间的观赏型娱乐活动对大众文化的深刻影响便是电灯带来的产物。

麦克卢汉关于媒介本身就是一种感知模式的理论，揭示了媒介不仅是形式，而且就是内容。相同的内容用不同的媒介去表达，效果则完全不同。在这里我们看到形式主义关于“形式就是内容”的理论在媒介理论上的一种复现：不是信息决定媒介，而是媒介决定信息。媒介就是本体。用什么样的媒介，讯息就以什么样的方式显示出来。媒介不仅决定了主体的感知方式，也决定了客体的结构模式。这里我们也看到符号学关于“人通过符号认识世界，世界通过符号呈现出来”的理论在媒介理论上的一种复现：人是通过媒介去认识世界的，世界是通过媒介呈现出来的。

媒介传播什么“内容”并不重要，重要的是媒介的“性质”所传送的信息。之所以如此，用麦克卢汉的话来说，是因为“媒介的‘内容’好比是一片滋味

---

① ［加拿大］马歇尔·麦克卢汉：《理解媒介：论人的延伸》，何道宽译，33页，北京，商务印书馆，2000。

鲜美的肉，破门而入的窃贼用它来涣散思想看门狗的注意力”①。媒介的影响之所以非常强烈，恰恰是另一种媒介变成了它的“内容”。一部电影的内容是一本小说、一个剧本或一场歌剧。电影这个形式与它的节目内容没有关系。

鲍德里亚在《消费社会》中重复阐释了麦克卢汉的这个观点：“铁路带来的‘信息’，并非它运送的煤炭或旅客，而是一种世界观、一种新的结合状态，等等。电视带来的‘信息’，并非它传送的画面，而是它造成的新的关系和感知模式、家庭和集团传统结构的改变。谈得更远一些，在电视和当代大众传媒的情形中，被接受、吸收、‘消费’的，与其说是某个场景，不如说是所有场景的潜在性。”②

这是消费社会的总体信息：电视等传媒通过技术组织所承载的，是一个可以任意显像、任意剪辑并可用画面解读的世界的意识形态；而我们所“消费”的，就是根据这种既具技术性又具“传奇性”的编码规则切分、过滤、重新诠释了的世界实体；我们所“消费”的，并不是本来意义上的某一场景或画面，而是一切可能的场景承接之潜在性。

在此意义上，广告也许是我们这个时代最出色的大众媒介。鲍德里亚评价说：“如同它在提到某一物品时却潜在地赞扬了所有同类物品一样，如同它透过某一物品和某一商标却实际上谈的是那些物品的总体和一个由物品和商标相加而构成的宇宙一样——同样，它就这样伪造了一种消费总体性。”③这就使得消费者们重新被“部落化”了，就是说它通过一种同谋关系，通过每一个消费者而瞄准了所有其他消费者，又通过所有其他消费者瞄准了每一个消费者。

因而，广告的大众传播功能并非出自其内容、其传播模式、其明确的经济目的，也不是出自其容量或其真正的受众(尽管这一切都具有一定的重要性并构成其支持)，而是出自其自主化媒介的逻辑本身，这就是说它参照的并非某些真实的物品、某个真实的世界或某个参照物，而是“让一个符号参

---

① [加拿大]马歇尔·麦克卢汉：《理解媒介：论人的延伸》，何道宽译，44页，北京，商务印书馆，2000。

② [法]让·波德里亚：《消费社会》，刘成富、全志钢译，132页，南京，南京大学出版社，2000。

③ [法]让·波德里亚：《消费社会》，刘成富、全志钢译，133页，南京，南京大学出版社，2000。

照另一个符号、一件物品参照另一件物品、一个消费者参照另一个消费者”①。

与麦克卢汉一致，鲍德里亚也认为某种特定媒介的内容总是另一种媒介。但是，在鲍德里亚的论点中，媒介已经发展成为一个虚构阐述的完整系统，一个表意模式的封闭系统，没有什么事件可以从中逃离。麦克卢汉“人的延伸”同媒介之间的联系也变得模糊了。鲍德里亚想让我们思考人类和媒介之关系将发生“逆转”的可能性：媒介已经不再像麦克卢汉认为的那样是“人的延伸”，而是在逆转中延伸进社会，延伸进入人类的领地。

鲍德里亚把他的分析重点放在这个“逆转点”上，因为正是在这个点上，形式作为单纯的形式存在着，即作为没有任何指涉物的纯客体存在着。就是在这个点上，形式作为纯客体，以其单纯的状态存在着，并不回应自身之外的任何其他形式。它变成了没有内容的形式，一种“致命”的形式——根据形式社会学的逻辑，这种致命的形式不可能有任何对立的形式，它们变成致命的形式正是因为不存在对立的形式。

形式的致命性就是鲍德里亚“后现代转向”的要素。当代社会中媒介不断升级的作用对于鲍德里亚来说，就相当于从现代的生产世界向着仿真的后现代社会的坠落。现代性的中心在于事物、产品和商品的生产，而后现代性的特点是激进的符号制造术以及符号的大量繁殖。在麦克卢汉的理论的启发下，鲍德里亚将现代性解释成一个商品化、机械化、技术和市场关系的“外爆”过程，而与之相对的后现代社会则是一个发生“内爆”的场所，内爆的是所有的界限、区域、高雅文化和低俗文化之间的区分、表象与现实的区分以及所有关系传统哲学和社会理论所维系的二元运作的东西。

大众已经成为媒介技术形式的内容。史麦塞曾提出“观看即是做工”的观点。他从经典的马克思主义出发，分析和揭示传媒的所有制结构及其与权力集团的利益关系：受众实际上是在为广告商做工，受众利用闲暇时间收看电视或阅读报纸，这项“劳动”随后被传媒包装成一种新的“商品”出售给广告商；同样是这些受众，他们还得再花额外的钱购买传媒所广告的商品，再次为传媒埋单。整个商业传媒体系都是依靠对受众处心积虑的盘剥，榨取他们的剩余价值而存活的。这个别具创意的理论，颇有说服力地阐释了大众传媒的受众现象。由此，我们可以合乎逻辑地得出这样的结论：大众传媒需要受

---

① ［法］让·波德里亚：《消费社会》，刘成富、全志钢译，134页，南京，南京大学出版社，2000。

众，甚于受众需要传媒。

丹尼尔·杰·切特罗姆在《传播媒介与美国人的思想》一书中说，“媒介”这个词所产生的多种含义，表现出一种潜藏在全部现代传播方式历史中的矛盾因素在语言学上的遗留物。“因为每一种传播媒介都是制度发展、公众反应和文化内容的渊源，而制度发展、公众反应和文化内容应当被理解为辩证的张力的产物，即对立的力量和趋势在时间的进程中冲突和演化，它们不断地产生出自己的对立面。这些矛盾一方面是由新的传播技术提供的进步或是乌托邦的可能性；另一方面是这技术被用作统治和剥削手段的性质，广义地说，矛盾是由这两方面之间的张力表现出来的。”①

一方面，新媒介，从电报到电话，到广播电视，到卫星与互联网，总是伴随着对其即将发展的乌托邦未来的猜测登上世界舞台的；另一方面，当我们更贴近地观察媒介的特殊问题时，媒介历史向我们提供了一种更准确的描述，它使我们将视线从新技术的可能性前景转向社会责任和权力的现实。

二、他人导向：重新部落化

在对媒介文化的研究中，马克·波斯特提出了“信息方式”这一概念。“信息方式”这一术语借用了马克思的“生产方式”理论。在《德意志意识形态》等著作中，马克思赋予了生产方式以两方面的含义：第一，作为一个历史范畴，它按照生产方式的变化对过去进行区分和分期(区别不同的生产手段与生产关系的组合)；第二，作为对资本主义时期的隐喻，它强调经济活动，把它看作如阿尔都塞所说的“终极的决定因素”。

波斯特的“信息方式”也同样暗示，历史可能按符号交换情形中的结构变化被区分为不同时期，而且当今文化也使“信息”具有了某种重要的拜物教意义。从这个角度我们可以认定媒介是文明的精髓，历史是由各个时代占优势地位的媒介引导前进的。文明的兴衰与变化，基本上都可以被理解为占支配地位的传播媒介的功能。所有的文明都是靠对空间组成和时间跨度的控制而存在的，因此可以在有关的空间领域和时间持续方面对它们进行评价。

这也是哈罗德·英尼斯所谓的传播的“偏向”，这种偏向决定了媒介在时间或空间中传播知识的参数。而麦克卢汉则发展了英尼斯的思想，其基础假设是人们通过某种适当地平衡或感觉比来适应外界：一个时代的主导媒介产生出其独特的感觉比，从而影响人们的知觉。

---

① ［美］丹尼尔·杰·切特罗姆：《传播媒介与美国人的思想——从莫尔斯到麦克卢汉》，曹静生、董艾禾译，199页，北京，中国广播电视出版社，1991。

因此，每个时代所采用的符号交换形式都包含着意义的内部结构和外部结构以及意义的手段和关系。“信息方式”的诸阶段可做以下划分：口传媒介—印刷媒介—电子媒介。如果说第一阶段的特点是符号的互应，而第二阶段的特点是意符的再现，那么第三阶段的特点则是信息的模拟。在口头传播阶段，自我由于被包嵌在面对面关系的总体性之中，因而构成语音交流中的一个位置。在印刷传播阶段，自我被构建成一个行为者，处于理性/想象的自律性的中心。在电子传播阶段，持续的不稳定性使自我去中心化、分散化和多元化。

信息方式的“阶段化”以及传播新形式对空间、时间和人类感知等方面的根本性影响，是麦克卢汉的主导性主题。他声称每一个新的传播媒介都以独特的方式操纵着时空，每一种媒介都是以它自己的方式极大地影响着人类的知觉和社会结构。从媒介技术演进的角度，麦克卢汉概括出人类从远古至今经历了一个“部落化—非部落化—重新部落化”的过程。在游徙不定、以采猎为生的洪荒时代，人类感知世界的方式是整体的、直观的把握，人的技艺是全面、多样发展的。那时的人既不会分析事物，也不会只专精一门，麦克卢汉说那时的人是整体的人，是“部落人”，而不是被分割肢解的、专于一门的人。由于劳动分工的出现和语言文字的发明，人学会了分析，同时也使自己成为被分裂切割的、残缺不全的“非部落人”，机械印刷术和工业化则把人推向了非部落化的极端。电子时代来临之后，人再也不能只专精一门，人的感知系统不再只偏重视觉；人们认识世界的方式不再只偏重视觉、文字和线性结构，人不再是分裂切割、残缺不全的人，这就是更高层次上的“重新部落化”过程。

同样是分析媒介对社会与人格的影响，大卫·理斯曼创建了导向论的模式。在《孤独的人群》一书中，理斯曼对美国人的“社会性格”进行研究后区分出不同历史阶段的三种类型，即“传统导向型”“内在导向型”和“他人导向型”。

所谓传统导向是说人们的性格发展是受社会传统规定、由顺从传统形成的；内在导向的意思是制约人格发展、决定行为选择的动机由顺从外在的社会传统转变为由个人性格类型决定，从而具有较强的自主性；他人导向则是说人们的行为动机决定与内在需要变成了更加“社会化”的东西，人们更加关注他人，尤其是同龄人的态度与行为，并由此而决定自己的行为。

理斯曼相信这三种类型具有跨文化的普遍性，并且，传播技术的社会变迁是形成不同历史阶段社会性格的关键性因素，其具体对应是：

第一，传统导向阶段的歌谣和故事。传统导向的社会利用口述家史、神话传说与歌谣等形式来传播其相对稳定的价值观。口语符号的直接性与生动性为信息交换提供了方便。在这样的社会，年长者既具有经验上的优势也具有信息资源的优势以及在社会中的权威地位。由于故事通常是由家庭成员或与家庭有密切关系的人说给孩子听，因而故事多少已被加工过了。讲故事是家庭代代留传下来的一种高超技巧，与社会的其他社会化进程有一定关系。在这种情形下，亲朋好友面对面所表演的故事和歌谣，带有明显的告诫和规劝的内容。他们讲述的多半是个人不服从群体或触犯超自然的权威的故事，或讲述一些杰出的人物如何在现存文化中表现出勇敢忍耐的品质。

第二，内在导向阶段印刷媒介的社会化功能。内在导向的人通过印刷读物得到理性思维的启迪，塑造了一种新的性格结构。启蒙主义的自律理性个体从阅读印刷文章的实践中汲取了许多营养并得到强劲的巩固。黑格尔把报纸说成是“现代人的早祷”，即指这层意思。句子的线性排列、页面上的文字的稳定性、系统有序的间隔，出版物的这种特性使读者能够远离作者。出版物的这些特征促进了具有批判意识的个体的意识形态，这种个体站在政治、宗教相关因素的网络之外独立阅读、独立思考。以页面文字所具有的物质性与口传文化中言辞的稍纵即逝相比，印刷文化以一种相反但又互补的方式提升了作者、知识分子和理论家的权威，这一双重运动把读者造就成批评家，把作者造就成权威，这在表面上是对立或矛盾的，实际上却是现代社会交往中非常典型的支配互振。无论在读者还是作者的情形中，印刷文化都将个体构建为一个有稳定和固定身份的主体。而印刷文化的这一特征与现代制度下的主体形象是同系的，这些制度包括资本主义市场及其富有占有欲的个体、法律体制及其“理性的人”、代议制民主政体和对个人自利原则的假设、科层体制及其工具理性、工厂及其泰勒式工资制、教育体制及其考试和成绩记录。作为对这些发展的回应，马克思构筑了一套通过阶级斗争解放理性个体的理论，而韦伯则对僵化不变的社会机构中工具理性的固定化感到遗憾。两者都假定主体的这一构型是印刷文化的产物，并把现代性看成这种社会个体的最终例示。

第三，他人导向阶段的大众传媒。从印刷书籍传播发展到报纸、广播、电视等现代传播技术装备起来的现代大众传播阶段，一个突出的特点是新的传播媒介使传播的信息极大地增加，并且造成人际交往的扩大，使人们受他人的影响增大直至左右着每个人的人格发展。理斯曼阐述了大众传播媒介如何通过为同侪群体提出行动计划表和提供暂时消遣的麻醉物而指导年轻人的社会化过程。他确信大众传播媒介对人们的知觉方式和对生活的理解及如何成为一个男孩或女孩、男人或女人等具有强烈而深远的影响。这一影响远远比夸大商品的边际差异所产生的影响强烈。在向他人导向性格的转变中，消费社会的来临，既是原因也是效果。对于理斯曼而言，在一个丰产的社会，资源充足且资本累积迅速，中心的问题不再是物质环境，而是人际关系。这样的社会要求的是一个新的性格类型，有能力做浪费和奢华的消费，也有能力消费闲暇和奢侈品。他人导向性格非常注意个体对他人发出的信号。消费成为他向团体发出合于规范的信号的主要手段之一。对理斯曼而言，这个现象意味着消费者有很多要学的地方，而消费的学习打从儿童时期便开始，并且持续到成年以后。今天的孩子，将来无疑是一群精明的消费者。

> 在内在导向阶段，孩子们接受印有注册商标的麦片做早餐，主要是因为家里餐桌上摆的就是这个。今天，孩子们吃麦片粥或其他类的东西，是为了迎合大众潮流："吃麦片得冠军。"宣传画上也写着："吃麦片令冠军更放松。"因此，他人导向的孩子很快就会明白，消费任何东西，必有其理由。原因之一是他认为他所消费的商品是同类产品中最棒的。当孩子成为消费者之后，就不再求助于广告识别什么是系列产品中最好的。被大多数人称赞或同侪消费者一致推荐的产品，就是最佳产品。按照这一标准，最受欢迎的商品是大多数人喜欢的商品。事实上，这些商品被广泛推介也是有原因的，肇始者不是受广告影响，就是从大众传媒获取信息。此外，当然还有其他若干原因。英国诗人布莱克有诗云："孩子的玩具和老人的理由是两个季节的果实。"在消费群体里，玩具和理由混杂在一起，正如前文所说，孩子和成人的消费趋于一体。①

他人导向者的主要精力都投入到扩张消费界限的活动中去了，正如内在导向者的全部精力都付诸生产一样。而大众传媒则是引导消费的导师，如果要了解消费规模，就应该从研究传媒开始。

无论是麦克卢汉、波斯特，还是理斯曼，他们都认定与"口传媒介—印刷媒介—电子媒介"的演进相对应的是所谓"部落化—非部落化—重新部落化"的知觉结构以及"传统导向—内部导向—他人导向"的社会性格。

詹姆逊在分析后现代主义文化时也涉及过这一主题，他看到传播媒介的

---

① [美]大卫·理斯曼：《孤独的人群》，王崑、朱虹译，79页，南京，南京大学出版社，2002。

进步使社会越来越“整一化”，形成一个理斯曼所谓的“他人导向”的社会，而他人导向的社会则是一个后现代主义的社会。后现代性的媒介交流展示了一种理解主体的前景，人们从此可以将自我视为多重的、可变的、碎片化的主体。

体现在消费系统中，则是流动性的消费者“自我”，当然，它们是“他人导向”的。在这样的社会中，系统对个人的“惩罚”已经从羞耻感和罪恶感变成了“焦虑感”，这是“消费什么”和“怎样消费”的焦虑，是“我是谁”和“我想成为谁”的焦虑。

三、泛广告时代的幻象：生活在别处

杰克逊·李尔斯在《丰裕的寓言：美国广告文化史》一书的前言中说：“广告不仅可以激励人们去购物，也是某种幸福生活的象征，同时还可以推广某种生活方式。广告关注民众个体的幻想，对现存的经济政治结构能够起到宣扬或颠覆的作用。而广告的重要性则取决于当时当地所处的文化环境。”①广告推销的不仅仅是产品本身，同时也推广一种生活哲学，倡导一种文化。

在20世纪初的美国，骆驼香烟的一则广告文案写道：“骆驼香烟的顾客，都是懂得自我思考的人……他们在每一件购买的商品中寻求着真实性，看穿了事物的外表，认清了其中的内涵。”在大规模生产的背景下追求个性，这无疑成了人们内心的渴求。耐克的广告一再告诉人们“Just do it”，张扬个性的行动哲学在催促着已逐渐被流水作业所麻痹的一代，要超越当下，活出自我。广告就是以这样一种简洁明了的形式反映、宣泄或唤醒了人们的内心渴望。

著名的世界广告大奖——克里奥奖(Clio Awards)，被誉为广告界的奥斯卡。克里奥是古希腊掌管历史的女神，以她的名字命名广告奖项，似乎颇具意味。从广告进入大众视野以来，那些被大浪淘沙般沉淀下来、让人百看不厌的经典广告，从一定意义上来讲，是不是跟其他艺术形式一样，也是一种记录，一种可以追寻社会思潮、时代变迁的历史印记？就像贝纳通几十年来的系列公益广告，讲述的并不关乎“贝纳通”本身，在纷乱动荡的世界局势中，这些广告始终表达着“联合色彩”，即渴望种族平等、祈祷世界和平、保护家园环境、施行人道主义等另一种声音。当我们想到世界的另一面的时

---

① [美]杰克逊·李尔斯：《丰裕的寓言：美国广告文化史·前言》，任海龙译，1页，上海，上海人民出版社，2005。

候，当我们想到人生另一面的时候，自然也就记起了贝纳通。从这个层面上来看，广告已经远远超出了广告客户“促销产品，构筑竞争优势，创造利润”的通常手段和心理预期。

李尔斯说：“我逐渐意识到，当代广告业与其说是唯物主义的前锋代表，倒不如说是一种努力使人类从物质世界中解脱出来的文化力量。”①广告作为满足渴望的商业艺术，其魔法般的力量在用来推动产品销量的同时能否给人们编织一些可以让灵魂温暖的梦想呢？在那一刻灿烂抵达的时候，产品的价格也许就能跳脱出成本，而更关乎人们心底的渴望。

这是“生活在别处”的理想在消费社会和泛广告时代的一种具体表征。生活在别处，诗人兰波的这句名言曾被布勒东在《超现实主义宣言》中引用过；在1968年的“五月风暴”中，巴黎的大学生也把这句话作为口号刷写在巴黎大学的墙上；米兰·昆德拉于1969年完成的一部小说最初的名字是《抒情时代》，但在出版时也更名为《生活在别处》。无论是政治理想还是消费理想，对于一个充满憧憬的人来说，“真正”的生活总是在别处。

许多广告也是如此。它们不约而同的潜台词是：美好的生活在别处；只要购买广告所推荐的商品，消费就能顺利地将人们运送到另一个精彩空间。广告设计了另一种生活，即使在起居饮食之类的琐事之上也能遭遇这个母题。生活在别处，别处意味着一个更有魅力的所在。在这个意义上，广告创作者不得不诉诸一个时代的文化想象：哪里是人们向往的“别处”？

这样，广告的分类以及修辞有了与通常的营销学层面不同的范畴与所指。广告的大量出现至少有两个条件：一是市场竞争；二是大众传播媒介的出现。从最初的产品信息的告白，到品牌形象的塑造，再到产品的人格化沟通，最后到把产品作为生活方式的载体，广告逐渐从信息沟通阶段进化到社会沟通阶段。随着市场竞争的加剧，单纯介绍和宣传产品信息已经无法“说服”消费者。广告的目的不仅仅是为了吸引消费者的目光和注意力，更重要的是要触动消费者的心灵、情感和欲望。因此，广告传播只有从更广的角度，从诉诸文化资源、社会价值和大众情感的角度，才能真正吸引消费者。

20世纪80年代初，中国广告的启蒙主要采取的是经济学的立场，故而不断强调广告作为促销工具的重要性。90年代中期以后，研究者开始超越唯经济论的立场，开始以更为广阔的文化社会学的视野来看待广告，进而加强

① ［美］杰克逊·李尔斯：《丰裕的寓言：美国广告文化史·前言》，任海龙译，3页，上海，上海人民出版社，2005。

了对广告的反思与批判，并对广告提出了超经济利益的文化要求。广告沟通开始注重人们的“情感文化源”，在对之进行改造和提炼的基础上塑造一定的广告形象和一定的生活方式，并以总体上不同于现实或者超越于现实的“别处生活”作用于消费者。它们往往包括：幸福的家庭；富裕豪华的生活风格；梦境与幻象；烂漫与爱情；重要的人物、明星和专家；美妙的地方；职业或工作的成功；艺术、文化和历史；美女；自重和自豪；喜剧和幽默。

在这些看似零散化的广告文本模式中，我们可以发现广告修辞在结构上的基本源头——欲望。在这个意义上，广告和庸常生活之间的距离不是自由与和谐，而是欲望——广告是欲望企图抵达的世界。如何缩小乃至消除这种距离？广告开出的处方是消费，消费主义乃是广告的隐蔽基础。约翰·伯格在论广告时也指出，广告建议我们每个人以多购买来改变自我或生活。

广告和广告形象不仅仅是在产品与消费者之间沟通，其本身就是一种产品，在创造和生产价值，它们越来越多地承载了社会文化价值。虽然最终归之于商业性目的，但广告正是把那些最深层的欲望通过形象引入到消费中去。詹姆逊指出：

> 广告必须作用于更深一层的欲望，甚至是无意识的需要，有些还和性欲有关。某些饮料广告便有这个特色，宣传说你只要喝这种饮料，不仅会有妙龄女郎偎依着你，而且你会感到生活极其美好，充满了浪漫色彩，诸如此类的夸张。这样，直接的欲望和深层的无意识的需求都得到了满足；你可以梦想一个妙龄女郎甚至更进一步，你可以幻想全部生活都发生改观，四周都是美丽的人，你有充足的时间，无忧无虑，也就是说世界上所有的一切都在这种乌托邦式的状态下改变了、变形了。这些广告正是在悄无声息地告诉你，难道你所渴望的不正是这种乌托邦式的对世界的改造吗？如果是这样，为什么不用我们的产品呢？虽然我们不能许诺任何东西，但这些产品起码含有改变精神状态的成分。在这种无意识的欲望中，最强烈、最古老的愿望仍然是集体性的，如永久的青春、自由和幸福等。这表明这种欲望是集体性的同时，还幻想着对整个世界的改变。正是这些广告告诉我们，什么是人们无意识的欲望，使我们知道人们对一个乌托邦式的社会有什么样的设想。①

① ［美］杰姆逊：《后现代主义与文化理论》，唐小兵译，222～223页，北京，北京大学出版社，1997。

许多广告突破了现实的平面，解放了隐匿于现实躯壳之下的某些冲动。

在这个意义上，现代广告的欲望修辞具有一种“摆脱实物的自足性”：它越是从产品功能或实际的使用价值方面抽象出来，它就越纯，结果也更美。即使是人类最为基本的生理需求如吃喝也必须以特定的趣味、风格、愉悦、社交等为手段提供美学幻想。当万宝路的广告中出现西部牛仔，百事可乐通过广告塑造“新一代”，或是贝纳通以“联合色彩”为旗帜；当广告表现从“产品中心论”转移到“生活方式中心论”时，原来实体的“物”(产品)已被转化为虚空灵动的“符号”(形象)。

著名设计师萨维尼亚克认为创意的本质就是“用非现实的东西做小的点缀”，这个创意哲学是对想象力的尊重，是对“虚构”的全面认定。想象依虚构而生。既然小说家博尔赫斯可以写下“六十一岁的博尔赫斯遇见了八十四岁的博尔赫斯”，那么广告人同样可以编造品牌故事，塑造品牌形象。在“迪塞尔”服饰广告《现代会议的诞生篇》中，我们看到，在1945年的雅尔塔会议中，影响历史进程的“三巨头”丘吉尔、罗斯福和斯大林的那张经典合影中多了几个性感的美女，她们身着迪塞尔服饰，其中一位竟然坐在罗斯福的怀中，另一个也亲密地搂住斯大林，丘吉尔身后也站着一位妙龄美女……三巨头的情愫隐约闪烁于闲适的氛围中——这就是“历史”，一种不同于宏大叙事的“历史”，虽然是“迪塞尔”的品牌故事，但这就是虚构的可能性与虚构的力量，它也未必不是另一种真实。

对于广告来说，一切现实、一切真实事件都是例外。在广告的世界里，容不得经验。凡是现在发生的一切，都是在广告之外的。广告汇拢一切希望，把它们处理得大同小异，再加以简化，于是就编码出种种既热情又模糊、既奇妙又重复、既独特又类同的诺言与形象。在消费社会的机制下，难以想象除此以外还有别的希望或别的满足或别的乐趣了，正如法国广告大师雅克·塞盖拉所说：有人的地方就有梦想，广告是我们的造梦工厂。根据时代的变化，广告风格可以是反映社会萧条的现实主义，也可以是讴歌社会繁荣的浪漫主义。广告这位变色龙般的推销员体现社会以及人的发展，同时也附庸时代的要求。但这种附庸只是表面现象，广告赞美的永远是梦想。

第二节　媒介景观

一、消费偶像：流行文化的生产机制

作为媒介文化的产物，“消费偶像”在人们的日常生活中起着重要的作用，这一概念是列奥·洛文塔尔提出的。洛文塔尔通过对发表在美国通俗杂志上的流行传记的个案研究，揭示了传记主人公从“生产偶像”到“消费偶像”的转变过程，并对消费偶像的构成元素、传记作家的写作策略以及由此形成的写作套路和模式进行概括分析，由此揭开流行文化的生产机制。

20 世纪 40 年代初期，电子媒介还处于萌芽状态，作为印刷媒介的杂志是承载流行文化的一种典型形式。在对美国公众的价值观和生活方式颇具影响的《周六晚邮》和《柯里尔周刊》20 世纪前 40 年的抽样调查中，洛文塔尔首先发现了一个有趣的现象：这两家杂志作为综合性刊物，传记发表的数量在 40 年间出现了大幅度的增长。1941 年的传记平均数几乎是 20 世纪初的 4 倍。如果把传记的主题分为“政治生活领域、商业和专业领域、娱乐领域”三类，又会发现这样一个现象：“第一次世界大战”以前人们对政界人物有很大的兴趣，而商业界人士和专业人士几乎与娱乐界人物平分秋色。“第一次世界大战”以后，这一状况完全改变了：一方面，政界人物的形象已减少了 40%；另一方面，来自严肃行当与重要专业领域的人士也大量下降，而娱乐界人士却增多了。在对娱乐界人士进行的职业分析中，洛文塔尔进一步发现，20 世纪初的娱乐界人士中有四分之三是严肃的艺术家和作家，但是在此后的 20 年中，这一阶层的人士却下降了一半，到 1941 年几乎完全消失。

在对抽样调查的数据进行分析之后，洛文塔尔认为可以把前 20 年传记中的主人公称为“生产偶像”，因为他们来源于生产性的生活，来自工业、商业与自然科学。没有一个传记主人公是来自体育界的，占比例很小的那部分艺术家与娱乐界人士，他们或者不属于廉价的或大众的娱乐领域，或者像卓别林那样对其艺术具有一种严肃的态度。洛文塔尔称这些早期传记的主题是让人们相信机会向每个人开放，在很大程度上，他们被视为可以效仿的成功榜样。这可以被看做对强健的个人主义时期的经典阐述，“在那时，既无时间也无欲望来激发人们安排休闲时间以及对休闲时间的组织者的兴趣，而是具有以下特征，人们渴望并相信，从平民大众的起点就可以攀爬上社会等级的阶梯”①。但到了 20 世纪 40 年代，以前在传记中扮演微不足道的娱乐界人士，在传记中的数量已占据了第一位，体育界人士也成为受欢迎的群体，而来自政界和商业以及专业技术领域等代表着严肃职业的生产偶像逐渐在传记作品中淡出。由于在传记主人公那里发现了众多的与消费领域相关的人物，

① [德]列奥·洛文塔尔：《大众偶像的胜利》，赵江云、王佳译，见陶东风、周宪主编：《文化研究》，6 辑，224 页，桂林，广西师范大学出版社，2006。

洛文塔尔才提出了“消费偶像”这一概念：

> 我们曾把过去的传记主人公叫作“生产的偶像”，今天杂志上的主人公则应叫做“消费的偶像”。确实，几乎他们中的每个人都直接或间接地与休闲领域有关：要么他不属于提供社会的基本需求的行业(如，娱乐界和运动界的主人公)，要么他或多或少只算是社会生产机构的漫画式的人物。如果我们在69位娱乐和体育人物上再加上10位报业人士与电台人员，那些职业模特、运动器械的发明者、庸医、赌马者、小巧机械的发明者、岛上援助所的拥有者和餐饮连锁店老板，我们就会看到，94个非政界人物中，有87人直接从事消费行业。①

从“生产偶像”到“消费偶像”的转变表明消费已经取代生产成为人们日常生活兴趣的中心。20世纪20年代之后，由于技术革命导致的大规模商品生产使中低阶层以前视为奢侈品的东西不断变为必需品，人们开始追求物质消费与休闲享乐的生活，而消费偶像更加助长了这种消费意识。如果把洛文塔尔的观点放在今天的西方社会加以考察，我们会发现，这种转变显示出他对发达的工业社会、晚期资本主义社会或消费社会的早期诊断。如果把洛文塔尔的观点放在理斯曼的概念体系中进行分析，我们又会发现，前者一直强调的大众媒介在流行文化生产中的作用通过后者得到了进一步的明确，可以说，洛文塔尔的“生产偶像”相当于理斯曼“内在引导”时期的偶像，而“消费偶像”则相当于“他人引导”时期的偶像。前者意味着个人在认同于偶像的时候激发出的开拓性精神和创造性冲动，而后者意味着这种精神和冲动耗尽之后，大众在对偶像的崇拜中以合法化的形式开始的物质消耗与意义享用。汽车广告，尤其是奢华品牌的汽车广告，更愿意使用这种形象作为广告传播的方式。

在洛文塔尔看来，无论是传记作品中消费偶像的人物形象还是传记作者本身的写作模式，都是技术统治的产物，普通大众也在对传记作品的消费中，成为技术统治进一步打磨的对象。例如，在“语言策略”的层面，为了使叙述更有吸引力，为了给读者制造更多的幻觉，传记作者通常会运用以下修辞策略：

使用“最高级”。例如，布林克莱是“美国最著名的医生”、菲尔是“美国

---

① [德]列奥·洛文塔尔：《大众偶像的胜利》，赵江云、王佳译，见陶东风、周宪主编：《文化研究》，6辑，226页，桂林，广西师范大学出版社，2006。

最有名的和最可怕的赌马者”等。

使用“高雅的和低俗的语言”。前者通过引用神话和历史的联想而赋予一般的事件以神圣性。例如，小巧机械的发明者泰勒有一项“赫拉克勒斯式的任务”；棒球队经理格里夫斯体验了“棒球的命运”，他完成了一种“历史性的战术安排”。后者则征用一些俚语俗语，以使他们变得容易理解。

使用亲切的语言，即“特别为你”的感觉。

从语言角度切入分析传记作者塑造消费偶像的策略，是洛文塔尔对流行文化分析最到位的部分。例如，他在提出“特别为你”这种亲切的私人化修辞策略给读者带来的民主感觉之后，马上又提醒说，轻松地允许进入也并非全无威胁的一面：“‘你’字不仅意味着友好地介绍的姿态，也意味着上层机构那种警告和要求的语气，宣称人们必须去注意、去遵照。直接的语言无意中暴露了所有现代大众信息机构所安排的全部东西。‘特别为你’意味着为了你的一切。”①

如果把洛文塔尔对流行文化语言策略的观点放到20世纪大众文化理论的演变历史中去考察，那么洛文塔尔所批判的东西正是后来一些大众文化理论家所褒扬的东西。例如，约翰·费斯克认为大众文化作为一种“生产性的文本”，其语言的“过度”与“浅白”正是其富有创造性的地方。

因为“过度”意味着意义挣脱意识形态的控制，而“浅白”则是对“有深度的”真理的拒绝。这样说来，大众文化文本中那些浮夸、煽情、俗套之类的语言就具有一种革命性的反抗意味，而洛文塔尔的指责就显得软弱无力了。实际上，如果从语言流变与社会结构的关系来分析的话，那么可以说，当大众文化文本带有某种民间色彩并富有某种个人的原创特征时，它的语言可能会具有一种反抗或解构的意味；而当这种语言被纳入到大众文化生产机制并成为可以批量生产与传播的对象时，它的革命性冲动则荡然无存，同时还可能会进入规范化的语言体制中，甚至成为意识形态控制的得力工具。

洛文塔尔的意义在于，他通过对“消费偶像”概念的提出与分析，一方面提醒我们消费时代的到来；另一方面启发我们思考流行文化这种重要的社会文化现象的运作机制。自涂尔干和韦伯以来，社会学家已经将社会与个人的相互关系问题归结为社会结构与行动者的行动的相互关系问题。由于大众媒介的推进，广告等流行文化在当代社会中具有广泛的渗透性，它典型性地成

---

① [德]列奥·洛文塔尔：《大众偶像的胜利》，赵江云、王佳译，见陶东风、周宪主编:《文化研究》，6辑，242页，桂林，广西师范大学出版社，2006。

为晚期资本主义社会中消费系统与消费者个体相互关系的重要场域。

二、求新欲望：消费主义的核心动力

大卫·奥格威说，在广告标题中可以使用的最有分量的两个词是“免费”和“新”。使用免费这个词的机会不多，但“新”总是可以用上的。在标题中发布一些新信息的广告效果非常好。任何非同寻常的东西——新的信息、新的创意、新广告语、新包装、新容器、新价格、新尺寸、新产品、新成分、新口味、新技术、老产品的一种新用途或老产品的改进——都能引起消费者的注意，并很可能使消费者对其感兴趣。

据说，哲学家狄德罗对自己的衣橱以及衣橱里的衣服并没有觉得有什么不好，可是有一天他有了一件新的睡袍时，他立刻觉得他的拖鞋似乎太破太旧，与衣服不配了，于是他便换了一双新的。可是这又使他感到他的裤子与之不配了，就这样他更换了他衣橱里所有的衣服。这就是“狄德罗统一律”。中兴百货有则广告文案可以看做“狄德罗统一律”的消费社会版：“新季节需要新恋情，新恋情需要新衣服，新衣服需要新裙子，新裙子需要新鞋子，新鞋子需要新背包，新背包需要新丝巾，新丝巾需要新耳环，新耳环需要新手表，新手表需要新香水。日光节约时间之前，春季折扣之始，我们必须要去逛街。”

推动现代消费主义的核心动力与这种“求新欲望”密切相关，从这一点来说，理解广告文化意味着去理解一种持续不断地创造着新奇事物并使其流行、引入和传播到社会各阶层的过程。正如柯林·坎贝尔所说，通常我们是在 3 种不同的意义上使用“新”这一概念的：“首先是作为新鲜的或新近创造的新(fresh or newly created)；其次是作为改良的或革新的新(improved or innovative)；第三是作为不熟悉的或新奇的新(unfamiliar or novel)。”①

在“新鲜”的意义上使用“新”这个词的时候，我们是将它与磨损的、用旧的或过时的等意义相对立。一般来说，消费者都熟悉新旧产品在这个意义上的差异，而大多数人很可能偏爱新东西。现代消费主义体现了一个普遍的假设，即消费者会在“新鲜”商品上花费其可支配的收入。但这无法解释居于现代消费主义核心的商品流通量为何异常之高，因为对新东西的渴望虽然有助于提高这些需求的水平，但它依然是一个建立在自然使用过程之上的购买模

---

① [英]柯林·坎贝尔：《求新的渴望——其在诸种时尚理论和现代消费主义当中表现出的特性和社会定位》，孟登迎译，见罗钢、王中忱主编：《消费文化读本》，272 页，北京，中国社会科学出版社，2003。

式，需求在根本上仍然依靠“磨损”的客观过程来创造替换的需求感。这样，衣服等物品都需要证明被“用旧”才有一个合理的替换它们的理由。

在“改良的或革新的”意义上，“新”更多地涉及效率和技术能力，而不是纯粹时间意义上的新。在这里，新东西体现了最新的科学和技术状态，对“改良”的产品的关注是现代消费主义的一个显著特色。在这个意义上，现代消费者会理所当然地认为，科技会产生一个连续发明和改良产品的流程，而对此的期待其实是启蒙运动进步信仰观的一部分。问题是，虽然科技进步为体现消费主义特征的消费需求的持续流通提供了重要源泉，但是这一事实从本质上能否充分解释现代消费主义现象的推动力。

“新”的第三种意义与新鲜的和改良的意义都无关，而是强调“新奇的”或“不熟悉的”。这里的对比主要是经验性的，而与前面所说的两种用法不同。实际上，新鲜性和改良都是产品的固有品质——新鲜性与产品已经被使用的程度有关，而改良与它能有效地满足特定需求的程度有关。相比之下，“新奇”更有可能成为个体基于先前经验所做的一个判断，在很大程度上与产品本身的特性无关。因此，对于新奇的判断会随着年龄和经验的变化出现重大变化，与各代人之间在趣味方面的显著差异密切相关。这层含义集中体现在现代时尚现象和流行体制当中，这种体制将一种受调控的新奇程度引入带有高度美学价值的商品之中，并认为它可以为现代消费主义提供比新鲜或革新都要大的核心动力。

可以断定，社会中这三类不同的求新者都推动了现代消费主义的发展，但是第三类偏爱新奇的消费者贡献了最强的动力。他们通常对陌生事物所提供的刺激赋予很高的评价，这在服装、室内陈设品、唱片、电影等方面表现得最为明显。除此之外，他们对新奇东西的狂热意味着，他们可能会对零售业中那些似乎给消费者提供了新体验的任何商业创新表现出狂热的回应。

然而，将呈现为新奇形式的新事物引入到社会中，通常会遭到激烈的反对，这是因为新奇性会被看做对既有道德规范的一种威胁。例如，比基尼、牛仔裤与华尔兹和摇滚乐，都曾被指控为是对道德规范的公开冒犯。所以，在新奇事物的合法化方面，非常需要某些具有对抗性的激进文化力量，这种文化力量不但攻击传统权威的基本原则，而且证明持续引入新奇事物的正当性。

20 世纪 60 年代的反主流文化运动是一个较生动的案例。作为一场自觉的运动，反主流文化运动的成员们往往以新时尚来反对传统的价值观，他们提出了个体自我表现和自我实现的核心原则，并且赋予直接经验、个性、创造力和快感等以特别的价值。这引发了对新奇事物的渴望，因为未被体验过的事物才有可能带来满足感。实际上，提供快感的刺激物源于个体想象的虚构情境所产生的情感影响，这可以被描述为白日梦的实践。在现代社会，由于自我观念的发展和大众传媒提供的想象性享乐，很多人都会产生白日梦情结，因此，许多广告都将它所传达的信息直接指向了这个隐蔽的内心世界，鼓励消费者去相信它所描绘的新奇产品确实可以使他们的美梦成真。

第三节　形象文化

一、广告形象：后现代主义的中心问题

(一)形象问题

1960年秋天，尼克松在总统竞选中失败。在他与肯尼迪的电视辩论中，观众看到的是脸色苍白、缺乏生气的尼克松，相反，肯尼迪却显得渊博、自信、能言善辩，表现出一个年轻精干的总统的力量。媒介史家艾里克·巴尔诺这样评论："第一次辩论对于尼克松是灾难性的。说了什么其实无关紧要，电视观众的注意力大都集中在年轻的肯尼迪所表现出的信心和机智的状态上……而尼克松看上去很憔悴，面部线条好像是一些划痕，有点吓人。"①形象不佳成为尼克松竞选失败的一个主要原因。

关于"形象"问题，詹姆逊在《后现代主义与文化理论》中有这样的描述："它不仅有哲学上的背景，而且现在已经发展出一整套对形象进行分析的方法，最终和社会学还有关系。在美国只要你和任何人交谈，最后就会碰到这样一个词，例如说某某的'形象'，里根总统的形象等，但这并不是说他长得什么样，不是物质性的，而是具有某种象征意味……形象具有某种象征性，并不完全等于物质意义上的形象。"②

鲍德里亚在《仿真与拟像》中提出形象的承递阶段如下："1. 它是对某种基本真实的反映。2. 它掩盖和篡改某种基本真实。3. 它掩盖某种基本真实

① ［美］吉妮·格拉汉姆·斯克特：《脱口秀：广播电视谈话节目的威力与影响》，苗棣译，208页，北京，新华出版社，1999。

② ［美］杰姆逊：《后现代主义与文化理论》，唐小兵译，209页，北京，北京大学出版社，1997。

的缺场。4. 它与任何真实都没有联系，它纯粹是自身的拟像。”[①]鲍德里亚意在说明，从历史发展的角度看，人类的形象创造显然经历了如下过程：从符号和现实的对应向符号与现实脱离并且毫无关联的方向发展。

人类社会在走向市场经济社会的过程中存在着一个普遍规律，即社会从实体化到媒介化的转型。因为符号中介的日益累加和大众传媒的日益发展，原本主要靠人们“亲历”的世界，正日益变成一个由传播媒介构成和被转述的世界。社会在整体上形成的这种媒介偏倚必然导致文化的形象化。在这里，文化产生了一个根本的转向，历史上的 4 种模式被冲破了：从本质回到现象、从深层回到表层、从真实回到非真实、从所指回到能指。

柏拉图曾一再表示对艺术的憎恶，他要从理想国中驱逐艺术家。柏拉图有很多理由，但其中一个最重要的原因就是——用今天的观点来说——柏拉图害怕艺术会成为类像，真正的现实反而因此而不复存在。他对艺术意识形态性的拒绝是因为他害怕类象，害怕现实的失去，一切都成为形象，都成为文本，没有指涉物，没有外在的客观世界。形象文化的特点印证了柏拉图所忧患的世界在今天已然来临，它彻底抛弃了符号与现实的对应关系，成为一种独立自主的绝对能指的游戏，用鲍德里亚的话来说就是，形象掩盖了基本现实的缺失，它不过是自己纯粹的仿象而已。

詹姆逊指出，后现代文化的一个突出特征就是形象取代语言成为文化转型的典型标志。“在后现代主义的文化里，形象也是有着同样的非真实化的效果。尽管它很忠实地复制出现实，但也正是在这种复制中，形象将现实抽掉了，非真实化了。换句话说，美国社会，作为一个充满形象的社会，是一个使人们感觉到现实缺乏的社会，在那里一切都是一种文本。现在人们感到的不是过去那种可怕的孤独和焦虑，而是一种没有根、浮于表面的感觉，没有真实感。这种感觉可以变得很恐怖，但也可以很舒适……”[②]他认为，应该将形象的这些性质与感知这一现象联系起来，特别是与广告和以电视为核心的信息社会联系起来。“电视出现后，代替收音机成了最基本的媒介，而且随着电视的出现，广告得到了爆炸性的发展。广告及广告形象这一问题就成

① [法]让·鲍德里亚：《仿真与拟像》，马海良译，见汪民安等主编：《后现代性的哲学话语——从福柯到赛义德》，333 页，杭州，浙江人民出版社，2000。

② [美]杰姆逊：《后现代主义与文化理论》，唐小兵译，208 页，北京，北京大学出版社，1997。

了我们所称的后现代主义的中心问题。”①

广告形象构置和宣扬了一种虚拟语境，即人类不是直接认识自身所处的感性世界，而是在两者之间插入虚拟语境，通过它来认识世界。商品物化的最后阶段是形象，商品拜物教的最后形态是将物转化为物的形象。在这种社会文化背景下，人们的消费心理也从商品消费转向形象消费。

例如，从2007年开始，路易·威登在原有时装广告的基础上增加了全新的核心价值广告系列。这些广告并不用于推销任何新产品，而是关于品牌形象和理念，即“旅行”。率先登上核心价值系列广告的是法国传奇影星凯瑟琳·德纳芙、苏联领导人戈尔巴乔夫以及网坛名将阿加西。其中最震撼人心的莫过于戈尔巴乔夫的那则广告。镜头中，戈尔巴乔夫开完会后，坐车经过柏林围墙，身旁放着LV旅行袋，他右手握住车门手柄，双眼望向车外，这张照片带有一些政治色彩，气氛深沉。这则广告的主题是“旅行让我们面对自己”。

广告创作汇集了对形象策划的最高技巧。在形象增生的时代，广告必须能够吸引消费者已经疲惫麻木的感知力，于是艺术的创新以最快的速度被运用于广告创意中，或者说，广告创意成为当代艺术的绝对命令。安迪·沃霍尔刚刚开始从业的时候，就是一个橱窗设计师和广告插图画家，当时他主要从事女士鞋的广告设计。他就形象问题说过一段很聪明的话，他说在一个乌托邦社会里，每个人都有可能成为15分钟的名人，也就是说名声也会成为民主化了的过程，从而可以解决形象的商品化这一难题。沃霍尔用丝网印法制作的著名形象，从玛丽莲·梦露到毛泽东，从可口可乐瓶子到坎贝尔汤罐头，被认为是我们时代最有意义的艺术作品。

(二)后现代广告

在后现代社会，复制、同质化已使许多商品越来越缺乏独特卖点，品牌的风格化、感觉化、印象化、情绪化创意表现在广告传播中势必流行。中兴百货的广告曾经给受众呈现出一种主体拜物意识，体现出“风格即创意”的张力，恰当地将“品牌即是感觉”做了风格化的后现代演绎。

例如，1997年中兴百货春装上市广告《书店篇》：“有了胸部之后，你还需要什么？脑袋！到服装店培养气质，到书店展示服装。”1998年秋装上市广告《服装就是一种高明的政治，政治就是一种高明的服装》：“衣服是性别。

① [美]杰姆逊：《后现代主义与文化理论》，唐小兵译，159～160页，北京，北京大学出版社，1997。

衣服是空间。衣服是阶层。衣服是权力。衣服是表演。衣服是手段。衣服是展现。衣服就是一种高明的政治，政治就是一种高明的服装。”这些广告所传播的并不是完整的商品信息，而是体现出模糊性、间断性、多元开放、异端、散漫性、反叛、变形等“不确定性”因素，体现出对一切秩序和构成进行消解的后现代精神，使广告处于一种动荡的否定和怀疑之中，在根本上抛弃了逻辑叙事而展现出令人眼花缭乱的关联偏差的可能性。这种可能性的表现风格、情境、画面与广告主题松散相连，使广告成为消费者主体不确定意识的张扬。

如此，风格既成为中兴百货广告的重要表现形式，又成为其创意的出发点和归宿，体现出惊人的一致性。其特征主要是人物、构图、符号的场景化和仪式化。例如，《踩高跷篇》中一群踩着高跷戴着京剧脸谱的人在镜头前疾走，配合缠绕红毛线的单调动作，表现“寻找中国流行的自我”的意象。《秋柿篇》中，一名穿丝绸上衣的东方女子，打开一个老祖母时代的旧式木柜，柜子里跳出一片抢眼的橙色——满柜子的秋柿，幽幽的音乐及昏黄灯光营造出暖暖秋意。这些广告常刻意营造跳脱现实的距离感，广告里的人都像是着迷于某些事物，而表现出仪式性的行为。《折衣篇》中一群人集体折衣的重复动作，呈现出剧场的表演风格。服饰华丽、表情冷漠、肢体语言优雅、环境舞台化、表演群体化和模特化，画面常具有行为艺术式的冲击力和非现实的梦境式的迷离美感，成为喧哗的、炫耀的、释放消费欲望和快感的时尚表演仪式。

并非所有的后现代广告都是有意在风格和形式上进行反叛和颠覆，只是其创意表现呈现出值得肯定的后现代主义批判否定精神和异质多样的文化意向。后现代广告的概念有点像杂货箱，其表现方式的命名也独出心裁，包括拙劣作品、模仿作品、挪用作品、回收作品和第二层寓意作品等。

后现代广告越来越成为一种个人化的东西。从全球范围内广告发展的趋势来看，广告的诉求对象一直在由大众向小众转变，由此而产生的现象之一就是广告越来越难以理解。在广告上，从理性诉求到感性诉求是一个质的飞跃，个性化诉求在此基础上又向前迈进了一步。而现在，个性化诉求正在被个人化诉求所代替。

虽然有些广告带有戏谑及调侃的情绪，但更让人看到一丝哲学意义上的个人主义痕迹。它肯定人性中本来的东西，或者认为存在的即为合理——哪怕从人的心理层面讲亦复如是。在这里，颓废、厌世、玩世不恭、同性恋都被视为个人化而成为诉求的内容。

1999年，索尼playstation在欧洲推出广告，其品牌形象“菲菲”梳着两条辫子，长着三角形的脸和猫一样的眼睛，坐在暗淡的霓虹灯下，发出一种金属般的声音。她承认自己对“人类伟大的进步”缺乏兴趣，却宣称：“我玩，故我在。”笛卡儿和萨特的结合，反射出个人主义至上的辉煌以及宇宙万物只此为大的唯我意识。

在解构性和颠覆性上，有些广告走得更远。例如，香港Sunday电讯的广告《气象报告篇》——“Feels Like Sunday”(感觉就像星期天)，简单的想法、简单的执行，它打破了一般企业形象广告的伟大与沉重(如20世纪90年代“太阳神”的企业形象广告)，打破一般营造Sunday的气氛，而用每天电视上都看得到的气象报告的形式来表现。哪有气象报告都是天高气爽、阳光普照的？即使是闷死人的多云天、闪电天、风雨天……都可能创造出不一样的惊喜，或是美好的“星期天”。Sunday电讯就是这样一个“远在天边”的品牌。

歌德的打油诗说，制造同一顶帽子容易，但找一个相同的头难，后现代广告就像这顶帽子本身，不要头了；一个墨西哥诗人的诗作说，一个人在街上走，老感到自己的影子在追他，他越走越快，但最后，影子追上他，回过头说，“没人”，后现代广告就是这样一个影子，不要人了。后现代主义偏重视觉形象的美学特征为广告创作开辟了更为广阔的表现空间，广告就应该让形象本身说话，因此，消费社会才会偏重视觉与图像文化。

二、拟像—拟真：致命的策略

(一)拟像理论

拟像(Simulacra，又译类、仿像等)，是鲍德里亚用以分析后现代社会和消费文化的一个关键词。简单地说，拟像是指后现代社会大量复制、极度真实而又没有本源、没有所指、没有根基的图像、形象或符号。在鲍德里亚看来，随着消费社会的到来和大众传播媒介的急剧膨胀，西方社会和文化从总体上进入后现代时期。拟像这一术语从根本上颠覆并重新定义了人们传统的“真实”观念，深刻把握了当代文化精确复制、逼真模拟客观真实并进行大批量生产的高技术特征，并由此深入剖析了后现代社会的文化逻辑。

从柏拉图开始，无论在视觉艺术的理论还是实践中，拟像就已是一个重要的概念。在20世纪的进程中，作为技术和经济发展的结果，拟像赢得了新的共鸣。机械复制的繁荣与虚拟世界的电子生产，使得本来就复杂的现实与模仿的关系变得更成问题了。鲍德里亚创建“拟像理论”的主旨，就在于要从历史序列的角度，为后现代文化设定一个坐标系。在《象征交换与死亡》一书中，鲍德里亚提出了“拟像三序列”的说法。他认为，拟像的三个序列与价值规律的突变相匹配，自文艺复兴时代以来依次递进：仿造是从文艺复兴到工业革命的“古典”时期的主导模式；生产是工业时代的主导模式；仿真是被代码所主宰的当前时代的主导模式。

第一序列的拟像遵循“自然价值规律”。例如，在工业革命之前，艺术品的仿制只能通过手工制造的方式来完成。临摹一幅画，这是并不破坏自然规律的模仿，这种“仿造”只能在原作之外增加“赝品”。那个时代的形象的复制只能如此。任何被复制的客体都被看做独一无二的原件的仿造品，与这种复制的形式相对应的观点是，在假象和现实之间、在客体和它们的能指之间存在着可觉察的差异。

第二阶段的拟像遵循“市场价值规律”。工业革命之后，艺术形象的复制可以采用机械制造的方式，如古典主义的名画可以通过印刷术来翻制，这也是本雅明所说的“机械复制时代”的艺术生产方式，市场规律在其中起调控作用。在这里，鲍德里亚遵循本雅明的观点，将机械复制的技术看作这个新的生产时代的一种媒介、形式和原则。这种原则转变了产品的地位。产品不再被看成一个原件的复制品，而是被看成由更多相同客体构成的系列中的等同成分。这种客体和符号之间的关系不再是原件同仿造品之间的关系，而是等同物之间的关系。本雅明提出了一个著名的观点，即资本主义的生产已经破坏了艺术品的“韵味”，在电影和摄影时代，谈论原版没有多少意义，因为这可以不断地被复制。

第三阶段的拟像遵循的则是“结构价值规律”。仿真是拟像当前的秩序，数字性是这一新形态的形而上学原则，这是由 0 和 1 的二进制系统所决定的。这种模式的典型就是电脑读取的数字代码，数字代码将所有现实都转换成 0 和 1 之间的一种二元对立。在仿真阶段，客体并不仅仅是通过机械复制技术被复制的，它们本来就因为其可复制性被生产出来，新的媒介技术不是在复制真品，而是生产真品。“仿真”与“模仿”相对，指的是一种不以客观现实为基础但又极度真实的符号生产和行为过程，而拟像则是其物化成果，指的是“仿真”行为所产生的那些极度真实但没有本源、没有所指、没有根基的幻象。

在《邪恶的透明性》一书中，鲍德里亚说第四个拟像体系出现了。与先前价值的自然阶段(使用价值)、价值的市场阶段(交换价值)和价值的结构阶段(符号价值)不同，这是一个新的价值阶段，即“价值的碎形阶段”。这个体系具有类似细胞分裂那样的性质，可以以病毒或“癌细胞转移”那样的速度发展。它所描述的系统或模式倾向已经取代了现实，并在其自身的内在逻辑范围内无限扩展，但这种发展的结果经常混乱不堪、无法预料。

鲍德里亚运用细胞分裂这个比喻说明，文化也是无限可分的，它可以像癌细胞一样不断分裂再生，从特殊走向普遍，从稳定走向不稳定，这种发展过程充满随意性，其结果不仅可能会导致与系统预期目的完全相反的结果，而且组织原则也完全不同。这里不存在超然之物，甚或对这种超然之物的希望，存在的仅仅是永无止息的增生和扩散。所有的事物，从基因到艾滋病再到电视图像，都遵循着这种模式。从更为一般的角度来看，符码则正在像它现在抓住社会世界那样永无止息地增生、扩散。在这个阶段，我们正处在差异的终结点上，所有的事物都相互渗透。我们正处在超政治、超性别、超审美的时代。因此，所有的事物都是政治的、性的、审美的，结果也就没有什么事物是政治的、性的、审美的。这种存在于所有层次的相互渗透中的一种主要力量就是媒体以及更为一般的沟通。

鲍德里亚拟像序列的主要功能就是挑战传统意义上的层次划分，即认为“现实”比“现实的复制”更为根本和稳定。因为技术的发展不断表明，新的模仿方式对关于原创及原创性的传统观念构成了尖锐的质疑，使得拟像很难与现实区分开来，甚至比现实本身更加真实。

其实没有必要把这看作对现实的令人沮丧的否弃。事实上，思想史上就不曾存在一个完全不受质疑而被普遍信任的关于“现实”的定义。柏拉图关于现实和幻觉、原作和摹本之关系的理论，首先表明他知道现实的本质，并促使他去说服别人相信其知识的合法性。然而，假如现实如柏拉图所宣称的那样是一套纯粹而又永恒的理念，那么就没有必要在令人迷惑的仿像的威胁下来保护现实了。

同样，鲍德里亚的理论也一定不是尽头，未来的模仿技术将有可能彻底修正人们对于现实的理解，从而大大超出他的设想。鲍德里亚的拟像尽管是以幻觉的面目出现的，但他在《完美的罪行》中的警句“影像不再能让人想象现实，因为它就是现实。影像也不再能让人幻想实在的东西，因为它就是其虚拟的实在”①，已经逐渐被人们接受并变成日常生活的一部分。技术的发展日益将现实从传统的可靠性和确定性的观念中分离出来，这种状态无疑会持续下去。

---

① [法]让·博德里亚尔：《完美的罪行》，王为民译，8页，北京，商务印书馆，2000。

(二)超真实和内爆

在鲍德里亚看来，西方的全部信念似乎都押在所谓“表征”这一命题上，即一个符号可与一个深层的意义进行交换，而且这一交换是得到“上帝”的保证的。鲍德里亚的拟像理论告诉我们，如果当“上帝”也是可以模仿的时候，即当“上帝”也被降格为构成信念的符号的时候，那么整个语言系统就变得无足轻重了，它变成什么也不是——只是一个庞大的幻象。这样，它也就谈不上真实与否，因为它不再与“真实”发生交换，它只与它自身进行交换，在一个没有所指、没有边缘的循环体系中与它自身进行交换。鲍德里亚说这就是“仿真”，一种与“表征”相对的“仿真”。过去把符号等同于真实，这就有了“表征”，尽管这种等同本身是乌托邦式的——因为符号根本不等同于实在，但这一作为认识假设前提的“等同”，便成了意义交换之所以可能的最基本支撑。而“仿真”则是从乌托邦的等同再进一步发展而来的，发展到对一切所指都宣判了死刑的地步。在《仿真与拟像》一文中，鲍德里亚提出这样一个发展转变过程的4个承递阶段：

> 1. 它是对某种基本真实的反映。
> 2. 它掩盖和篡改某种基本真实。
> 3. 它掩盖某种基本真实的缺场。
> 4. 它与任何真实都没有联系，它纯粹是自身的拟像。①

这个过程与福柯在《词与物》中所描述的西方现代知识系统自文艺复兴以来的话语实践的发展逻辑基本一致，都是从相似模仿到表征再现，再到能指自涉的游戏，只不过所依凭的论据和描述的概念有所不同而已。其共同点都是强调符号的能指与所指从对应到脱节的过程，强调符号与现实的脱离。此时的真实不再单纯是一些现成之物(如风景或海洋)，而是人为地生产(或再生产)出来的“真实”(如模拟环境)，它不是变得不真实或荒诞，而是变得“比真实更真实”；“拟像”由此而建构了所谓的“超真实”。

> 今天的抽象之物不再是地图、副本、镜子或概念了。仿真的对象也不再是国土、指涉物或某种物质。现在是用模型生成一种没有本源或现实的真实：超真实。国土不再先于地图，已经没有国土，所以是地图先

① [法]让·鲍德里亚：《仿真与拟像》，马海良译，见汪民安等主编：《后现代性的哲学话语——从福柯到赛义德》，333页，杭州，浙江人民出版社，2000。

于国土，亦即拟象在先，地图生成国土。如果今天重述那个寓言，就是国土的碎片在地图上慢慢腐烂了。遗迹斑斑的是国土，而不是地图，在沙漠里的不是帝国的遗墟，而是我们自己的遗墟。真实自身的沙漠。①

当代的拟像就是这样一种“超真实”。它已经不是某个地方和描述它的地图之间的关系，不再是原本和副本的关系，不再是实物和镜中物之间的关系，也不再是对象和它的概念之间的关系。

在拟像社会中，模型和符号构造着经验结构，并销蚀了模型与真实之间的差别。借用麦克卢汉的“内爆”概念，鲍德里亚宣称，在后现代世界里，拟像或形象与真实之间的界限已经内爆，人们从前对“真实”的那种体验以及真实的基础也均告消失。

对鲍德里亚而言，超真实是一种以模型取代了真实的状态。例如，妇女杂志或生活杂志中鼓吹的理想居家；性生活手册中描绘的理想性模式；广告或时尚电视剧中宣传的理想服饰等。在这些例子中，模型取代了真实的决定因素。超真实与日常生活之间的界限被夷平了。

在后现代的媒体场景中，信息与娱乐、影像与政治之间的界限也均告内爆，电视新闻和纪实节目越来越多地采用了娱乐的形式，其结果是出现了一种被称为“娱讯”的东西。在这种娱讯中，信息与消遣娱乐之间的界限消失了。同样的内爆也发生于政治与娱乐之间，这在政治竞选中非常明显，在这些竞选中，形象比实质性的东西更为重要，政治竞选越来越依赖于媒体顾问、公共关系专家以及民意测验者，他们将政治竞选转变成了形象的竞争或符号的斗争。

以往，西方工业社会的特征是“外爆”，它表现为商品生产、科学技术、国家疆界、资本等的不断向外扩张以及社会领域、话语和价值的不断分化。因此，现代性的“外爆”包括新技术的迅速涌现、产品的不断分化以及商品和服务的持续增加；而“内爆”概念则成为鲍德里亚后现代社会理论中的关键词。

鲍德里亚的内爆理论所描绘的是一种导致各种界限崩溃的社会熵增加过程，包括意义内爆在媒体之中，媒体和社会内爆在大众之中。他认为媒介、仿真、超真实和内爆终将抹去私人和公众、内部和外部、媒介和现实的区别。从此以后，在客体的世界中，一切都变成了公众的、透明的、狂热的和

---

① [法]让·鲍德里亚：《仿真与拟像》，马海良译，见汪民安等主编：《后现代性的哲学话语——从福柯到赛义德》，329页，杭州，浙江人民出版社，2000。

超真实的，而随着时间的推移，这个客体世界正在获取着魅力和诱惑力。

(三)拟像主体和场地美学

在《致命的策略》一书中，鲍德里亚宣称客体对于主体的胜利。表征性主体的时代已经过去了，人们理解世界时，再也不能以为康德的时间、空间、因果律等范畴是通向真理的必要的普遍途径了。鲍德里亚以此暗示，主体已不再提供一个理解现实的制高点了，这个特权位置已经转向客体，尤其是超真实的客体、仿真的客体。鲍德里亚提出客体的逻辑以便取代主体的逻辑，这便是他的"致命策略"。在这个世界中，主体性已经分裂并消失了，一个新的经验领域出现了。主体，这个现代哲学的宠儿，就在鲍德里亚形而上学的设想和客体的胜利中被打败了。客体就是主体的致命所在，而鲍德里亚的"致命的策略"就是一种对于仿真策略和客体诡计的表达。

在"平庸的策略"中，主体相信自身总是比客体要更为聪明，更为专横和高等；而在"致命的策略"中，客体总是被认为比主体更为精明，更为愤世嫉俗，更为杰出和高等。考虑到客体不断增长的至上地位，鲍德里亚想要让我们放弃主体，站在客体的一边。

道格拉斯·凯尔纳评论说："除了荒诞玄学之外，看起来鲍德里亚正在努力，想通过完全走向另一端，以终结自笛卡儿时代以来就一直控制着法国思想的主体性哲学。笛卡儿的邪恶禀赋，即他的罪恶天分，就是主体的诡计，它想引诱他接受不清晰的东西，但是它也是笛卡儿最后能够战胜的。鲍德里亚的罪恶天分就是客体本身，这个客体比笛卡儿所面对的主体的仅仅认识论上的幻象更为邪恶，这个客体也为我们构成了要求主体性哲学终结的致命天数。从此以后，按鲍德里亚的看法，我们就生活在客体统治的时代中。"①

主体在拟像和超真实中被解构，鲍德里亚由此表达的不过是主体在消费社会、媒介景观以及后现代文化中的新境遇。由文字阅读转向图像阅览，势必要求主体相应地发生改变。如果与文字和印刷文化相对应的是理性的、工具性的主体，那么与拟像和电子媒介文化相对应的则是一个感性的、流动性的主体。如果前者是现代性主体，那么后者就是后现代性主体。

鲍德里亚的拟像理论将图像与符号的后现代指向发挥至极端，因而"拟像主体"将可能是纯粹的或者最大程度上是后现代性的。这个主体不再是传

① [美]道格拉斯·凯尔纳编：《波德里亚：批判性的读本》，陈维振等译，23页，南京，江苏人民出版社，2005。

统认识论哲学意义上的自由自觉的主体，不再是“纯粹理性”或“先验自我”，在这个意义上，“人”正在接近其终点，“人”已成为“最后的人”。就像福柯在《词与物》的结尾处所说：人将像海边画在沙滩上的面孔那样被抹去。这种取代“人”而成为新知识原则的东西就是语言、媒介、拟像等客体系统。

福柯所表达的其实是新信息方式中主体的迷茫。在电子媒介中，主体是漂浮着的，悬置于客观性的种种不同位置之间。不同的构型使主体随着偶然情境的不确定而相应地被一再重新构建。这就是后结构主义的拟像主体，即在交往行动和交往结构中被构成的。语言构型中的变化改变着主体将符号转化为意义的方式，因而当语言从口传到印刷再到电子的交流方式转变时，主体与世界的关系也被重新构型了。

拟像主体已不再居于绝对时空的某一点，不再享有物质世界中某个固定的制高点，再也不能从这一制高点对诸多可能性进行理性的推算。相反，拟像主体因数据库而被多重化，被数字化的信息传递及意义协商所消散，被电视广告去语境化，并被重新指定身份，在符号的电子化传输中被持续分解和物质化。电子媒介文化颠覆了笛卡儿式主体对世界的期待，拟像主体因而是离散的、拜物的、去中心化的主体。

特别是传播媒介的网络化使人们的中心身份模糊化，发送者和接收者、生产者和消费者、统治者和被统治者之间的绝对界限已不复存在，个体的中心主体地位受到削弱。但这也意味着个体选择的多元化，只有绝对的中心消解掉了，边缘才有自由和空间。在走向数字媒体文化时代的过程中，尽管稳定的主体身份逐渐模糊不清，但同时也留下了无穷的阐释空间。

去中心化的拟像主体在本质上是后现代文化的产物，在消费实践中则主导了消费者“后现代自我”的个性意识。后现代主义在以下两方面对个性产生影响：共同价值体系的忠诚度下降；自我概念的细分与分化。其后果是，后现代消费者可以在诸多个性中自由选择，可以在任意时刻、任意情境成为自己想要成为的人，而不必在意所谓的持久承诺。现代自我由工作、传统界定，而后现代自我却是一个持续不断进行的消费工程。从这个意义上可以说，后现代自我是乐观主义的产物，因为它暗示着在众多文化中，每个人都能任意选择。

以前的商品行销是“读本”，现在的商品行销是“写本”。以前的品牌是“确义”，现在的品牌是“敞义”。什么是“写本”？就像现在的网络超文本与开放程式码，在创作的开放未完成中，每一个读者都是作家，每一个消费者都是生产者。什么是"敞义"？当确切的意义开始悬置，当表意的过程变得迟钝，当意符与意指开始漂流离散，所有精敏微妙的无意识却因松动而张狂。二十一世纪的商品资本主义，不再是意义的直接呈现，而是表面质感的感性联结；不再是符号的表意系统，而是不明就里的动情力撞击，看了就神魂颠倒，听到了就牵肠挂肚，碰到了就眠思梦想。这种情感链接的样态，飘散悬浮，迷离恍惚。①

消费文化确实为消费者提供了很多尝试不同性格的机会，但是按照阿多诺的看法，这只不过是"类型化"，因为广告和传媒并没有提供量身定做的产品，消费者进入文化工业就成为消费符号。这类批评总的论调就是，消费文化与资本合谋形成文化霸权，在遮蔽弱势群体的同时一笔勾销了人的自由发展空间。但是，这种精英立场实在是小看了大众的能动与品位。市场调查表明，每年市场上大约百分之八十的新产品因为吸引不到足够的消费者而滞留在商场里，可能这说明不了别的，至少消费者的自由个性和趣味，就足够商家苦心钻研了。

保罗·威利斯曾经提出一个观点，认为在日常消费文化中，可以发现一种"场地美学"，从而呈现出一种创造性来。消费者选择再选择，选择的过程就见出了意义，而此一意义是能动的意义，它诉诸情感，也诉诸认知，从而为美学提供了"场地"。所以场地美学也是普通人用文化来认知世界的过程，人们在这里体悟到了把握世界的快感，即便程度微不足道。场地美学在消费的感觉、情感和认知活动中表达价值观念，这意味着创造力不只是见于生产，同样也见于消费。

这里的"信息"不是发送和接收的问题，而是"发送"被"制造"取而代之。因此，在传统审美活动中可能是毫无价值的文本和对象，在场地美学中完全可以显示出巨大的文化审美内涵。因为人们是把鲜活的自我带进了商品的消费，通过消费来显示或象征其自我概念，消费行为成为身份转换过程中自我概念转变的佐证。所以，消费文化实际上也是文化的解放，至少它可以使普通人彰显个性自由，而不再永远给派定在被教育、被启蒙的位置上，尽管对于大多数人来说，它可能不是最好的文化解放路径。

后现代性的图像文化与拟像消费是大众传媒与消费主义发展的必然结果，但是拟像主体并没有被媒介的超真实所操纵，它不过是媒介方式的特殊反映，与印刷文化建构出一个有稳固身份的主体的道理一样，电子与数字媒

① 张小虹：《身体褶学》，169～170页，上海，上海文化出版社，2012。

体则建构了一个流动的、离散的、多重的主体。随着消费主义的发展，拟像主体变得具象而生动起来，因为相对于主体的"他者"形象是如此丰富和庞杂，以至于关于主体的建构有了无数的参照系。"主体"永远无法通过自身独自确立，没有他者就没有自我，没有客体也无所谓主体。由于消费者既被建构为客体又被建构为主体，既是物又是上帝，于是便面临着主体位置的不稳定性与无实质性，即拟像主体的后现代性。如果把鲍德里亚的拟像、内爆和超真实的范畴合并在一起，就是一个"完美地"后现代状况。

"完美"并不是说一切都是好的、善的，而是说，能被发展起来的都被发展起来了。按照鲍德里亚的说法，我们目前进入了一种事物的后纵欲状态，在一切都已解放、一切都有可能发生、乌托邦已经实现、一切事物都能够而且已经被做过了的情况下，我们唯一能够做的就是去拼装我们文化的碎片，并将之推至极限，推至超出从前界限的超终极目的地。从这个角度说，后现代拟像主体的问题不是源于"压抑"或"缺憾"，而是源于"自由"和"多元"。

三、浅之深：表面游戏中的诱惑

(一)表层思维方式

在王尔德的唯美主义理论中可以发现今天后现代主义者所谓的"表层思维方式"，即强调人与物的外观、多样性、不确定性、空洞性、非中心化等，从而对传统人文主义思想体系中强调本质、内容、整体性、固定性等"深度思维"方式提出挑战。对于唯美主义者来说，表面如深层一样生动有力。有关深层的理念是令人困惑和蛊惑性的，事物的底蕴中并不存在人的本质，自由存在于事物表面，而欲望在这个大镜子表面驰骋——这就是当代审美立场的中心论点，在过去一百多年里，这一观点曾有过不同的典型形式(波德莱尔、王尔德、杜尚、凯奇等)。

例如，安迪·沃霍尔说："我这样看每样事，事情的表面，一种心灵的盲人点字法，我只是将我的手放在事物的表面上。"①一把汤匙、一只杯子、一条内裤、一个包装盒……他使每分钟的琐屑与念头值得一顾、值得一写，一如他使世界同意。在访谈中，沃霍尔说："如果你想知道关于安迪·沃霍尔的一切，只要看表面：我的绘画、电影和我，我就在那里。没有什么隐藏

① [美]肯尼思·戈德史密斯编：《我将是你的镜子：安迪·沃霍尔访谈精选》，任云莲译，148页，北京，生活·读书·新知三联书店，2007。

在那后面。”①

卡尔维诺在《给下一轮太平盛世的备忘录》中有一篇谈到“小说的深度在哪里”时说，深度是隐藏的，深度藏在文字的表面，藏在结构和文字的描述中。侯孝贤和朱天文在拍一则汽车广告时，就把这个观点用在广告里了，它为广告提供了一个构思。当时广告主的要求是想给观众看一部锯开来的车子，他们把一部车子切开，就像切西瓜一样。切开车子当然可以，但“说法”应该是什么？借用卡尔维诺的观点，广告文案说：“深度在哪里？深度是隐藏的。隐藏在哪里？就隐藏在表面。”

鲍德里亚在《论诱惑》一书中有个标题叫“表面的深渊”。意思是，看起来是表层的嬉戏，实质上却是无底的奴役深渊，也是表里颠倒的辩证法。在他看来，今天后现代语境中的诱惑的高明之处就在于它深刻的双重反对。

一是自觉拒斥精神分析学式的关于显性话语和隐性话语的区分，这恐怕是从爱利亚学派开始的整个西方形而上学的“决心”，这里有“表相/存在”(爱利亚学派)、“分有者/理念”(柏拉图)、“现世/上帝之城”(基督教)、“经验此岸/自在之物”(休谟—康德)、“现象/观念本质”(黑格尔)，其中，除了休谟和康德的“/”真是一种阻断式的关系以外，其他均是从外部凸状表相揭露阴凹本质的主体逻辑“决心”。

二是“反对阐释”，“阐释则打碎了外表和显性话语的游戏，通过与隐性话语重建关系而释放意义”②。阐释就是启蒙话语，它总是通过理性之光，将不能理解的东西变成可以理解，将阴凹之处被遮蔽的东西变成可以直接把捉的被照亮的东西，从而把隐匿的秘密解放出来。可是，阐释在解蔽中总是“忽视和忘却外表”的意义，当本质和真理被解蔽和解放出来后，外表和现象总是被遗弃在思想的荒郊野地。

与现代性的显性/隐性分割不同，与着力捕捉本质的阐释不同，“在诱惑中则相反，可以说显现物和话语处在最为‘表层’的东西中，这种表层物会转向(有意识或无意识的)深层安排，以便废除这个话语，或用外表的魅力和陷阱替代它”③。正是基于这种逻辑，后现代的诱惑话语才会自觉地删除区分显

---

① [美]肯尼思·戈德史密斯编：《我将是你的镜子：安迪·沃霍尔访谈精选》，任云莛译，150页，北京，生活·读书·新知三联书店，2007。

② [法]让·波德里亚：《论诱惑》，张新木译，81页，南京，南京大学出版社，2011。

③ [法]让·波德里亚：《论诱惑》，张新木译，81页，南京，南京大学出版社，2011。

性话语和隐性话语的"/"，反对一切意义上的本质主义，让隐性话语"无效"，恰恰以"外表的魅力和陷阱来代替隐性话语"，即德里达所要消除的用"/"建构出来的一切等级(理性/感性、男性/女性等)，这也是詹姆逊所说的后现代式的无深度和平面性。

> 所有的外表都联合起来与意义作斗争，以铲除有意或无意的意义，将它逆转到一种游戏中，逆转到另一个任意的游戏规则上，逆转到一个无法抓住的礼仪上，这个礼仪将更具有冒险性，比意义的指导路线更为诱人。话语所要对抗的东西倒不是某个无意识的秘密，而是话语本身、外表的表面深渊；而如果要战胜某样东西，那倒不是意义或反义的幻影和沉重幻觉，而应该是无意义的光辉表面，还有该表面使之可能的所有游戏。①

自文艺复兴以来的一切都已经腐烂，在过度的表象之中，无意义的戏仿和反讽成为一切。"无意义"正是今天后现代资本散发出巨大诱惑力的秘密。吉尔·利波维茨基举例说，"生活离不开爱情和'基尼'"，这句广告语什么也没有表达，它甚至也不是在自我吹捧，它是一种介于传递信息与"无意义"之间的幽默方式。

在拉康那里，人类本体存在中的空无是一个"丑闻"，然而在今天，"只有空白的符号，荒唐的、荒谬的、省略的、无参照的符号在吸收我们"②。为了说明这个观点，鲍德里亚讲了一个故事：有个小男孩要求仙女给他想要的东西，仙女答应了，但提出一个并没有实际意义的条件，就是永远也不要想到狐狸尾巴的红颜色。小男孩觉得这肯定没有问题，便高高兴兴地走了。但是最后，小男孩无法摆脱那个他以为已经忘却了的狐狸尾巴。那没有任何意义的红色尾巴的形象到处出现，在脑海里，在睡梦里。鲍德里亚说，这个故事凸显了无意义能指的威力和荒唐能指的巨大诱惑。

(二)诱惑的反转

广告里所描述的"傻瓜"，并不是那种算不清加减法的傻瓜，而是做一切你想做的并且做了会开心的事情。不要在乎世俗的眼光，只要活在自己的世

---

① [法]让·波德里亚：《论诱惑》，张新木译，83页，南京，南京大学出版社，2011。

② [法]让·波德里亚：《论诱惑》，张新木译，112页，南京，南京大学出版社，2011。

界里享受这种率性而为就好。迪塞尔的"Be Stupid"是一种立场，它是个人头脑中正视"无聊"的实践，需要足够的勇气，如果你真能豁出去，就会发现别有洞天。傻瓜哲学也是一种趣味。迪塞尔的广告更多地关注事物是否"有趣"，而非它是否"有价值"。完全从有趣与否的角度来考察事物，也就是采取了一种纯审美的视角，这种审美的观察只看外表，判断标准就是有趣或是无聊。

无聊是个人意义缺失的结果，而这在很大程度上可以归因于一切事物与行为都以完全"符码化"的形式出现。正如里尔克在《杜伊诺哀歌》的第一首中写到的，在一个经过了诠释的世界里，我们并非理所当然地感到完全舒适。人构成了世界，可以积极地去组建自己的生活，然而，当所有事物都已被完全符码化，组建世界的积极行为就会变得徒有虚名，我们与世界之间的关系也丧失了张力。

迪塞尔的傻瓜哲学就是对这种张力的重建，它号召人们以"勇敢做傻事"来对抗已经被完全符码化的世界秩序。它的广告画面就是一场场超越界限的运动：有时候，人生就是要有些"疯狂"的事情，这样的人生才更值得回忆；有傻瓜精神，哪里都是游乐场，就算骑着脚踏车，也是最拉风的敞篷座驾；智者愁眉不展，傻瓜嬉笑欢颜；灵感就在随处可见的生活里，做个会生活的傻子，还是活在套子里的人，由你决定；没有计划的人生，更多精彩。迪塞尔广告就是这样以"无意义"的荒唐能指颠覆既有的符码化秩序，以傻瓜精神冲锋陷阵。

在《论诱惑》中，鲍德里亚指出："用虚空去吸引是诱惑的看家本领，这从来就不是符号的积累，也非欲望的信息，而是符号吸收中秘传的默契。"①就像齐泽克所指出的当代资本主义存在的标识，今天现实世界中一切真正具有吸引力的东西恰恰在于它存在的支撑点的消失，如无咖啡因的咖啡和健怡可乐。

鲍德里亚说，今天的诱惑是直接反转的，这种反转性是由它所暗示的质疑以及它所吸收的秘密构成的。这里的"反转式的逻辑"即批判、否定和解构，打倒一切，"怎么都行"，后现代话语往往在否定一切中吸收某种虚无性的秘密，可这种内里空无的秘密却是它成功引诱人的魅力。因为空白，这个

① [法]让·波德里亚：《论诱惑》，张新木译，118页，南京，南京大学出版社，2011。

"由任何符号之火的回归在任何点上开挖的不在场"①会突然形成诱惑的无限魅力。什么都没有，你拒绝什么？反抗什么？由此，一切都是诱惑，一切都不过是诱惑。

① [法]让·波德里亚：《论诱惑》，张新木译，127页，南京，南京大学出版社，2011。

第八章　广告的形式美学

> 德国的古典美学家康德、席勒、黑格尔都认为心灵中美学这一部分以及审美经验是拒绝商品化的；康德将人类活动分为三类：实际的、认识论的和美学的；对康德以及其后很多美学家甚至象征主义诗人来说，美、艺术的最大长处，就在于其不属于任何商业(实际的)和科学(认识论的)领域，这里的科学知识是从不好的角度来理解的。而这一切在后现代主义中都结束了。在后现代主义中，由于广告，由于形象文化，无意识以及美学领域完全渗透了资本和资本的逻辑。商品化的形式在文化、艺术、无意识等等领域无处不在，正是在这一意义上我们处在一个新的历史阶段，而且文化也就有了不同的含义。①
>
> ——詹姆逊

从“第二次世界大战”结束到20世纪60年代末，在近20年的时间里，经济活动与其他社会活动之间联系的密切程度大大提高，特别是资本与艺术之间的融合非常明显，其直接后果是艺术与日常生活之间、高雅文化与大众通俗文化之间以及先锋与媚俗之间的界限逐渐淡化甚至消失，这也为日常生活的审美化以及消费体验的后现代性提供了条件。这是一个“双向”的过程。首先，艺术已经转移到了工业设计、广告和相关的符号与影像的生产工业之中。其次，在达达主义和超现实主义形式以及20世纪60年代出现的后现代主义艺术中，有一种内在的先锋式的动力，它试图表明，任何日常生活用品都可能以审美的方式来呈现。许多艺术家已经放弃了他们对高雅文化和先锋艺术的信奉，转而对消费文化和媚俗艺术采取日益开放的态度。

从苏珊·桑塔格关于新感受力的论述中，可以发现反叛的先锋派已运用了大量直接借用于媚俗艺术的技巧和要素，这也许是促成奇怪的“坎普”出现的主要原因。在反讽式行家鉴赏力的伪装下，这种坎普感受力可以自在地沉溺于由最糟糕的媚俗艺术提供的愉悦中。坎普把“坏趣味”作为一种很高的修养来培养，仿佛经自觉认可和追求得来的坏趣味可以使它本身失灵，并变成截然相反的东西。唯其糟糕所以美——这是桑塔格关于坎普的暗示，所以至

---

① ［美］杰姆逊：《后现代主义与文化理论》，唐小兵译，161～162页，北京，北京大学出版社，1997。

少从表面看，坎普常常难于同媚俗艺术区别开来。就像马泰·卡林内斯库在《现代性的五副面孔》一书中指出的："如果先锋派和坎普时尚可以求助于那些显然同最确定无疑的媚俗艺术相联系的形式与技巧，媚俗艺术反过来也可以通过模仿先锋主义的外表而获益。当然，媚俗艺术家模仿先锋派只到一定程度，在这一程度内，先锋派的非常规性被证明是成功的，是被广泛接受甚至立为范型的。"①

第一节 先锋与媚俗的联姻

一、向着联姻前进：先锋派与媚俗派

(一)先锋派的内在矛盾

早期现代主义艺术家素有"先锋派"(也译作"前卫")之称，这意味着他们走在艺术和社会进步的最前端。"先锋"这个词最早是作为军事用语出现的，19 世纪 20 年代以后，由圣西门主义者转用于政治领域，喻指带领社会大众往前走的政治活动家。19 世纪 60 年代，波德莱尔使用"先锋文人"的说法，开始把"先锋"的标签引入文学领域。直到 20 世纪初，"先锋"一词才在艺术评论界比较确认地通用。

"先锋派"一般是指"第一次世界大战"前后的野兽主义、立体主义、未来主义、达达主义和超现实主义等，这场声势浩大的先锋派艺术运动在"第二次世界大战"爆发后逐渐宣告结束。但是先锋派新新不已的逻辑仍然支配着现代主义艺术，先锋精神一直在延续。作为一个艺术概念，先锋派已经变得足够宽泛，对过去的拒斥和对新事物的崇拜决定了其美学纲领，由于能够将所有反传统的"美学极端主义"归入其范畴，先锋派成为 20 世纪文学艺术批评中的一个重要术语。

作为一个文化概念，先锋派的"内在矛盾"是波德莱尔在 19 世纪 60 年代就已经觉察到的。他在笔记中明确表达了对于"文学先锋派"的极度蔑视，这主要是因为他感受到了先锋派所带有的矛盾：不遵从主义被还原成一种军事纪律，或者更糟，被还原成一种畜群式的服从。波德莱尔对于先锋派的评说有一种强烈的讥讽性质："论法国人对于军事隐喻的热烈偏好。在这个国家每个隐喻都长有八字须。文学的军事学派，驻守堡垒，高举旗帜……更多的

① [美]马泰·卡林内斯库：《现代性的五副面孔》，顾爱彬、李瑞华译，248～249页，北京，商务印书馆，2002。

军事隐喻：战斗的诗人、先锋派文学家。这种喜好军事隐喻的弱点是一些人的标志，这些人自己并非军事家，却是为纪律而生的——也就是说，是为服从而生的——这些人天生驯顺，这些只能穿着军装思考的比利时种马。”①在波德莱尔看来，正是因为先锋派全面的不遵从主义滋生了一种新型的服从，虽然这种新型服从是捣毁偶像式的。

正是波德莱尔所分析的先锋派的这种内在矛盾，导致了“第二次世界大战”后先锋派艺术出乎意料地在公众中取得广泛成功，先锋派概念本身也相应地变成一个被广泛使用的广告标语。长期以来先锋派有限的声名完全是靠触犯众怒而获得的，转眼间它却变成 20 世纪 50 年代和 60 年代最重要的文化神话之一。它的唐突冒犯和出言不逊现在只是被认为有趣，它启示般的呼号则变成了惬意而无害的陈词滥调。有讽刺意味的是，先锋派发现自己在一种出乎意料的巨大成功中走向失败。先锋派死了！这是因为它已经从一种惊世骇俗的反时尚变成了在大众传媒帮助下广为流行的时尚。

托马斯·克劳说：“从一开始，艺术的前卫就通过对边缘的、‘非线性的’表现和展示形式——与众不同的低劣或短命的商品有关联的其他社会集团临时拼凑的形式——的确认而发现、更新、或重新创造了自身。”②例如，马奈的《奥林匹亚》(1863)为迷惑不解的中产阶级公众提供了平面的形式化的廉价招牌或玩乐背景的经济形象，把当代色情画的动作和寓意附加在提香的《乌尔宾诺的维纳斯》(1538)的内容上。

对大众娱乐的社会习俗的引入是早期现代主义艺术的经常性手法，现实世界的碎片如传单、招贴画、成捆的香烟纸、百货店的广告等出现在立体主义和达达主义的拼贴中，甚至最严肃和彻底的抽象主义画家如蒙德里安在他最后的《低音爵士乐钢琴》系列中，在一种对美国交通、霓虹灯和商业性的黑人音乐的愉快发现中固定了他几十年来形式研究的成果。以后，这种辩证关系又最生动地重复在那些紧随纽约画报之后的艺术家的绘画、集合艺术和偶发艺术中，如约翰斯、奥登伯格和沃霍尔的作品。

在前卫艺术方面一再向大众文化题材回归的例子中，每次都是在一种更边缘和更麻木的消闲场所。在 19 世纪 80 年代，当修拉将《大碗岛的星期日

---

① [美]马泰·卡林内斯库：《现代性的五副面孔》，顾爱彬、李瑞华译发，119 页，北京，商务印书馆，2002。

② [美]托马斯·克劳：《视觉艺术中的现代主义与大众文化》，见易英主编：《共享的价值》，105 页，石家庄，河北美术出版社，2004。

下午》作为他的《阿涅尔浴场》的超大尺寸的姊妹篇的时候，他直截了当地把一种懒散的和惯例化的资产阶级消闲生活置于另一种环境关系中——精疲力竭而淳朴自然的工人阶级无暇顾及的关系。在修拉后来的人物画中，几乎唯一的题材就是巴黎商业娱乐中最俗气的边缘文化，消费者和表演者的愉快同样被无产阶级化了。艺术史家早就注意到修拉后期作品中夸张的硬边轮廓的特征是广告画家于勒·谢雷的商标。韦拉朗指出，修拉极为赞赏广告画家谢雷的天才，谢雷以其设计的欢乐和愉快使他入迷；修拉研究它们，要分析其表现手段，揭示其美学中的秘密。

克莱门特·格林伯格在《前卫艺术与庸俗文化》(1961)一文中说："在有前卫艺术的地方，我们也总是发现一种后卫。千真万确——在前卫艺术发生的同时，一种次要的新文化现象也出现在工业化的西方：德国人用一个精彩的字眼来称谓这种现象——kitsch(庸俗文化)：五颜六色的通俗化和商业化的文学艺术、杂志封面、插图、广告、通俗杂志和黄色小说、卡通画、流行音乐、踢踏舞、好莱坞电影等等。因为某种原因这个巨大的幽灵总是被看做理所当然的现象。"①

格林伯格认为，先锋或前卫是一小部分属于社会"主宰阶级"的文化精英，他们既想与社会隔绝，但又总是通过"一条金钱的脐带"依附于社会。媚俗或庸俗文化的巨大效益是对先锋艺术本身产生诱惑的源泉，先锋艺术的成员并不总是抵制这种诱惑。而且，新的都市民众带来一种压力，要求社会为他们提供一种适合于他们消费的文化；为了满足新市场的要求，一种新的商品被发明出来：合成的文化、庸俗文化。可以说，庸俗文化是工业革命的产物。

(二)中产阶级趣味

在《现代性的五副面孔》一书中，卡林内斯库分析说，现代性与媚俗艺术——这两个概念也许显得相互排斥，起码是因为现代性意味着反传统的现时性、实验等意义上的求新和求变，而所有形式的媚俗艺术都意味着重复、陈腐、老套，但事实上，无论在技术上还是在美学上，媚俗艺术都是现代性的典型产品之一。

在卡林内斯库看来，媚俗艺术总是隐含着"美学不充分"的概念。在大多数情况下，说某物是媚俗之作等于是直截了当地把它作为无趣味、惹人厌甚

---

① [美]克莱门特·格林伯格：《前卫艺术与庸俗文化》，见易英主编：《纽约的没落》，10页、11页，石家庄，河北美术出版社，2004。

至是倒胃口之物予以拒绝，因而它可以贬义地用于建筑、室内装饰、绘画、雕塑、音乐、电影、文学等一切服从趣味判断之物。从这个角度可以简单地把媚俗等同于“坏趣味”。

作为一种假设，我们可以说在现代构成坏趣味的主要是一种受到意识形态操纵的趣味幻觉。这就是大众文化非常适于用意识形态或虚假意识来描述的原因。“如果说真正的艺术总是包含有一种最终无法还原的要素，一种构成我们所说的‘审美自律性’的要素，为即时消费而生产的艺术则是显然而彻底地可以还原为外在因由和动机的。”①如果用媚俗艺术来代替大众文化的概念，这种区分将变得更加可信。在这种情况下，媚俗艺术就是指“虚假审美意识”。法兰克福学派的阿多诺与霍克海默引入“文化工业”的概念就是针对于此的分析，从根本上说，文化工业致力于向(伪)文化市场供应特别设计出来的引导人们放松的产品。

实际上，无论在社会学还是心理学上，媚俗艺术都是一种生活方式的表达，这就是资产阶级或中产阶级的生活方式。要理解媚俗艺术的本性，就必须分析构成中产阶级心智特征的那种特有的享乐主义：“中产阶级是一个积极进取的阶级，它的享乐主义限于空余时间。它是一种放松的享乐主义，因而在本质上是补偿性的。惟其如此，媚俗艺术才可以被定义为一种有计划、有意识地逃避日常现实的努力。”②中产阶级的享乐主义原则上是开放的、无偏见的、渴望新经验的；媚俗艺术以“宽容”为特征，而且往往没有规则。为了回应今日患强迫症的一般消费者的“审美”需求，文化工业模仿、复制、再造、标准化地生产出任何他们可能会欣赏的东西。独一无二和稀罕性已经成为不合时宜的品质。从这个角度说，媚俗艺术是“有效率”的艺术，是现今社会的可消费的文化侧面，也是消费主义美学获胜的最直接表现。

从起源上说，媚俗艺术是作为“中产阶级趣味”及其特有的闲暇享乐主义的表现而出现的；而作为一种意识形态(审美虚假意识)，媚俗艺术的出现相当自发。卡林内斯库评价说：“通行的马克思主义观点认为，媚俗艺术或多或少是上层阶级有意引入的，以将工人阶级或大众的注意力从他们的革命使

① [美]马泰·卡林内斯库：《现代性的五副面孔》，顾爱彬、李瑞华译，258～259页，北京，商务印书馆，2002。

② [美]马泰·卡林内斯库：《现代性的五副面孔》，顾爱彬、李瑞华译，263页，北京，商务印书馆，2002。

命上转移开去；这种观点根本不正确。”①

决定一件作品是否是媚俗艺术品通常涉及有关目的和情境的考虑。从理论上讲，在艺术研究中即使是使用一件《蒙娜丽莎》的复制品或幻灯片也无关媚俗，但同一形象复制在盘子、桌布或眼镜盒上就是媚俗品。一幅油画被大量复制摆放在商店橱窗里将具有媚俗艺术的效果，因为它们意味着商业数量的可得性。所以阿多诺在 1962 年就指出：今天的每一种文化现象，甚至一个完整的模式，都有被窒息在媚俗文化中的可能。本内特曾举 1974 年某期《泰晤士报》上刊载的一则广告来对类似情况加以说明：

> 这则广告把色彩明艳的马蒂斯的作品《桥》印满了整整一页；在最下方，有这样一句话：“交易是我们的生命，但生命中并不只有交易。”这句话原本是反对经济生活的，可是它既然出现在一则商业广告里，就自然而然地成了经济生活的一部分。马蒂斯作品中所蕴含的社会批判的维度也消失无踪了，这幅画作如今有了前所未有的新功能，那就是为金融资本机构做广告。这真是一件自相矛盾的事。②

杰克逊·李尔斯在《丰裕的寓言：美国广告文化史》里引用了一个事件来证明这种观点：20 世纪 20 年代，伦敦哈罗德百货公司请了三位文学巨匠——萧伯纳、贝内特和威尔斯，请他们来为公司写推荐书。这三位都以各种理由回绝了请求，但文字都非常严肃认真，并且具有同情心，最后他们的拒绝倒作为广告被刊登出来。李尔斯发现，商业社会吸收先锋派反抗情绪的能力，已经成为近年来文化研究的主题之一。现代主义者对艺术自主权的要求其实非常脆弱，实验主义的形式与熟悉普通的内容之间曲折的结合，用“联姮”这个词概括也许更为恰当。

二、美学民众主义：广告创新与波普艺术

消费文化本质中对新奇事物的渴望，正好同风格创新的精神相呼应；广告客户永远都希望先于大众一步行动，但他们又都遵守这样一个原则：要创新，但不要太创新。伴随着技巧的提高，形式主义的审美观同时也降低了作品的指向性。对形式和风格的执迷，致使人们忽略了交流性和内容这些很普

---

① [美]马泰·卡林内斯库：《现代性的五副面孔》，顾爱彬、李瑞华译，266 页，北京，商务印书馆，2002。

② [英]约翰·斯道雷：《文化理论与大众文化导论》，常江译，79 页，北京，北京大学出版社，2010。

通的事物。广告非常微妙地与所指代的产品分离开来，“广告设计”本身已经拥有了价值。对一个事物的表达，同这个事物本身并不能等同起来。广告因而有可能成为“漂移的能指”。

一些广告人在不知不觉中就是向着这个方向进发的，他们用创新的形式来表达千篇一律的主旨，用实验性的技巧来描绘熟悉的场景，这些做法用一句话来说，就是“将先锋派与媚俗派结合起来”。蒙太奇的命运就是一个典型的例子：最开始蒙太奇是用来重新编排现行社会文化结构的(如爱森斯坦的蒙太奇哲学就是通过革命颠覆旧政权的产物)，但是最后(如当代软饮料的商业广告中用快速的蒙太奇手法表现青春蓬勃的年轻人)却变成了巩固现行社会文化结构的手段。在安迪·沃霍尔及其仿效者的作品中，那些不断重复的商业形象同样也说明了这种结果。这种联姻最后导致了艺术和商业的合并，也成为后现代主义批评中惯用的主题之一。

在先锋派与媚俗派联姻的早期年代中，对很多艺术家来说，广告蕴含着振奋人心的活力，而不是使活跃的灵魂逐渐枯竭的文化工业批判。“20 世纪 20 年代内，在先锋派圈子内部以及在那些更具冒险性的广告人中，一种称为‘机械文明’的理论消除了凡勃伦理论中在技术理性和商业文化之间划下的界限。在有些人中，现代企业似乎既支持技术创新，又支持艺术创新。对艺术家和作家来说，这种观念使他们从早期的怀疑中逐渐走了出来。”[①]20 世纪早期，美国的先锋派人士对五花八门的城市动感生活感触万千。在大多数艺术家眼中，纽约就是终极目标，完美地代表了现代美国的形象。偷水果的小孩、挥汗演奏黑人乐曲的钢琴家、闪烁的广告标语以及各种各样的名牌产品——所有这些混合在一起，使他们沉浸在城市感官刺激的海洋中。

1937 年弗兰克林公司召开了一次国际现代广告海报展览，艺术批评家克里斯汀·布林顿极力赞美展出品鲜活的设计理念以及欧几里得式的直白风格，不过同时又劝告参观者对这些大胆的魔法魅力进行“有条件地屈服”。“第二次世界大战”后，新一轮的繁荣使广告客户又一次拥有了雄厚的资本雇用高雅艺术，这个黄金时期对先锋派商业艺术家和其保守的竞争对手来说都一样。奥美等富有冒险精神的广告公司继续采用现代主义的设计图案，坚决抵制罗瑟·瑞夫斯提倡的“独特的销售主张”这种笨重的逻辑理论。到 20 世纪 60 年代，在广告世界中，同大众政治学领域中一样，对先锋派和媚俗派

---

① [美]杰克逊·李尔斯：《丰裕的寓言：美国广告文化史》，任海龙译，224 页，上海，上海人民出版社，2005。

的追求最终能够以联姻的方式画上完美的句号。

流行艺术获得了越来越高的地位，这种联姻已经得到了社会的认可，被批评家、博物馆和广告公司客户所接受。这个时期，安迪·沃霍尔、贾斯帕·约翰斯、罗伯特·劳申伯等人发动了一场被称为“波普”艺术的新运动，他们的矛头指向认为艺术应该反映只有少数鉴赏家才能理解的高雅艺术的观念。他们确信，艺术应该反映渗透在美国人日常生活中的电视和通俗杂志等大众传媒的形象。他们创造了一种无须理论和博物馆来解释的艺术。他们直言不讳地承认自己追求名誉和金钱。

在当时，一个艺术家把兴趣放在金钱上，这本身就是一种革命性的观念。沃霍尔认为每一个美国公民都能在15分钟内成名，因为艺术世界就像一扇旋转门，艺术家转进去获得承认之后，很快就转出来消失得无影无踪。沃霍尔自己就是一个成功艺术家的象征，他的作品几乎被每一个重要的收藏家和博物馆收藏。他用丝网印法制作的著名形象，从玛丽莲·梦露到毛泽东、从可口可乐瓶子到坎贝尔汤罐头，被认为是我们时代最有意义的艺术作品。他的艺术也体现出世界帮助他完成了梦想——他拥有了数百万美元。沃霍尔说：“我只是画经常认为是美丽的，大家每天使用，却从来不去想它的东西。”①

波普艺术(Pop Art)这个名称最早出现在劳伦斯·艾洛威发表于1958年2月《建筑设计》杂志上的文章《艺术与大众媒体》中。波普艺术与城市文化有紧密关系。都市的环境和大众的流行文化给艺术家提供了能借以进行构思创作的体验。他们使用的材料来自城市生活本身，语言符号就地取材：日常生活用品、广告、报刊、杂志、商品标志……摆在货架上的一切商品。艺术家们充分利用周围的事物，进行物化组合，形成了波普艺术所特有的样式和表现手法。

在沃霍尔的创作中，最具代表性的就是以超级市场中的可口可乐瓶子、坎贝尔汤罐头和各种饮料的商标为素材，经拍摄后制成照相版，再用丝网版工艺印制在画布上。连续地印刷，然后不断地进行重复排列。这些超市中日常消费品的通俗影像，成为沃霍尔式的波普符号。在此过程中，艺术家参与从日常消费的第一个环节拯救物品并将其纳入更高环节——审美消费环节——的行动。作为一位能够将一系列商品提高到艺术的非凡地位的艺术家，沃霍尔建立了一种带有明显意味的“民众势力主义”。

① 何政广主编：《波普艺术大师：安迪·沃霍尔》，74页，石家庄，河北教育出版社，2005。

詹姆逊在《后现代主义，或晚期资本主义的文化逻辑》一文中通过比较凡·高的《农民鞋》和安迪·沃霍尔的《钻石粉末鞋》，从而提出后现代形象与美学民众主义的问题。他说，《钻石粉末鞋》存在着一种被压抑的回归，一种奇怪的、补偿的、装饰的兴奋，它由标题本身明确指出，这种兴奋就是金粉的闪烁、金色沙粒的晶光，它们封住了绘画的表面，然而继续对我们闪光。詹姆逊指出，沃霍尔的作品事实上主要围绕着商品化转动，因此巨大广告牌上的可口可乐瓶子或坎贝尔汤罐头的形象，由于其明确突出了转入晚期资本主义的商品崇拜，应该是有力的批评性的政治声明。类似的声明在鲍德里亚《消费社会》中也表达过，即媚俗的剧增是由工业备份和平民化导致的，它在消费社会的社会学现实中的基础，便是大众文化。

第二节　视觉实验

一、超现实主义：广告的视觉象征

(一)物体的危机

“当20世纪40年代抽象表现主义趋向成熟时，广告公司越来越渴望采用一种表现式、幻想式的超现实主义，这种趋向在萨尔瓦多·达利和勒内·马格利特身上表现得最为明显。这些艺术家的核心魅力在于(至少对广告客户来说如此)，他们能够将熟悉的事物陌生化，从而达到吸引注意力的效果。”①杰克逊·李尔斯在《丰裕的寓言：美国广告文化史》中指出，从广告客户的角度来看，达利和马格利特的超现实主义幻想手法只是“一种欺骗性的新闻技巧”，目的就是要让观众停住脚步——这种手法后来发展成为充满“特殊效果”的高科技疯狂表现手段。

> 超现实主义，阳性名词：纯粹的精神学自发现象，主张通过这种方法，口头地、书面地或以任何其他形式表达思想的实实在在的活动。思想的照实记录，不得由理智进行任何监核，亦无任何美学或伦理学的考虑渗入。②

① ［美］杰克逊·李尔斯：《丰裕的寓言：美国广告文化史》，任海龙译，271页，上海，上海人民出版社，2005。

② 柳鸣九主编：《未来主义　超现实主义　魔幻现实主义》，259页，北京，中国社会科学出版社，1987。

1924年，超现实主义运动的领袖布勒东在《超现实主义宣言》中定义了超现实主义的基本原则。这个定义首先强调表现无意识，然后《超现实主义宣言》又利用哲学来证明超现实主义的基础是信仰超级现实，同时也是信仰梦境的无穷威力和思想能够不以利害关系为转移的种种变迁。

具体来说，在《超现实主义宣言》中，布勒东从"物体的危机"角度来描述超现实主义。引起这种危机的一种方式是通过组合认识物体的环境，特别是将它从我们习惯认识它的环境中移走，置于出人意料的环境中。当它在多种环境中同时出现时，由于它再也无法确立稳固的身份，"该物体"便处于一种危机中。超现实主义者采取的另一个办法是打乱物体之间的等级。这两种方法均有揭示物体结构的作用，它们说明物体的意义取决于情境和习惯的认知标准。

例如1935年，超现实主义画家马格利特创作了《画像》，画中的盘子里有块生牛肉，这块牛肉却瞪着一只人的眼睛，盘子旁边摆着刀叉、杯子和酒瓶。这块瞪着人类眼睛的生牛肉的不甘死亡令人想起路易斯·布鲁艾尔和萨尔瓦多·达利合作的一部超现实主义电影——《一条安达鲁狗》。它让人想起影片中那个著名的特写镜头：一只眼睛被剃开切开。它还让人想起影片中的许多性虐待镜头。除此以外，对弗洛伊德学派来说，眼球意味着睾丸，悔恨交加的，俄狄浦斯就挖出了自己的双眼。

在布勒东看来，超现实主义所要做的，就是通过破坏存在的平庸面貌，让精神超出自己习以为常的视野，使其在意外面前感到错愕，这样，它就能使精神隐约瞥见另外一个现实，即超现实。如果人们能够用幽默的眼光看问题，即"扯断事物之间习以为常的联系"，从另外一个角度来观察世界，他就会发现任何事物都有着极其丰富、复杂的内涵，它们可以通过不同的组合，产生出各种各样新的意义。例如，雨伞、缝纫机、手术台，这原本是三种没有任何关系的东西，但洛特雷亚蒙却说"美"就像缝纫机和雨伞在手术台上偶然相遇一样。

因为超现实主义不是用理性、逻辑的概念来理解事物，而是借助精神分析的方法来挖掘内涵。他们发现，所谓缝纫机其实是女人的象征，雨伞是男人的象征，而手术台则是床的象征，这样一来，这句话就有了一定的意义。

这种将事物放在某种新的关系中加以考察的幽默方法，不仅有助于人们认识事物的多样可能性，而且还可以丰富人们的想象，并在这种主体想象与客体对象的契合中发现世界的同一。而要做到这一点，就必须使人对现实生活中司空见惯的事物产生怀疑，感到困惑，因为只有困惑才能使人从麻木不仁的状态中惊醒过来，用新的眼光审视世界。因此，布勒东说，超现实将取决于我们要使一切感到完全困惑的意愿。

从超现实主义与日常的关系来看，超现实主义艺术千方百计地把大家熟悉的事物变成漠不相识的东西，这种努力在今天已经为人们所熟悉。“超现实”这个词本身已经变成日常的了，艺术史家托马斯·克罗说超现实主义为现代的广告提供了一种最强有力的视觉工具——在现代大家都熟悉的环境中，商品自主地行动，创造了属于它们自己的一种充满诱惑力的梦幻般的景色。超现实主义由于过度使用和被含糊不清地与商品化过程联系在一起而被还原为一套形式化的技术。

(二)视觉象征

保罗·克劳瑟在《20 世纪艺术的语言：观念史》一书中指出，超现实主义的联想策略作为一种具体的和高度可解读的绘画图像的有序排列而成为一种惯例，在广告业中得到了最广泛的使用。“为了将产品的表述渲染成为值得消费的愿望，这种表述被联系到了不相称的环境中或被赋予了幻想特性，除了它可疑的目的之外，很明确的一点就是联想超现实主义已经建立了自己的可迭代性，它具备了一种可以让它被学习和在远远超出其原有的广泛范围内被应用的逻辑性。”①

在 20 世纪 80 年代萨伯公司的一则广告中，一个男子的面部和一辆小汽车的前脸毫无缝隙地接在一起，图像从下巴到鼻子明确无误是人的模样，可是从眼睛开始就与汽车的前大灯相融合，并且从这里开始完全变成了汽车的形状。这则广告展示的不仅是一些视觉上似是而非的东西，而且还有更进一步的含义。将人的面部与小汽车的前脸平滑地融合到一起，显然是要表示该品牌汽车完美的驾驶性能让驾车人感到车就像自己身体充满智慧的延伸。这种广告形象可被视为“视觉象征”。

简单来说，视觉象征就是用某一具体的视觉形象来表示一个抽象概念，这一视觉形象往往与该抽象概念具有可类比之处。在广告中，超现实主义的视觉象征具有两方面作用：背离客观现实可以吸引注意力；图像的象征作用可引发各种情感反应。

保罗·梅萨里在《视觉说服：形象在广告中的作用》一书中指出：“传统超现实主义艺术的象征与我们所使用的象征一词的意义并不相同，因此，需

---

① [英]保罗·克劳瑟：《20 世纪艺术的语言：观念史》，刘一平等译，123 页，长春，吉林人民出版社，2007。

将超现实主义的广告归入那种没有明确理由而去吸引受众注意的类型。然而，在商业广告中利用这种手法时，超现实主义传达了关于产品的另一种不同的信息，从而弥补了这类广告象征意义方面的不足。”①总的说来，正是由于超现实主义和背离真实的象征手法能够将引人注目的第一印象与具有实质内容的信息结合在一起，因此二者尤其适合视觉广告的要求。

实际上，在20世纪30年代中期，布勒东给超现实主义视觉艺术所下的定义具有很大的相容性，它允许人们用许多不同方法界定超现实主义作品。当时，布勒东的基础性观点是，最成功的超现实主义创新发明不是图像创作的哪一特殊形式，而是超现实主义物体的创作。正是在这些物体中，现实与期望的结合被具体形象化。

布勒东认为超现实主义绘画的完美典范在于毕加索所发明的立体主义。正如受无意识思维所控制的超现实主义作家解决了真正超现实主义活动的源泉和绕过了文学一样，毕加索也绕过了绘画传统艺术形式的限制性概念。在具体的创作上，立体主义的风格日益抽象，并且开始把印刷文字、废报纸剪贴、音乐曲谱、废公共汽车票等加入画面，以后更发展到各种其他材料，如木片、沙子、金属等。这种改变是自从艺术产生以来的一次重大改革：对艺术千年传统媒介的革命。而创作的重心也日益转向对于不同媒介的组合的综合考虑和设计。

立体主义提供了现代平面设计的形式基础，这在平面艺术家卡桑德的作品中体现得最为充分。他把形式主义艺术运动的传统手法运用到广告招贴画上，在他的图像设计中再现了照片剪辑的效果。卡桑德早期的招贴画是为巴黎一家家具商店奥·比舍龙而设计的。1923年，当它们被挂在城市街头时，这些大胆的设计成为对现代主义绘画思想最早的诠释之一，并且突出了文字排版方式在设计中的关键角色。卡桑德共设计了200多张招贴画，其中为国际铁路和航运公司创作的作品最为著名，这些设计体现了他将优美的象征作为一种视觉速写形式的高超艺术表现力。在对这些作品的处理中，他通过对阴影的巧妙运用，营造出一个幻觉般的空间，从而诱导出侧面或背面的形体。

卡桑德认为他所从事的海报设计工作，应该像电报员那样传达信息，而不是像作家那样交流知识。虽然他在评价自己的作品时，认为海报艺术应该

① [美]保罗·梅萨里：《视觉说服：形象在广告中的作用》，王波译，17页，北京，新华出版社，2004。

是冷静客观，站在旁观者的立场上的，但实际上他的作品所具有的个性和独立性以及作品所呈现的风格特色，都反映出对立体派表现手法的熟练掌握。此外，他还把对观众造成强烈冲击的语言表现力和视觉冲击力结合在一起。卡桑德为杜博尼酒设计的著名海报分为三个层面，通过对一位坐在椅子上享受美酒的人物形象的重复表现，使海报充满了力度。在图中，品牌名称和人物粗重的轮廓在连续倾斜的图像中被一步步完成。这一连续的动作表现了一种饮酒的享受感与满足感，同时画中的文字也强调了这一信息。

1927 年，卡桑德和卢波、穆瓦朗在巴黎成立了一家名为平面设计联盟的广告公司，对日后的平面广告设计产生了重要影响。乔治·路易斯在论述广告艺术时说过：

> 三十年代欧洲海报设计艺术家卡桑德创造了令人惊讶的视觉效果，成为现代图像传播的先驱。他那一幅从正面描绘横越大西洋的邮轮“诺曼第号”的作品，为现代艺术设立了全新的标准。接着，蓝德将这种手法带入广告领域，但他因表现得太商业化而觉得难为情。从清新的 IBM 商标，一直到五十年代为描写种族仇恨的电影“医生与杀手”所做的生动广告设计，蓝德的才华表现得非常宽广。我承认自己紧跟着蓝德那种热爱销售的脚步，也非常着迷这股图像沟通的巨大潜力。现在，有天分的广告人终于寻回他们遗失的角色，也就是做个视觉意象的创造者，而不只是个做做构图的跑龙套。现代艺术指导的出现，也催生了现代广告。①

乔治·路易斯认为广告是打破成规的艺术，他说：“在广告成形的数十年间，动力主义出现在商业设计领域，表现在达达主义到超现实主义之激进、意象式的绘画运动；包浩斯，风格派与结构主义的作品，以及在蒙德里安的设计作品中，视觉实验是他们共同的起点，也是他们前进的力量。”②

二、变形表现：世界是我的表象

1912 年，“变形”这一词语强有力地进入了欧洲人的意识。这一年，心理学家荣格完成了他的著作《力比多的变形与象征》(1916 年英文版译作《潜意识心理学》)，这本书描述了人类心理的变形本性，宣示了荣格与弗洛伊德的分

---

① [美]乔治·路易斯：《蔚蓝诡计——颠覆市场的广告创意智库》，刘家驯译，21～22 页，海口，海南出版社，1996。

② [美]乔治·路易斯：《蔚蓝诡计——颠覆市场的广告创意智库》，刘家驯译，20 页，海口，海南出版社，1996。

歧，他因此走上自己的个人变形之路。通过这条路，荣格的分析心理学得以创立。同样是1912年，诗人里尔克在风中听到一行诗，这引发他写出了自己最重要的诗歌作品《杜伊诺哀歌》，这部诗作把变形当作人的基本任务，当做人类最重要、最神圣的职责。还有作家卡夫卡，他在1912年年末短暂的几周内，写出了他关于变形的著名小说《变形记》，一个人变成甲虫的故事。

这三位全都天资聪颖，在心理上对脆弱点都很敏感。他们共同弹奏了引起随后几十年轰响的心弦——变形的主旋律。20世纪一直受控于全球性的变形，即大规模的社会、文化和政治变乱。这一全球性的变形进程在艺术中得到表现，并为商业所利用，被社会科学加以研究。它对个人和群体产生的影响不断深入并扩及人类生活的各个维度。

在戏剧中，变形涉及人物性格的变化；在动物学中，变形是指动物生理成长的变化；在物理学中，变形指涉例如从液体到气体的形式变化，或指涉能量从一种形式到另一种形式的变化；在心理学中，变形是心理能量从一种"有机形式"转移到另一种形式，是把能量流从一个途径、形式或暗示彻底改变成另一个途径、形式或暗示。

对人在成年期的心理变形进程而言，蝴蝶从幼体到蛹化到成熟状态的变形是一个经常的隐喻。例如，《沉默的羔羊》以电影化的精神分析话语，将克拉丽斯缉拿野牛比尔的故事呈现为一个遭受心灵创伤的女性获得治愈的故事。于是，影片同时将克拉丽斯发现真凶的过程呈现为一个寻父的过程。在精神分析的话语中，父亲，不仅意味着一个少女的上帝、她潜在的欲望对象，而且是她唯一的、必需的成人之途。但克拉丽斯是一个少年失父的女人，因而是一个有着内在匮乏的女性。她要想重新获得治愈，必须重获父亲的形象，而后才能解脱她的厄勒克特拉情结。围绕着比尔的变性愿望，影片组织起一组对称、互逆的阐释符码：蝴蝶与剥皮。令人战栗的蝶蛹出现在被害者的口中和脑子里，蠕动在野牛比尔的魔窟中。蝶蛹意味着比尔的祈愿：羽化变形。野牛比尔剥去年轻、丰满的女性被害者的皮肤，是为了给自己缝制一套美丽的外壳，以遮掩他丑陋的真身。丑陋的蝶蛹和美丽的蝴蝶是一个永恒的寓言。

当人们把"变形"这个词与视觉结构的形式、形状或形象等联系在一起时，它指明了从一个外形或形象到另一个外形或形象的变化。这层含义在许多艺术表现中极为有用。在这方面，毕加索是"高度自觉"的。毕加索曾为作家乔楚·史坦茵画过肖像，这是一件非常有意味的艺术作品，有非洲面具般的风格和毕加索伊比利亚祖先的特色。这件作品现在被普遍认为是艺术史上的重要作品，但是当时史坦茵在看到她盼了许久的画像时，她的心一下子跌到了谷底，她悲伤地说："亲爱的毕加索，我看起来不像那样吧！"毕加索回答说："你会的。"

乔治·路易斯用这个故事阐释他的广告创意理念，这是他对杰出广告的看法。"广告应该领导产品，而不是面镜子。广告可以是只罗盘，将指针指向消费者满意的新标准。"[①]路易斯认为应该展现的是内心所感受到的产品可能变成的模样。广告的想象力应该要走在产品之前。

从宽泛的意义上说，所有的广告都意味着对产品的"夸张"和"变形"。哲学家叔本华在《作为意志和表象的世界》一书的开篇就指出，"世界是我的表象"是一个真理。以此推论，广告就是产品的"表象"。例如，"百事，新一代的选择"这句广告语是百事可乐的品牌形象，它不是百事可乐的产品本身，它是百事可乐的一种"表象"。广告创意在本质上是一种"变形思维"，它要把庸俗和没有活力的东西改变成超越的和精神性的东西。

广告创意里有这样一种诗性思维，它要使产品变形为符号，把品牌塑造为原型化的意象，让受众去期待一种理想自我，或者，去消费一种细分化的和序列化的身份认同或人格类型。媚登峰内衣"梦幻"系列广告中的暴露欲、哈雷机车广告所指示的"打破规划"、耐克广告中的英雄精神，所有这些都是从"客观"到"主观"的延伸、从"物理"到"心理"的体验、从"真实"到"变形"的呈现。从视觉结构和广告形式来看，最直接的变形表现往往采取幽默、夸张等手法，对客观产品或使用效果进行概括、虚构、浓缩和提炼。因为要吸引受众的注意，就必须给他们提供一些新鲜感和刺激。

马蒂斯在《论变形》(1942)一文中写道："我画一个绿色的云石桌子时，最终必须把它处理成红色的，对此我并不十分满意，我需要几个月的时间才能认识到自己创造了一件新的客体，它比我所能做的要好，而且当我没照它在自然中的本来面目画的那个原型消失之际，它将被同一类型的另一件作品代替。这是客观和主观之间永久存在的问题。"[②]有个女人曾去参观马蒂斯的画室，仔细欣赏他刚完成的一幅画后说："这个女人的手臂太长了。"马蒂斯立刻回答："夫人，您弄错了，这不是女人，而是一幅画。"

① [美]乔治·路易斯：《蔚蓝诡计——颠覆市场的广告创意智库》，刘家驯译，78页，海口，海南出版社，1996。

② [美]杰克·德·弗拉姆编：《马蒂斯论艺术》，欧阳英译，127页，济南，山东画报出版社，2004。

马奈的名作《福利-贝热尔的酒吧》在当时是评论家经常嘲笑的对象，它被批评为技法低劣，因为马奈没有将吧台前的景象忠实呈现在吧台后的镜子里。戴着高帽子出现在镜中右上角与女侍交谈的男子，事实上应该站在吧台前面，背对着我们。女侍的倒影应该比较靠镜子中间，而非右边。由于评论家大肆嘲弄这幅画，当时有家报社还以漫画"纠正"这些"错误"。但即使这些的确是错误，却丝毫未损我们对这幅画的审美。

艺术家在其内在人格为一个对象下好定义时，就会以超凡的洞察力将这些主体展现出来。同样的，乔治·路易斯说，广告有时也可以表现主体所能转变成的样子，广告就是要"超越"产品，将产品导入新的境界。在这一点上，广告与艺术是相通的。所以艺术家辛迪·舍曼说："我一直对电视和杂志里的广告相当感兴趣：那种谎言和虚伪。"①

三、异质的涂鸦：虚无就是力量

(一)符号的起义

> 1972年春天，一场涂鸦浪潮突然在纽约涌现，它从贫民窟的围墙和栅栏开始，最终占领了地铁和公共汽车站、卡车和电梯、走廊和纪念建筑，到处都是或简陋或精致的字迹，内容既不是政治的，也不是色情的：只不过是一些来自地下连环漫画的名字和绰号：DUKE SPRIT SUPERKOOL KOOLKILLER ACEVIPERE SPIDER EDDIE KOLA，等等，或者是街道名称号码：EDDIE 135 WOODIE 110 SHADOW 137，等等，或者还有罗马数字，这是他们的派系或家族的标志：SNAKE Ⅰ SNAKE Ⅱ SNAKE Ⅲ，等等，这个数字可以达到五十，按照图腾名称是否被新来的涂鸦者接纳而变化。"②

所有这些都是用标记笔或喷墨罐涂绘的，人们擦洗起来很难。即使逮捕这些涂鸦者，把他们关进监狱，禁止出售标记笔和喷墨罐，也是毫无用处的，他们手工制造工具，每晚都重新开始。鲍德里亚把这场运动看作对城市的新式干预。这场运动不是把城市当做经济和政治的权力场所，而是当做传媒、符号和主导文化的恐怖主义权力时空。过去，城市是"生产的场所"，是实现工业商品、工业集中和工业剥削的场所。今天，它首先是"处理符号的

① 陈丹青：《纽约琐记》，380页，桂林，广西师范大学出版社，2007。

② [法]让·波德里亚：《象征交换与死亡》，车槿山译，111页，南京，译林出版社，2006。

场所”。城市的母型不再是实现一种力(生产力)，而是实现一种差异(符号操作)。

鲍德里亚说：“我们可以想到，生产，物质生产的领域正在分散，城市和商品生产之间的历史关系正在结束。系统可能会放弃生产性工业城市，即放弃商品和商业社会关系的时空。这种革命已经暴露出了某些迹象。但系统不会放弃作为代码和再生产的时空的城市，因为代码的集中性正是权力的定义本身。”①

涂鸦运动是一场“符号的起义”，它是对代码的报复与转换，是按照自己的逻辑，用不确定性来反抗系统。作为反话语，作为对一切句法的、诗歌的、政治的设计的拒绝，“它们由于自己的贫乏本身而不可简约，所以它们可以抵制一切阐释，一切内涵，它们既不指涉任何物，也不指涉任何人：既没有外延，也没有内涵，这样它们就逃离了意指原则，而且作为空虚能指，闯进了城市的充实符号领域，仅仅通过自己的在场本身来消解这些符号。”②

涂鸦与所有的传媒符号、广告符号截然相反，它没有内容，没有信息，这种虚无本身就是力量。涂鸦运动的政治意义就这样显露出来，它的深层意识形态不是在政治所指层面上运作，而是在能指层面上运作，正是在这里，系统最容易受伤，最容易被摧毁。在这个层面上，重要的不再是力量关系，而是差异，涂鸦用差异来进攻：“用不可编码的绝对差异来拆毁代码的网络，拆毁被编码的差异的网络，系统遇到这种绝对差异就会崩溃。这个目的既不需要组织起来的群众，也不需要清晰的政治觉悟。成千上万的年轻人只要用标记笔和喷墨罐武装起来，就可以干扰城市信号系统，就可以打乱符号秩序。”③

现代涂鸦自从在城市环境中诞生以来，很长一段时间与 Hip-Hop 音乐、街舞以及 DJ 文化密切地联系在一起，被称为嘻哈文化的四大元素。涂鸦行为本身普遍根植于青少年的反叛精神中，强调宣泄个人的不满，并玩味只是在涂鸦者之间被理解的谜语。这种涂鸦大多出现在城郊、铁路沿线以及城市里一些“地下”空间等，其视觉上往往带有粗野感，甚至侵犯性。这或多或少

---

① [法]让·波德里亚：《象征交换与死亡》，车槿山译，114 页，南京，译林出版社，2006。

② [法]让·波德里亚：《象征交换与死亡》，车槿山译，115 页，南京，译林出版社，2006。

③ [法]让·波德里亚：《象征交换与死亡》，车槿山译，118 页，南京，译林出版社，2006。

限制了公众对于涂鸦的理解。

20 世纪 80 年代以后在欧美重新苏醒的涂鸦运动，开始注重和公众的交流。新一代涂鸦艺术家扩展了达达主义和波普艺术的理念，借用流行文化和日常用品的图像作为表现主题。达达主义拒绝所谓的“高雅艺术”，并自诩为先锋派，这跟涂鸦运动反主流、反精英的初衷相吻合；而波普艺术的图像没有个人特征，没有赞扬和谴责，只是把日常的存在直接转换为视觉的存在来获取表达的意义。当年波普艺术的主将安迪·沃霍尔一手缔造的符号帝国含混了纯艺术、流行时尚以及日常生活之间的界限。

事实上，新的涂鸦艺术家已经不再满足于最初的波普艺术家复制照片、杂志和广告画的方式，而是变得更加幽默和诡异。涂鸦艺术家把波普艺术从画廊带到大街上，和城市的现实环境混合在一起。这样，惊喜往往来自于无意间看到一个不具备与周围环境意义相符的图像，如喷绘在街头墙壁的一头母牛、一棵白菜、一枚炸弹、一架烤面包机……由于这些图像都被创作在本身就带有交流性的公共空间，它们和空间里的其他视觉元素混合在一起，这种“跨界”、“混搭”与“缝合”会开启人的思想，从而产生出相关联和功能性的信息。在这种语境下，那些看起来孤立的、无意义的图像便具有了颠覆性。

几乎所有的街头涂鸦艺术家，或多或少都忠实于涂鸦最初的反叛精神。这种反叛来自于西方社会中的黑人文化以及正值青春期的帮派少年。他们通过使用直露的视觉语言来与主流文化抗衡，表达自己的所想。随着最近 20 多年来涂鸦运动的国际化，不同文化背景创作者的加入，带来了各式各样的表达方式，使得涂鸦运动本身也发生了观念上的转变：从简单的争取社会边缘人群的话语权利，向国际化的公共艺术方向发展；同时，涂鸦运动本身的反主流文化、不合作的原则，也在慢慢和商业耦合，不同层次的画廊和美术馆的介入也让“涂鸦究竟是不是艺术”之类的问题，变得没有讨论的必要。

(二)涂鸦设计

Banksy 是英国当今最有影响力的涂鸦艺术家之一。他的黑白色的纸模涂鸦风格突出、机智诙谐，富于颠覆性。他的作品中有面带微笑的警察、拿着相机的老鼠、挥舞武器的猴子、紧抱炸弹的小女孩……Banksy 喜欢边缘政治。他很早就注意到，纸模被用在政治抗议、反战运动的海报和标语的制作中。这种视觉风格一看上去就具有政治意味，Banksy 迅速领悟了纸模的这种视觉特质，创造出一系列的文字涂鸦。他故意模仿社区官方的告示牌风格，在一面干净的白墙上喷上“This Wall is a Designated Graffiti Area”(合法的涂鸦区域)。由于这件作品如此真实地模仿了社区告示牌的视觉效果，在接下来的一段时间，伦敦新刷白的墙壁果然都被喷上了涂鸦。Banksy还以他对荒诞的敏感、善于制造滑稽的形象而闻名。

他玩的是一种反观念——反主流、反品牌。然而在这样的方式中，他却建立了自己的一套品牌。他这种高调的反商业涂鸦行为却吸引了真正的商业品牌来和他谈判。耐克就是一个例子，他们邀请Banksy为耐克新一季的产品设计广告，但被断然拒绝，因为这违背了一个涂鸦者的原则。虽然高举反商业大旗，Banksy却接受了彪马的付薪委托，他也为英国流行乐队Blur的新专辑设计唱片封面。

涂鸦作为一种颇具风格的视觉样式，已经为许多年轻人所接受，它所引导的“走上街道”的生活方式以及近年来与消费文化的结合，使得大家对涂鸦的认识也在不断加深。作为当今世界上流传最广的艺术形式，涂鸦包含着一些人对生活、对都市、对渴望交流等的理解。参与其中的人也不只是年轻人，还有许多严肃的创作者，他们包括职业的设计师和建筑师等。涂鸦不仅仅是年轻人的自我宣泄，它逐渐变成了言之有物的公共艺术，成为当代都市生活的一部分。广告人对这种形式非常敏感。

很明显，涂鸦在今天已经不只是宣泄青春期的反叛，而是影响着都市生活的一支不可忽视的文化推动力。从年轻的滑板青年到中年的职业艺术家，各个层面的人都有介入到街头艺术的领域。现在的涂鸦时代，是一个“言之有物”的时代。从文化上来说，这是政治经济学对涂鸦的“收编”。正如鲍德里亚所说，通过分析对涂鸦的两种回收(警察镇压除外)，人们将更清楚地看到它的意义：第一，人们把它当做艺术回收；第二，人们把它阐释为追求个人同一性和自由，反对墨守成规。

涂鸦在把生产、劳动、城市和政治短暂“终结”之后，其本身并没有逃脱主导文化对其的征集与调用，这在广告表现上尤为突出。耐克公司曾有一个很酷的广告，涂鸦大师大卫·埃里斯与助手正在东京街头涂鸦，喷枪、笔刷、颜料齐上马，在节奏强劲的Hip-Hop音乐中边涂边擦，涂的每一笔都引发线条的疯狂运动，并随音乐迅速融入拍好的都市影像背景。广告推销的是耐克的Presto休闲鞋，针对的是狂热的都市时尚人群，色彩极其艳丽，涂鸦是其中最为突出的视觉元素，除了现场涂鸦镜头之外，广告中的字体、线条、造型、动画方式都是涂鸦式的，丰富、诡异、浓艳，有一种狂野的爆发力。当时的*LA Week*杂志评价这个广告模糊了时尚设计、街头艺术与商业广告的界限，在沉闷广告堆积如山的今天让人感到格外清爽。

随着20世纪90年代城市反涂鸦运动的展开，美国街头或地铁里用喷漆罐喷出来的花花绿绿的涂鸦签名逐渐消失了，而当年在警察电棍下逃窜的青年涂鸦者中不少才艺出众者则登堂入室，成为新时代设计师中的幸运儿。他们的画布从街角墙壁、地铁、火车转移到了海报、广告、服装、鞋、玩具、游戏厅。工具则从喷漆罐变成了苹果计算机和PS、Illustrator，现在追在他们屁股后头的是那些拿着大把钞票的广告商们，像耐克、阿迪达斯、可口可乐、Levi's……由涂鸦而进入主流设计圈的佼佼者当属Marc Ecko，这个12岁开始混迹街头涂鸦，20岁时就以6件自创涂鸦T恤奠定个人品牌根基的家伙，如今已是数十亿资产的服装品牌Marc United的拥有者。

有许多例子可以证明，如今涂鸦在新锐设计圈是如何集万千宠爱于一身。2001年路易·威登与纽约地下涂鸦艺术家Stephen Sprouse合作推出一系列街头涂鸦风格的提包和鞋子，成为当年时尚人士的春季必备。克丽丝汀·迪奥推出华丽涂鸦图案的长裤、短外套和皮包、鞋子；连法国一向以优雅著称的Nina Ricci也把巴黎花都的风景画面作为皮包上的图案。

第三节 广告艺术

一、艺术和广告：两种偶像系统

在《美国的广告》一书中，詹姆斯·特威切尔把“属于低俗文化的广告”和“属于高雅文化的艺术”等同起来。在他看来，如果我们暂时放弃这样的界定——即艺术等于美好，广告等于丑恶——而把注意力集中在文化被利用及其饱和的程度上，我们也许能够看到，无论是被教会市场还是被商业市场利用方面，井然有序的语言是如何精致而敏感地对其受众所关心的事情作出反应的。

特威切尔着手建构这种体系的前提是让我们思考：为什么在16世纪末意大利的托斯卡纳有如此浓厚的艺术氛围？为什么在20世纪的美国有如此多的广告？这不同历史时期的两大表征系统的根本工作并无不同，因为不论是罗马的教会还是麦迪逊大街的广告公司，二者都倾向于把自己的意志强加给受众，它们都在组织价值，它们都在为不同时期的人们建构“偶像系统”。

特威切尔说，在今天被称为“艺术”的文艺复兴时期的那些东西在当时是无处不在的，它们覆盖在教堂的里里外外并很快就开始出现在居民家中，不只是出现在富人家里，而且还出现在中产阶级家里，有时甚至连仆人也在家中存有这些东西。为了保留这些东西，不得不打造新的家具品种——精致的箱子、储藏橱、餐具柜和大型衣橱。在文艺复兴末期，一个家庭有数百幅绘画作品和数百件宗教塑像作品像小古玩一样储藏在家中并非奇闻，这就如同我们今天可能有一摞摞的旧杂志和纪念品堆放在家里一样。

佛罗伦萨的教堂里挤满了这种偶像类的东西，就像今天的商业电视中充斥着广告形象一样。我们真正渴望的，不单是物质本身，而且还包括物质所具有的意义。改变物质的魔术几乎总是需要精致的全副装备的“物的体系”。天主教的宗教仪式充斥着陈列的物品，如圣餐杯、圣餐盘、小箱子、十字塔、圣体容器、神龛、盘子、祭坛围屏、蜡烛架、钟、大口水壶、盛器、圣带和长柄勺，有些物品甚至根据季节的变化改变形状和颜色。家具，如圣坛、神座、读经台、节杖、主教牧杖、仪仗伞和扇子等，尤其是公共游行和庆典活动所需要的装饰品与装备摆满各处。在16世纪，某些佛罗伦萨的教堂一天举行一百多场弥撒。

> 事实上，弥撒本身已经成为一种到处交易的手段，其交易方式就像今天的媒体空间被买卖一样。佛罗伦萨的教堂成为弥撒的工厂，宣传和销售它们生产的剩余产品。当它们需要更多的硬件用于洗礼仪式时，他们就增加洗礼堂，内设精致的洗礼盒和更多的设备。他们还推销圣人崇拜，生产圣物和圣盒，而且更重要的是在主持基督徒去世的最后仪式等方面生意兴隆。宣布与某个特定教堂有关系的某个名人去世的消息和为其精心主持葬礼仪式是重要的权力标志之一。教堂为获得这些机会——名人宣传的早期版本——展开了激烈的竞争，甚至许诺提供墙面和雕塑的揭幕庆祝仪式。①

教堂成为致力于生产和展示物品的不断扩大的“媒体”，这些“联合媒体公司”相互竞争以致积累了越来越多的装饰品。看到布鲁内莱斯基为佛罗伦萨大教堂所做的建筑设计，而不知道它所包含的新技术和广告效应是不可能的。我们可以看到，能够幸存下来的建筑物都有一个共同点，即“繁复的装饰”。它们简直从头到脚都被装饰物所覆盖，如镶嵌画和壁画等。

特威切尔引证经济史学家理查德·戈德史维特在《意大利的财富和艺术需求(1300—1600)》一书中的观点说，艺术品的供应如此丰富的一个原因是“需求的巨大”，在这些空间塞满引人注目的物品的竞争是激烈的，因为这种空间可以被用来出售服务。“艺术就是广告”。那些化缘的阶层，如方济各

---

① [美]詹姆斯·特威切尔：《美国的广告》，屈晓丽译，235页，南京，江苏人民出版社，2006。

会、多明我会、圣母玛利亚会、奥古斯丁托钵修会，都在13世纪中期就已建立，它们通过为大的捐资人提供纪念机会的方式组织大规模的集资运动。它们取得了巨大的成功，以致新的阶层如西泰会、耶稣会等也加入到这场竞争之中，它们都需要展示自己以吸引注意力。而属于修女的第二阶层和属于俗人的第三阶层(第三修道会会员)则加入到其他的团体(这样的团体光在佛罗伦萨就有一百多个)。它们需要自己的设备、自己的陈列、自己的标志以及引人注目的宣传活动。

很快，商人们也喧嚷着要加入其中。他们想要挂自己的旗帜，希望自己公司的事迹被人传诵，希望拥有自己纪念碑式的雕像和房子上的彩色玻璃，还有自己的姓名被载入史册。他们希望这一切都能在教堂的特定节目的礼仪中实现。

> 礼拜仪式的空间的私有化被称为世俗化，这只会加剧争取媒体注意的竞争。佛罗伦萨的教堂实质上提供特许空间，它们出租走道两旁、耳堂内，甚至高坛栏杆旁的墙壁。整个祈祷室、门廊、小礼拜堂、圣坛、圣器室、牧师会礼堂，以及最赚钱的教堂内的私人祈祷室被卖给出价最高的人。那些公司家族，如美第奇、斯特罗兹和里卡蒂等家族通常在大教堂内有他们自己的私人祈祷室，在佛罗伦萨周围的小教堂里有属于他们自己的空间，而且在他们自己的家里还有私人祈祷室。各行会也想采取这样的行动。①

这种欲望今日犹存。世俗化同样也发生在我们的现代教堂如大学里。当美国宾夕法尼亚州让百事可乐成为其赞助商时，当杜克大学用耐克服装装备其篮球队员时，他们实际上是允许曾经神圣的领地成为企业利益的延伸。

传统的学校教育强调，文艺复兴时期有那么多大师级的手艺人，他们被认为是很有影响的人：列奥纳多、米开朗琪罗、波提切利等。如果我们把视角从供应方转向需求方，并认识到教会的和世俗的需求的怪诞汇流集中在消费由成千只手制作的物品之上，我们可能会更好地理解历史。在文艺复兴时代，像米开朗琪罗、列奥纳多、乔托等大画家，他们画的东西有时并不是自己想画的。很明显，是别人告诉他们要画什么，甚至怎么画。然后他们还会按照要求在某个时候再画一遍，画得大同小异。他们的主顾是罗马天主教堂

---

① [美]詹姆斯·特威切尔：《美国的广告》，屈晓丽译，237页，南京，江苏人民出版社，2006。

里的教士，这些教士的命令尽管只在罗马这个权力中心发布，但其影响力是很大的，这影响着画家们对自己“广告作品”(我们称之为艺术)内容的取舍。

鲁迅说米开朗琪罗的天顶画是当时的“连环画”，旨在宣传；伯格也说欧洲的肖像画是财富和地位的证明书；村上隆更是强调艺术的顾客是极奢华的有钱人。放眼“艺术市场”，数以千计的手艺人在工作。他们没有自己的主见。他们被人告知画什么、刻什么、铸造什么，评判的标准清楚明了：发起活动，引人注意。这也是广告(Advertise)这个词的词源学含义。佛罗伦萨文艺复兴时期的作品有哪一件是不受公司同意负担费用——艺术家们称之为资助——的束缚，只是因创作的快乐而自豪地生产的呢？

特威切尔把艺术作品的接受美学与当今广告传播、市场营销的逻辑结合起来指出，这些艺术家们所生产的大多数东西，与其说是教父们想要的，不如说是教区的教徒们所要求生产的。可以想见，如果人群聚集在某个护墙板前，那么艺术家们就会生产出同样的护墙板；如果某个讲坛被证明很受欢迎，很快就会出现仿制品。文化和艺术权威，在我们看来似乎是自上而来，事实上是从下向上辐射——来自文艺复兴时期教堂里的会众，来自今天电视前手握遥控器的受众/消费者。

二、艺术的终结：商业是艺术的最高形式

约翰·伯格在《观看之道》一书中提出一个问题：“广告语言同在照相机发明之前控制欧洲艺术鉴赏界长达4个世纪的油画语言，是否有共通之处呢？”①伯格认为，二者之间有直接的延续关系，只是文化权贵出于自身利益掩盖了这种关系。尽管有这种延续关系，即广告业最开始发源于新兴的精英阶层，但两者之间也有巨大的差异，对此加以审视具有同等的重要性。伯格看到，许多广告直接参考古代艺术作品，有时更是模仿名作。广告形象往往借助雕塑或绘画，以增强广告信息的吸引力或权威性。在伯格看来，广告“引用”艺术作品有双重作用。艺术是富裕的标志：它属于美好的生活，也是世界赐予富人和美女的装饰品。

艺术品隐含着一种文化权威，一种尊贵乃至智慧的形式，凌驾于任何粗俗的物质利益之上。经典的艺术作品是文化遗产，它令人想到一个有修养的人的形象。因此，广告中被引用的艺术作品，在同一个时间里说的是两件几乎自相矛盾的事情：它既意味着财富又表示灵性；它还有一层含义——广告

① [英]约翰·伯格：《观看之道》，戴行钺译，144～145页，桂林，广西师范大学出版社，2005。

推荐的购买，既是奢华的享受同时又能体现文化价值。伯格认为，广告对油画传统的理解远比艺术学学者更透彻。广告掌握了艺术作品和它的观赏者——拥有者之间的奥妙关系，并以此为契机，极力劝说并讨好观赏者——买主。

伯格注意到广告和油画这两种媒介所传达的信息的相似性，他特别指出两者的设计和目的有一些极为相似之处：

> 模特儿(时装模特儿)和神话人物的千姿百态。
>
> 浪漫地运用自然风光(树、叶、水)来创造一片安静乐土。
>
> 充满怀旧和异国情调的地中海。
>
> 摆出典型妇女的各种姿势：安详的母亲(圣母)，轻松愉快的女秘书(女演员、国王的情妇)，完美的女主人(观赏者——收藏者的妻子)，性的对象(维纳斯，惊诧的半裸仙女)，等等。
>
> 特别性感的女性美腿。
>
> 炫耀奢华的专用物品：金缕铜雕、裘皮大衣、光亮如新的皮具，等等。
>
> 为观赏者设计，正面展示恋人的各种姿态和拥抱姿势。
>
> 提供新生活的大海。
>
> 代表富裕和阳刚之气的男性姿态。
>
> 用透视法处理距离——造成神秘感。
>
> 饮酒也就代表着成功。
>
> 古代骑士(骑兵)变作摩托车手。①

伯格得出的结论是，广告之所以如此倚重油画的视觉语言，是因为“广告实质上是怀旧的。它无奈地把过去卖给未来。它难以证实自己的论断合乎情理。因而，涉及质量的广告语言必求助于回顾与传统”②。因而我们看到，广告经常把一般观赏者——买主的传统教育拿来为己所用。它可以利用消费者获得的有关历史、神话、诗歌的知识来制造魅力，可以借国王的大名贩卖雪茄，同狮身人面像挂钩销售内衣，同乡村别墅等社会地位的象征联系在一

① [英]约翰·伯格：《观看之道》，戴行钺译，150页，桂林，广西师范大学出版社，2005。

② [英]约翰·伯格：《观看之道》，戴行钺译，152页，桂林，广西师范大学出版社，2005。

起推销新式轿车。

从创作技巧或方法上说，这些广告是对绘画名作的“挪用”。从否定的角度说，这是对名作的抄袭和模仿。但从肯定的方面评价，这种占取的挑衅行为嘲弄着现代主义所尊崇的“原创性”。本雅明曾在 1936 年指出，摄影术的发明，使复制成为艺术生产力解放的标识，艺术原创性的“灵韵”与自主性会消失，从而也会带来艺术的民主化。在大众消费领域，广告的挪用、复制与仿真提供了一种新的文化，它制造了一种基于原作而又不同于原作的文本，它使解构、跨界甚至恶搞都具有了文化上的合法性。

广告崇拜正在占有艺术。艺术正在成为广告的“独特销售主张”。“在当今的广告崇拜中对艺术作品的容纳以及对艺术本身的乞灵的方式，就像过去宗教的传统形象成为文艺复兴时期装饰艺术的符号系统的方式一样。当你想要为某个物品借用价值时，你可以将其插入到那些早已被证明是有价值的物品身旁。”①从这个方面来看，广告越来越“艺术化”。但另一方面，我们也应该察觉到，艺术也在逐渐“广告化”。实用主义的观念使得艺术家可以采用日常物品及杜尚式现成品的效价，这种效价使之能让所有人都可以马上识别，同时也成为艺术拼装组合的组成部分。

特威切尔说，在“广告＝艺术”这一等式的两边的运动早在 20 世纪 20 年代就已经显而易见了。艺术家和广告商们带着一种令人耳目一新的天真，共同探索各自能为对方提供什么。但是直到 20 世纪 50 年代的“创意革命”为止，双方都坚守着自己的阵地，尽管对新的动向抱有兴趣，但谁都不愿意冒险跨出关键的一步。广告业的中心麦迪逊大街只能含蓄地轻视高雅艺术，而画家们征用广告也几乎是偷偷摸摸地进行的。

自 20 世纪初期开始的艺术运动——立体派、野兽派、未来主义、达达主义、超现实主义、表现主义、抽象艺术——每一个运动都有自己广告口号式的“宣言”。所有这一切表明，艺术史不再受到某种内在的必然性驱动。从招贴画到广告牌再到画布的旅程，是修拉、图劳斯-劳特雷克、勃纳尔和朱尔斯·谢雷等所采取的现代主义的主要路线之一。这些艺术家都画过商品，诸如肥皂以及在着迷者的热情和关注下画马戏演出、音乐会的海报与小酒店开业的广告等。同样，达达主义艺术家们对商业材料的盗用，不是为了玩乐或炫耀技巧而是出于激情。达利、马格利特也拾起实实在在的广告并使它们

---

① ［美］詹姆斯·特威切尔：《美国的广告》，屈晓丽译，248 页，南京，江苏人民出版社，2006。

跨过艺术的门槛成为艺术崇拜。而对安迪·沃霍尔来说，商业就是艺术的最高形式。

1961年，沃霍尔在纽约一家女性时装店的橱窗里展出了几幅绘画，这些作品是两类低俗的图像的放大：一类是从大家熟悉的连环漫画上选取的图片，如大圆眼、超人；一类是刊登在廉价杂志与小报的最后几页上的粗糙黑白广告。这些广告促销的那些产品都声称可获得娇美面容、治愈秃顶或塑造一副好身材。1961年，没有人会严肃认真地认为这些漫画图像或广告图画是艺术，但是波普艺术给这些日常生活的图像赋予了艺术价值。1964年，沃霍尔在一家画廊里展出了一堆堆盒子，这个著名的系列作品是沃霍尔从超市里购买的印有“Brillo”商标牌子的肥皂包装盒子，用木板之类复制而成，或者单个的摆放，或者多个叠放在一起，遂成为最重要的波普艺术作品之一。

沃霍尔似乎比杜尚走得更远，他选择的是“用完即扔”的包装盒，而且连在盒子上实行进一步的“艺术加工”也没有，相比之下，杜尚还在他的小便器上签署了“R. Mutt”并将之命名为《泉》。但是，哲学家阿瑟·丹托却在这种艺术实践里面，看到了其丰富的哲学意义和美学价值。他所宣称的“艺术的终结”，在艺术实践上的来源就是沃霍尔1964年的展览所展示的《布里洛盒子》。1984年，丹托在《艺术的终结》一文中宣称，马克思和恩格斯曾经设想的“历史的终结”的意味在艺术世界里变成了现实，艺术家可以真正地做任何事情，似乎任何人都可以成为艺术家。麦克卢汉曾经说过，广告已经成为20世纪最伟大的艺术形式。特威切尔干脆就说，不管你相信与否，伟大的广告也是一种聪明人的产业。

第九章　欲望的制造

一个紫色司迪麦广告引起了女性主义者的愤怒。

广告字幕说："女性主义就是败在衣服和爱情两件事情上。"

现在，不谈广告和意识形态，不谈爱情，过滤之后，这句话剩下两个元素，女性、衣服，以及一种关系，输赢。这句话变成了，女人就是败在衣服上。

是的，我要骄傲地宣布，女人就是败在衣服上。

为什么不呢？衣服，一向是女人的知己。比方说，一见钟情互定终身，相信绝大部分成熟的女性会笑笑，把它当成是一个童话。但是，与衣服，那可不了。我们会跟各种不同的衣服一次又一次地一见钟情。买衣服的经验是，千千万万里，一看就看到了它，没错，就是它。这次不买它，下次也不买它，最后还是买了它。

其过程中之惊艳、狂喜、满足，很抱歉，男人是完全无份的。

这是女人的天分和权利。而因此是失败的话，我愿意放弃一切跟男人争平等的机会，我心甘情愿选择这种失败。①

——朱天文

在利用欲望和梦想作为调节供求互动关系的要素和手段时，广告并没有把人类生活划归为"唯物主义"的，而是相反地把它浸入梦境和扩张的色情中。阿多诺曾说，一旦商品的真正使用价值没有商品的交换价值那么重要的话，商品就会使人随意产生许多文化上的联想。这种情形正是现今消费者所熟悉的情境，日常的产品如服装、汽车、手机、香烟、饮料等，都有可能使人联想起浪漫、性感、时尚、年轻、异国情调和美好生活等文化意义。这些联想的形成涉及生产商、广告公司、大众传媒等众多环节，其中最关键的就是要把这些商品编码成为符号并且把消费行为设想为对这些符号的积极操作和控制。

广告巧妙地结合了视觉影像与符号，为受众提供了一种共同分享的经验和一种对话与互动的参照体系，所有的广告话语都是一种消费意识形态，观

① 朱天文：《女人与衣服》，见朱天文、朱天心、朱天衣：《下午茶话题》，8～9页，北京，龙门书局，2010。

看主体与广告商默契的地方是关于丰裕社会和美好生活方式的意象。加力在《广告的符码》中指出，20 世纪的广告有两项很重要的发展互成对比：一是广告的诉求，从价值的直接陈述转换成隐喻的价值与生活方式的塑造；二是广告里文字的说明减少，而相应的视觉影像有明显增加。这两项发展是消费者视角所导致的策略变化，即广告必须考虑信息接收者对语言和画面的感知才会有效果，而动机研究法借助精神分析学的贡献为这种转变提供了依据。

第一节　精神分析

一、动机研究：欲望战略

“第二次世界大战”后，西方逐渐进入消费社会，特别是美国，其文化工业的成就使其有能力向全球推行物质富裕和自由民主的理想。20 世纪 50 年代开始，动机研究在美国有过最为引人注目的发展。动机研究者认为，“美国生活方式”要发扬光大就需要深入了解沉默的大多数的感受、忧虑以及秘而不宣的愿望，也需要对大量的标准化的文化工业的产品实行象征性的区分。

动机研究主要是以精神分析学为理论背景展开的。当时，市场研究者认为旧式的“因为……所以”模式在经济繁荣、产品辈出的新时代早已过时，新的动机调查方式运用了心理学及精神分析的一些手段，取代了旧式的民意测验与统计。旧式的广告调查认为人是理性的，对自我需求一清二楚；而动机调查的市场研究法的首要推论是“非理性至上”，它探求潜意识是如何支配着人们做出选择的。动机调查还使广告商们理解了消费者为什么会逃避一些产品。例如，在早期，尽管新推入市场的速溶咖啡方便省事，但销售行情却不看好。为什么呢？大部分人说这是因为口味，但调查者们却发现了另一个深层原因：妇女购买这一产品很容易被人与持家无方、挥霍、懒惰联系起来。于是广告商对速溶咖啡的包装进行更换，增加了强调性的广告语“百分百纯咖啡”与“您可以骄傲地拿它待客”等，这样才被消费者接受。

动机研究者的作用就是，揭示目标消费者的个性中有哪些驱动因素与被调查的商品或品牌有联系，然后用符合消费者内心最隐秘期待的广告来调动这些驱动力。这双重的任务使得研究人员不得不在“精神”和“语言”两方面来操作所研究的客体。

在“精神”方面，可以把被分析的市场的存在分为两个在实践中相互影响的层面：其一是人类行为的逻辑表象层面；其二是潜意识的心理层面。二者在每个个体身上都是共存的，前者比后者更符合理性，后者比前者更具有心理力量。在这个框架下，广告要发挥作用，就既需要以理性诉求谈论所推销的商品，又需要以情感刺激调动我们的潜意识与本能冲动。在"语言"方面，也存在一种二分情况，即广告的外延层面(明确说出的内容)和内涵层面(信息推论或使人联想到的内容)两部分。

这样，在"精神"和"语言"两方面的两个二分的结合，可以促使广告研究人员把要分析的商品或品牌看做一种操作性表象，其周围是由形象构成的"光晕"，这些形象或多或少代表各种情感，赋予商品或品牌在消费者心目中的真正含义。因此，动机论者的主要任务是开列各种物品在人们心目中的联想含义一览表："此时，广告所推销的产品只有一个用途：为我们的深层欲望提供一个借口，在拥有产品的行为中展露深层欲望。"①除此之外，研究者还想让我们"摆脱物的束缚"，他们把广告汇编当成工业社会民俗的表现加以分析，从而提供给我们一面反映我们心灵的现代人的镜子。

把大众媒介的广告文本看成是"工业人的民俗"，这也是麦克卢汉的主题。他的《机器新娘》一书的副标题是"工业人的民俗"。在他看来，社会的民俗已经不再由教育和宗教决定了，而是由新闻、电影，特别是由广告决定的。"广告商总是竭力进入并控制公众的无意识头脑，目的不是理解或表现这些头脑，而是为了利用公众的头脑以榨取利润。"②

麦克卢汉搜寻广告表象下隐藏的内容：汽车是被当作性象征来展示的，汽车广告推销的既是曲线美和舒适，又是威猛的力量；一神教哥特式的十字架让位于工业时代成批的象征，如可口可乐广告中的美女，她兼有纯真的甜美、装配线的标准美和军乐队鼓手的激扬美，清纯与性感浑然一体。

麦克卢汉从揭露精神操纵入手，这样一来，广告和一切大众交流都是有罪的了。但是麦克卢汉知道，这场战斗是"以卵击石"，所以他没有站出来反抗大众媒介，而是借用了埃德加·爱伦·坡的"大漩涡"技巧。爱伦·坡笔下的水手逃生的办法，是研究旋涡的作用并顺势而行。同样，麦克卢汉的《机器新娘——工业人的民俗》也不去攻击那些由报纸、广播、电影和广告等机器的替身在消费者周围制造的巨大潮流和压力，他想让读者一边听任漩涡的

① [法]热拉尔·拉尼奥：《广告社会学》，林文译，72页，北京，商务印书馆，1998。

② [加拿大]马歇尔·麦克卢汉：《机器新娘——工业人的民俗》，何道宽译，185页，北京，中国人民大学出版社，2004。

摆布，一边观察旋涡的动态，从而可能摆脱它。

麦克卢汉探讨广告的方式，是从外部客观地观察广告，另外还有一种探讨广告的方式则是以广告为生积极给广告出谋划策，主要以厄内斯特·迪希特为代表。这两种形成反差的方式都是“动机研究”，从研究的最高目标来看，二者并无大的分歧，正如研究广告社会学的热拉尔·拉尼奥所说：“本世纪中叶，文学教授马歇尔·麦克卢汉分析‘工业人的广告民俗学’，使大众文化评论面目一新；同一时期，厄恩斯特·迪希特向广告客户和广告人员传授‘欲望战略’，使他的动机研究所门庭若市。”①

迪希特在广告界最早开创了动机调查的途径，奠定其工作的理论基础是弗洛伊德的精神分析学，因为弗洛伊德的观点暗示了自我可能会依赖于产品的象征主义以求在本我的需求和超我的禁止之间达成妥协。迪希特在为克莱斯勒公司工作时发展出著名的视敞篷车为男人的“情妇”、硬顶车是男人的“妻子”的概念。

马丁·迈耶在《麦迪逊大道——不可思议的美国广告业和广告人》一书中列举了迪希特几个最著名且显然最具弗洛伊德派性质的调查工作。例如，“朗臣”打火机的生产商向迪希特求教，他们的销售问题是有些消费者相信，当想要点火时，“奇宝”打火机比较好。朗臣打火机一直在设法粉碎这种态度，使用大量广告证明朗臣打火机不会打不着。迪希特分析之后说火苗是“性”的象征(性爱的含义：原始的生火是性的象征表现；光之女神与爱神联想在一起)，他的建议是，朗臣打火机应当用特写显示制造火焰的机械装置，而不是整部打火机，借着显示打火机的中心部分，朗臣表达了对其设计的信心。迪希特曾经对230余种不同的产品进行了深层次的会谈研究，并且他的许多发现都体现在实际的广告与营销活动中。

二、潜意识广告：暗中说服

在动机研究体系的支持下，广告商在产品宣传中加入了“心理价值”，使产品更具吸引力。从经济学的角度来说，广告可以被看成是通过“改变和重组心理”来创造实用性消费的行为。20世纪50年代的英国广告史也为此提供了明显的例证。1955年9月英国商业电视的出现使一个在政治和文化批评家之间已经激烈的论争更加白热化了，这一论争涉及商业广告的效果以及其他对消费社会的广泛批评。反对者认为电视广告引入了一种宣扬平庸的美国文

① [法]热拉尔·拉尼奥：《广告社会学》，林文译，72页，北京，商务印书馆，1998。

化的不良诱导手段。随着美国的跨国广告机构通过购买、合并和接收等方式在英国的积极扩张，人们的焦虑日益加深了，到1960年，伦敦有12家美国广告机构，控制了30%的市场份额。万斯·帕卡德在《隐蔽的说客》一书中揭示的美国的销售方式只是证实了人们已有的忧虑，这种忧虑又因为迪希特所写的《欲望的战略》而加深了。迪希特宣称，基于经济效益和社会利益的广告对人们有一种"潜意识的影响"。

很多人相信"潜意识广告"的存在。公众对意识不到的被操纵的恐惧开始于1957年在美国新泽西一家影院中做的一个广泛推广的实验。在电影《野餐》的放映过程中，市场调查者维卡瑞每隔5秒钟就以1/3000秒的速度插入"喝可口可乐，吃爆米花"的字样。这个速度快得让观众无法意识到他们看见过信息。在1957年整个夏天，用这种方式处理过的影片与未处理过的影片轮流放映，据称，在放映那些维卡瑞动过手脚的电影时，可口可乐的销量增加了57.5%，爆米花的销量增加了18.1%。维卡瑞为这个技术申请了专利，并且组织了一家公司来处理带有"潜意识"的电影与电视，而这样做得到很多宣传，"潜意识广告"立即在社会上引起一场骚动。尽管后来实验的执行者披露，曾对实验结果做过手脚，还有人说这实验根本就没做，它不过是编造出来的噱头，但是它启发了人们思考与潜意识广告有关的问题。

"潜意识广告"的话题使人们意识到广告商可能具有的操纵性力量，广告中可能含有消费者意识不到的语言和图像信息，不会让受众发现自己其实已经被影响了。

从专业的意义上来说，"潜意识广告"这一称谓适用于两种情况："速闪式显示"和"潜意识嵌入"。"速闪式显示"即在屏幕上快速闪过的视觉显示，它可以是图像，也可以是文字，由于是在瞬间闪过，观众的意识来不及记录下其存在。因此，它对受众的作用必须以潜意识的方式产生，即在没有达到他们意识阈限值的情况下发生，上述的维卡瑞案例就以该技术为基础。

而"潜意识嵌入"是指广告中的图片或文字以不为人注意的方式插入，从而达到与形象的其余部分融合在一起的效果。

很多媒体节目中确实包含了隐性的广告信息，常见的手法就是把产品或品牌标志"自然地"穿插在情节之中。在1982年的电影《外星人》(E.T.)中，观众看到小主人公吃着里斯·皮斯牌糖果；1994年的《阿甘正传》中有大量的耐克运动鞋特写；"007"系列电影中更是会有宝马、诺基亚等大量品牌信息。在这个后现代的消费社会中，电影、广告、新闻、市场、文化、娱乐等领域的界限已经消解了，最不商业的，往往就是最商业的。由于观众的注意力可能集中在影片的情节上，因此他们可能会在没有有意识地注意到存在插入形象的情况下，受到这些形象的影响。但是，并非所有隐藏的广告形象都被视为潜意识广告。

营销学专家艾·里斯和杰克·特劳特一再强调，市场营销不是产品的竞争而是“感知”的争夺。有些广告利用“完形”心理学调动受众的解码趣味，在这种情况下，没有人会批评说广告用隐藏的形象操纵受众。从20世纪80年代开始，“绝对”伏特加推出了一场最成功的和著名的广告运动，这场包括新瓶子设计的运动，把一个并不引人注意的斯堪的纳维亚的产品转变成了一个在同类产品中位居前列的世界品牌。该系列广告的特色就是把其瓶身与各种文化因素相组合，以呈现一种极具艺术、审美与趣味的创意，它的每则广告作品都暗含了未出现的形象、理念或文化碎片，受众会主动将其意义补充完整。

自此，广告得以大胆改变性质，它当然包含有意识形态，但同时也可以成为受众乐于从事的感官与精神的纯粹游戏。例如，“绝对”伏特加的广告完美传达了广告界倡导的“旧元素、新组合”的创意理念，它暗合了弗洛伊德《梦的解析》一书中谈到的“梦的表现方法”。

弗洛伊德认为，梦首先存在于梦思之间的相关：“把它们连成一个事件，因而产生连续性(时间)的逻辑连接。由这点看来，梦就像是希腊或巴拿树画派的画家一样，把所有的哲学家或诗人都画在一起。这些人确实未曾在一个大厅或山顶集会过；但是由思想来看，他们确实是属于一个群体的。”①后来，颇受弗洛伊德精神分析影响的超现实主义者所做的，就是扯断事物之间习以为常的联系，他们通过组合不同的事物而创造新意义，正如超现实主义诗人洛特雷亚蒙所说：“美”就像缝纫机和雨伞在手术台上偶然相遇一样。从这个意义上说，继超现实主义而后发展起来的许多现代艺术流派都多多少少受到它的影响；而在今天，所有表达、所有活动的当前形式都倾向于广告模式。

鲍德里亚在《消费社会》一书中分析说，当代资本主义的基本问题不再是“获得最大的利润”与“生产的理性化”之间的矛盾，而是潜在的、无限的生产力与销售产品的必要性之间的矛盾。“在这一阶段，体制必须不仅控制生产机器而且控制消费需求；不仅控制价格而且控制这一价值所要求的东西。这一点至关重要。总的结果是，要么通过先于生产行为本身的手段(民意测验、

---

① [奥]西格蒙德·弗洛伊德：《梦的解析》，赖其万、符传孝译，218页，北京，作家出版社，1986。

市场研究)，要么通过后续手段(广告、市场营销、包装)。”①这样一来，生产企业控制着市场行为，引导并培育着社会态度和需求。因此，对市场和动因等进行研究的经济与心理社会学机构存在的目的，就是为这种需求找到出路而已。

杰克逊·李尔斯指出，动机研究的蓬勃发展，来自于广告客户希望廉价卖清商品积压存货的愿望——为了使流通继续进行下去。广告公司和客户要急切寻找到一种新的销售模式，于是便向迪希特一类的心理咨询家发出了求救信号。这样，从20世纪50年代开始，在消费工业发达的西方社会中，广告开始“深入人心”：一方面，它借助于人们的力比多欲念，迎合潜意识的冲动；另一方面又借助于所谓“个性”的文化结构，即弗洛伊德所说的“自我”。商品生成欲望的手段是把幻想与现实、色情与经济合为一体，这种合并之所以能在符号学意义上得以完成，是以对语言结构的转换为手段的。

第二节　性与性别

一、性感信息的传达：广告中的性诉求

弗洛伊德理论在营销方面的大部分应用是与性联系在一起的，比如说，一些分析家指出，对许多男人来说，一辆跑车就是性欲满足的替代品。事实上，一些男人看起来过度地依附于他们的汽车，花费许多的时间去洗刷和擦亮它们。有汽车广告这样描述：“当你穿越金属薄板和欲望时所发生的事情”，这就加强了一种观念：汽车除了能满足其功能上的需要，还可以象征性地满足消费者性欲方面的需要。

约翰·伯格在《观看之道》中指出性对推销产品的作用不容小觑：“广告日益利用性欲推销各种产品和服务。可是这种性欲本身绝无自由可言，它不过是一种象征，象征某种设想为比它更优越的事情，那就是随心所欲购买一切的美好生活。拥有购买力就拥有吸引异性的能力，这偶尔也成为明确的广告信息。”②潜意识和幻象与消费者宗教般的购物情结由此开始了循环论证，两者互为索引、互相规定。

---

① [法]让·波德里亚：《消费社会》，刘成富、全志钢译，60页，南京，南京大学出版社，2000。

② [英]约翰·伯格：《观看之道》，戴行钺译，157页，桂林，广西师范大学出版社，2005。

弗洛伊德认为生物的需要有两种：保存个体的生命和延续种族的使命。保存个体的生命是通过汲取营养来达成；延续种族则要寻找配偶。弗洛伊德把性本能看成是完成这两项生命活动的自然倾向。性感广告充分满足受众的潜意识，激发受众的性本能，从而引起消费者的注意，达到广告推广的目的。

大卫·里斯曼和迪莫希·哈特曼提出性诉求在广告中的运用，按产品与性感信息的关系分为 4 种：第一，功能性性感广告。广告产品与性感信息直接关联，一般为男女个人用品，如内衣、内裤等。第二，想象性性感广告。广告中性感信息与产品的联系有一段距离，需要受众发挥个人想象力才能将二者联系起来，如香水等。在这类广告中，画面和音乐的运用远远超过了文字。文字的意义是有限的，而图像、音像的含义几乎是无限的，好的画面和音乐能使人的想象力走得很远很远。第三，象征意义的性感广告。这种广告利用特定的符码作为性别的象征，如皎洁的月亮、柔滑的丝绸代表女性，粗花呢象征男子气概等。第四，与产品无关的性感广告。其中商品与性信息无任何联系，性信息只是被用来吸引观众最初的注意力的。

从广告效果来看，往往产品与性感信息关联度越高，广告效果越好。广告中使用性感元素需注意的是，首先必须摆好画面和广告信息的关系，不能一味地为了吸引人们的目光而滥用性感广告；另外，文化差异造成对性感广告接受程度的不同，因此跨文化传播时要考虑文化背景而掌握好尺度。

在我们的文化中，某些商品与性的联系与其他商品相比也许会相对紧密一些。如化妆品与某些服装、食品、酒类、香烟与汽车等。服装、香水和化妆用品对于增进使用者的性吸引力的作用是不言而喻的，因此，在这类产品和广告中使用性信息以及宣称自己的产品与性享受有关是很自然的事，除了过于极端的保守人士或某些特定对性有禁忌的文化以外，一般人都会接受这类产品广告中与性有关的表达。

在 20 世纪 20 年代的美国，随着汽车生产技术的逐步完善和成熟，汽车制造商们已经开始把汽车当做一种美好事物和生活方式来宣传。汽车代表浪漫的事物和时髦的生活，是优雅的代名词。它不但给人们提供大区域范围内活动的灵活性，而且带来激动刺激的感觉和种种奇遇冒险，甚至还有风流浪漫的保证。汽车广告往往向男性顾客暗示如果拥有这样的汽车则会轻易获得异性的青睐，向女性顾客保证会给她们带来美妙而浪漫的经历。

广告中的性感诱惑无处不在，但性的促销作用真的像人们想象的那样巨大吗？美丽的半裸的女模特、具有强烈视觉刺激的性感场面，或那些半遮半掩的性暗示真的能诱惑我们为广告所宣传的产品掏腰包吗？经过研究，有些广告研究者得出的结论是：性因素除了销售性本身，其他什么作用也没有。

在某些情况下，性刺激的确会影响广告的效果，但这种影响对于性诉求所推广的产品来说却不是个好消息：性暗示的内容使人们忽略掉了广告中的其他内容，甚至是产品的名称。人们对于性感广告所推广的品牌的记忆度只有那些“中性”广告，也就是没有性暗示的广告中的产品的一半。研究者把这种现象称为“吸血鬼效应”，广告中的挑逗性内容降低了人们对产品的注意力，违背了广告的初衷，产品的光彩被极具诱惑力的性内容掩盖，就像被吸去了血液和生命一样变得苍白。

乔治·路易斯曾强调说，性在广告中需小心处理。尽管在大众媒体上，性革命与性表现的限制已经放松，但广告终究不是表现性最恰当的环境。路易斯认为，广告是借由创意来引起注意的；性则是分散注意力的激情，是没有明确方向的暧昧情绪炮弹——它有自主的意象，不容易融入广告活动中。然而，性还是具有潜在爆发力的，它是项“工具”，你得学会正确地使用它；路易斯的使用方法是在广告中加入“幽默”这个催化剂，“性”就能发挥最佳的效果，而且可以让人不具威胁性地接受。综合“性”与“幽默”就可以做出精彩的广告。

二、性别关系的展示：广告中的女性形象

张爱玲在《红玫瑰与白玫瑰》中描绘的两种女人，也是当今广告中出现的两种主要的女性形象。多年来，对广告中女性形象的文化思考多集中于探讨女性的形象、角色与性别歧视的倾向。其论点主要可归纳为以下两个方面。

第一，与“白玫瑰”相对应，认为这是男权意识宰制下对女性的种种限定。最为明显的是角色限定。批评者指出，广告中女性扮演的角色多是从属性、依附性和被动的，男耕女织这样一种传统的社会分工把女性定型为家庭主妇形象，是贤妻，是良母，是成功男人背后的一朵花。典型的例子是：暖意融融的家中，丈夫惬意而舒适地坐在沙发中，满面微笑的妻子身着家居服饰，系着围裙，端上热气腾腾的饮品，丈夫满意地接过来，美美地品上一口，转头微笑地看着依旧弯腰弓身的妻子……女性在家庭中服侍丈夫的形象在这里得到了明显地表现和强化。

欧文·戈夫曼曾这样揭示广告中女性形象的特质：女性的社会关系即等于家庭关系，而家庭结构以男性权力为中心，女性的地位等同于孩童，其行事则通常符合社会上对于孩童的期望。这在戈夫曼来讲就是“‘附属形式’或是‘以俯身致敬形式表明女性在身体上就低于男性’。例如，床、地板常伴随

女性在广告中出现，这就代表着女性处于一个次要附属的位置，她们不是在擦地板就是在擦浴盆。”①

为了支持自己的观点，戈夫曼指出在广告中若干性别关系的表现。例如，他发现，如果广告画面中描写的是手，情况经常是这样的：如果是女性的手，则通常是抚弄着某样东西，或是只轻轻地一触，仿佛这些手是无法牢牢掌握这个东西似的；如果是男人的手，那可不同了，通常是强有力地抓住了并且玩弄器物于掌中。戈夫曼的关切点在于，通过这样的表现，显示了什么样的男女地位以及男女在社会上的相对位置。

基于这种视角，广告中往往有这样的叙述：如果是职业型妇女，那么在她的工作环境中，女职员或女秘书总是给男老板或是男同事倒咖啡；如果是家庭型妇女，那么这个女人一生中最重要的角色就是支持她的丈夫，迎合、关心丈夫和孩子。怎样才是现代好女人，才是淑女，甚至择妻的标准、良母的典范，都可以在广告中查找索引，寻到答案。

第二，与“红玫瑰”相对应，认为广告中存在在男性审视之下的将女性性对象化的倾向。这种观点认为，广告中，女性脸部、胸部、手部或腿部的特写，娇嫩肌肤的展示，都凸显了女性的形体美，并且时常伴有女性自我陶醉的神态或挑逗的目光。凡此种种，批评者认为，都是以男性视角对女性的性欣赏。“男子的占有欲、观看欲和女子的被占有欲、性炫耀是互为因果地存在于父权社会的，这造就了人体审美中的一种奇特的心理不对称现象：男性喜欢欣赏女性人体，女性也喜欢女性人体。女性人体是被欣赏的对象，是公共财产。”②

目前对广告中女性形象的分析基本上止于道德说教的层面而未能进入更加宽阔的视野。从性别在社会中的建构过程来看，“性”(sex)指涉的是男女生物上的区别，“性别”(gender)则是基于这样的一般关系之下，以文化为底的特定安排。在不同的国家，依社会既存的特定文化类型的不同，男女之间的关系可以出现很多不同的风貌。所以说，性别关系并不能说是自然形成的——它们是在社会情境中，被人界定与结构化的。既然如此，任何一种文化就必须经常努力，以求维持现有的性别关系。

戈夫曼的观点是，为了达到这一目的，方法之一就是在社会生活的过程

① [美]朱丽安·西沃卡：《肥皂剧、性和香烟：美国广告200年经典范例》，周向民、田力男译，432页，北京，光明日报出版社，1999。

② 潘知常：《反美学》，141页，上海，学林出版社，1995。

中，以传统上习以为常的手法，来些“性别的展示”。在日常与人来往的时候，人们不断地为自己，也为他人，界定什么才是当下社会的男性与女性。举凡人们的衣着、行为的模式以及互动的结构，一直到体态仪表与仪式活动（如男士为女士开门、让座等），无不是在使用文化上传袭已久的行为公式，传达有关性别的关系。这些展示，或说是“性别行为的仪式”，可以帮助人们诠释社会实体，从而引导人们的知觉。就是因为这些传袭已久的性别描述，广告才能够从中大量“援引”素材。

这就是为什么广告中经常出现“男主外，女主内”的描述。如果如一些批评者所说这是“性别歧视”的倾向，那广告本身也无可指责之处，社会情境使然。大体说来，广告并非是在从空无所有的基础上“创造出来”的形象，而是极为真实地反映了人们社会生活中的一个剖面，它们反映了“性别的展示”。从这个角度说，广告在推销商品的基本功能之外，更起到了延续文化、维系社会结构的功能。

戈夫曼分析说，如果广告商遂行了什么，那么也是把社会原已习以为常的东西，更加习以为常化了；把已有的风格，更加风格化了；把原已不是情境脉络之下能够控制的东西，再以轻率的手法加以援用了。他们的过度之处，乃是“过度的仪式化”。

但有一点需要特别指出的是，在社会结构中，性别只是其中之一，政治、教育、职业、艺术、宗教等都是极为重要的部分。但在当下的文化中，广告所采取的均衡点偏倚得很严重，甚至使性别以外的每一项东西都处在性别的定义的笼罩下。从现代广告来看，广告商利用的最为频繁的社会资源，可能非性别莫属。

第三节　购物实践

一、购物哲学：需求与愿望

在现代社会，“购物”是一种完完全全的“性别”活动，这种“性别”活动又被普遍认为与女性角色紧密相关。所以，购物本身被视为某种程度的“女性”活动，相比而言，男性的角色定位则与购物无关。从根本上说，现代社会的男女两分是与更普遍的生产和消费的对比直接联系的。有足够的证据表明购物是女性占优势的活动：不仅是女性占了购物者的大多数，而且她们所花费的购物时间也多于男性，她们会逛更多的零售商场，买更多的商品。

假如认可购物与女性紧密相关的话，那么对于社会中面对选择的男性就具有明确的暗示意义。他们“要么放弃购物”以防止任何威胁他们“男子气”的可能性，“要么参与购物”而甘愿冒着被认为是“女子气”的风险。对于大多数男人来说，完全不购物是不太现实的，在这种情况下，“保持距离”似乎是可以利用的方法：这表明他们虽购物，却仍然不情愿或者并不完全投入。所以，男人试图使他们与购物保持距离，说他只在“必须购买”时才买，或者设法“尽可能少地”、“尽可能快地”购买，以此表明他们并不是真正在做女人所做的事情，以此来限制一切可能造成他们性别身份的威胁。然而，事实上仍然有不少男人逛商场，而且并非总是在迫切需要或者不很情愿的压力下，有的甚至对此表示出一定的热情。所以，显然不是所有的男人认为购物对他们的性别构成威胁，对此又如何解释呢？

柯林·坎贝尔认为，有一个重要的因素能够让男性购物而不致影响他们的男性形象，这就是男性购物“哲学”或更恰当地说是“意识形态”在男性文化中的出现。这是一个关于信念和态度的思想体系，可用于确定和证明购物活动是与男性思想意识相一致的，所以能够以此对抗女性形象的普及和流行。购物的男性因此能够援用这种意识形态，以便他们的行为与女性形式相区分，从而保护他们的性别身份。换句话说，这不仅仅是一个因为性别的不同而对购物的评价体现出“女人喜欢”而“男人不喜欢”的问题。

在对购物本身的定义上，男女双方的说法似乎是另一种对比。人们根据工具性和情感性的两分来清楚地表达这种对比：男人倾向于把购物看做一种纯粹的为购买所驱使的活动，它与“需求”的满足相关；而女性更情愿把它看成一种寻求快感的活动，它与“愿望或欲求”的满足相关。也就是说，男性认为购物只是在有所需时而为，它本身并没有什么诱人的价值，它只是最终获得物品的手段；女性也同样认为购物是最终买到商品的手段，同时还愿意把购物视为本身就具有价值的活动——无论买到商品与否，因此，她们不把购物仅仅看做为了满足“需要”，而且还认为它具有诱人的“休闲”价值。这种对比的最佳阐释可从男女两性对于“逛街”的不同态度以及各自对所费时间和金钱的价值判断中见出。

就本质而言，男性认为购物是一种“需要”，需要到合适的零售店铺买上合适的物品，然后回家。正如他们的一个受访者所表述的，男人喜欢“去，买，出来”。“看看”或“逛逛”不被视为这一过程的本质部分，相反被认为是浪费宝贵的时间，对购物本身于事无补。所以尽管男性购物者不会声称对价格不关心，而且有些人确实看重讨价还价，但是在男人的哲学里，时间比金钱更宝贵。因此，如果“四处采购”意味着要去许多商场瞧瞧，那么他们也许会拒绝，而宁愿多花些钱，以便节省时间。在这方面，男人特别类似“便利购物者”，或许如斯通首次证明的悖论，即“经济购物者”。①

女性则把“逛街”看成“购物的本质”。把它看成本质不仅因为这是获取可供购买的商品信息的方式，而且因为只有通过与物品的直接接触才会激起“愿望”，从而产生“购买欲”。在很多女性看来，无论购买与否，购物活动都能得到快感。女性提到“购物”一词时，相对于男性更有可能含有享受休闲的意思。可以认为，男性竭力要把购物纳入“工作框架”，而女性则将之归于休闲一类。这表明男性或者因为要适应社会生活，或者因为传统上他们要更多地投入工作，所以倾向于把购物置于“工作”的名目下，即使在他们眼中购物已附加了“女性”的形容成分。因而，他们不但不期望以购物为乐，而且认为评价购物的合适标准也是那些用于工作的，即合理性和效率。而女性倾向于认为购物是休闲，尤其是添衣置装，更是实质上的放松娱乐，完全把它同工作与家务区分开来。由此，她们必然倾向于视购物为“乐趣”，拒绝任何完全实用或功利的提法。

这两种观念合理地服务于各自的购物方式而轻视另一方。男女两性都认为各自的购物方式是自然合理的。所以，男性意识形态不仅为男性提供一种不削弱他们自身性别感觉的购物方法，而且还支持他们把女性购物方式描述为“非理性”，以便重新强化男性把女性看做易于冲动的和非理性的传统观念。

若把男性模式作为标准，那么他们就能够批评女性：花过多的时间购物；逛太多的商场；在选择商品时犹豫不决；逛店无数最终所买却是她们第一眼看上的；等等。女性因此被指责为“虚耗光阴”和“太挑剔”。

相应地，女性也用她们的购物观作为意识形态，其作用是既为自身的行为辩护又否定男性批评的合理性，但是她们的意识形态往往是“防御性”的，经常表现为女性抱怨男性：不花足够的时间购物；试图限制她们只逛一两个商场；不知道她们的所好；常常买他们第一眼看到的，然后匆匆离店；对产品无知无识，对价格无知无觉；等等。所以，以女性的观点来看，男性是蹩脚的、浪费的和不经济的购买者，而不那么“非理性”。

---

① [英]柯林·坎贝尔：《购物、快感和性战争》，周茜译，见罗钢、王中忱主编：《消费文化读本》，215页，北京，中国社会科学出版社，2003。

总的来说，与男性相关的购物态度聚焦于“需要”的修辞，而女性购物态度则在于“愿望与欲求”的修辞，这在阐明“后现代”消费社会的理论方面具有意义。因为这些理论在呈现以满足愿望和欲求为中心的现代或后现代模式的同时，也显然呈现了传统或前现代消费环境中以满足需要为核心的模式。于是可以说男性是“过时”的消费者，而女性是现代的高级消费者。“如果人们假定这种趋向将持续，越来越多地强调休闲娱乐消费，并且想象购物为愉悦的，本质上是休闲的活动，近似于旅游和其他富有情趣的娱乐形式，那么这可能意味着男性面临选择：要么变得越来越‘女人气’(或许加入‘新型男性’的行列)，要么在后现代的消费社会里越来越被边缘化。”①

二、妇女乐园：诱惑与解放

作为一种女性实践，购物的成功就像运动、战争或商业上的成功一样变成了一种“权力”的来源。假如“家”对妇女来说意味着家庭奴役，意味着她们对父权制资本主义通过基本家庭结构施加给她们的要求俯首听命，那么，购物广场就成了所有对立的、解放性意义的集结场所。可以把购物广场看做这样一种空间，即妇女可以进入的公开场合并被授予了权力与自由。中产阶级妇女通过购物而跨越公共和私人界限的实践已经成为可能的了，这表明了与过去的重大断裂：百货商店等购物空间实际上成为除教堂之外的第一种公共场所，无须男伴到这儿一逛，对女性来说是体面的事。

“走出去”并“购买”，在妇女作为消费者的活跃的角色中引发了一种相应的解放。19 世纪，随着女性进入劳工市场，随着她们在家庭中管理地位的上升，男性对花钱的控制权受到了削减，对此关注的表达融入到更公开的、有性征的叙述当中。许多对女性和购物行为的论述显露出一些对性别的恐惧和敌意因素。百货商店被指控有“放纵的激情”。这些描述反映了男性对吞噬一切的女性化的恐惧。男性既感到丧失了对女性购物者的控制权，又对她们不受约束的性感欲望非常恐惧。在面对新的消费给予女性的不断扩张的自由和权力时，他们深感嫉妒与焦虑。正是在这个舞台上，大量普通妇女深受现代性过程的影响。百货商店是 19 世纪晚期以来消费文化的集中表现；它是新“视觉政体”中视觉普遍存在的示例，也应该被读解成制造了女性体验同时也被女性体验制造了的现代性的一个原型之地。

1905 年的一部电影《盗窃癖》在当时非常流行，它讲述的是一个非常富有

① [英]柯林·坎贝尔：《购物、快感和性战争》，周茜译，见罗钢、王中忱主编：《消费文化读本》，221 页，北京，中国社会科学出版社，2003。

的女人，对自己从百货商店偷了一样小东西感到很羞耻，但没有被告发；另外一个贫穷的女人，偷了一条面包，也感到很羞耻，结果却被起诉了。这反映出，百货商店的商业操作中存在着内在的矛盾，一方面它签署了欲望产生的许可证明；另一方面又拒绝起诉“受人尊敬”的顾客的偷窃行为。

当消费社会的批判性话语，把物质女人定义为精神沦丧的无可救药的族类的时候，也许在一定程度上忽略了物质和女性的内在联系。实际上，我们已经很难从精神维度本身，来谈女性的精神解放。就像在电视剧《欲望都市》里，物质已成为女人心理和精神危机的解决之道，而不是如批评者所说的那样，是物质制造了精神危机。因为一双漂亮的皮鞋，可以让孤独走开。这和贫富差距没有多大关系，穷女人和富女人都可能以她们的天赋——精致和敏感，和物质达成某种亲密关系。

第十章 消费意识形态

我们既已知道物在人类社会，人类文化，以及人类意义的建构过程中，扮演了核心地位，我们也就可以得知，广告的力量哪里来：并非来自广告客户的精诚，而是得自人们对于意义的需要。如果财货就是仪式，而仪式之用在于“促使文化之类目，得能外显，并能稳定”，那么广告以及广告提供的意义，也就是资本主义得以稳定，所不可或缺的磐石。它在意识形态上的角色，并非创造需求，亦不是左右市场上的占有率，更不是解消意识形态——广告之为用，在于提供意义。这就是为什么广告如此有力的原因。如果广告具有玩弄人于股掌的能力，它是提着一个真实的需要在进行的：我们知悉世界并且赋予意义的需要，我们知悉自身的需要。①

——苏特·加力

就像贝纳通20世纪80年代以来以种族融合、死亡、贫困、艾滋病等为主题的广告宣传，这是一个多元文化的社会，我们见证了广告引入的社会模式。“广告商不是先知，而是统治意识形态的一个打手。它披着游戏的外衣，其实是资本主义的高级军官。”②广告文化的本质是一种消费意识形态，就具体文本来说，广告既不让人去理解，也不让人去学习，而是让人去“希望”。在此意义上，它超越了真与伪。只要能够控制符码系统，广告就可以让商品产生任何意义，此时商品与实用性无关。越来越多的广告在大众面前堆积泛滥为绝对能指的漂浮。所有的广告代理商都是“站在虚构这边”，只不过它们是以市场调查、产品分析、媒介接触、消费者研究等宏大叙事构建所谓“科学的策划”，一旦将它们肢解，就失去了美和乐趣。

---

① [美]Sut Jhally：《广告的符码》，冯建三译，272页，台北，远流出版事业公司，1992。

② [法]埃里克·泽穆尔：《第一性》，谢强译，20页，北京，中国人民大学出版社，2008。

第一节　意识形态理论

一、虚假意识：操纵与抵制

（一）文化工业

“意识形态”这个词是特拉西在 1796 年提出的，用以描述观念的科学——就是使人们认识到自己的偏见和成见的学科。意识形态这一概念被马克思和恩格斯在《德意志意识形态》一书中使用，意在反对那种认为人们的思想观念可以脱离社会的政治和经济的关系单独发展成型的看法。从这个角度说，意识形态是被某一社会集团的利益所决定的，它通常会对其他集团的利益造成某种损害。马克思认为意识形态歪曲了现实，掩盖了历史过程中的真实矛盾，颠倒了社会的真实关系。马克思的意识形态概念是否定性的。

法兰克福学派的批判理论也是一种意识形态批判，这主要见于霍克海默和阿道尔诺合著的《启蒙辩证法》一书中。像马克思一样，他们把意识形态看做对现实的颠倒、歪曲或掩盖，看做“虚假意识”。法兰克福学派意识形态批判的主要对象是文化工业，即电影、电视、杂志、音乐、广告等文化或艺术领域。在他们看来，这些与资本主义生产融为一体的文化产业发挥着意识形态的功能，维护了资本主义的统治。文化工业通过一种商业的意识形态即可以征服所有事物的市场逻辑来控制消费者和麻痹其思维，宣告他们无限拖延下去的命运：“文化工业不断地在向消费者许诺，又不断地在欺骗消费者。它许诺说，要用情节和表演使人们快乐，而这个承诺却从没有兑现；实际上，所有的诺言都不过是一种幻觉。”①

法兰克福学派批判理论探讨的是一种对抗性文化的形式和内容是怎样被抽掉了其中“否定性”和“批评性”力量，被纳入到商品消费中去。因此，“不要指望观众能独立思考：产品规定了每一个反应，这种规定并不是通过自然结构，而是通过符号作出的，因为人们一旦进行了反思，这种结构就会瓦解掉。文化工业真是煞费了苦心，它将所有需要思考的逻辑都割断了。”②这种意识形态是腐败的和操纵性的，它巩固了市场和商品拜物教的统治。它使人

① ［德］马克斯·霍克海默、［德］西奥多·阿道尔诺：《启蒙辩证法》，渠敬东、曹卫东译，156 页，上海，上海人民出版社，2003。

② ［德］马克斯·霍克海默、［德］西奥多·阿道尔诺：《启蒙辩证法》，渠敬东、曹卫东译，153 页，上海，上海人民出版社，2003。

顺从和麻木，强迫人们普遍接受资本主义秩序。对阿道尔诺等来说，文化工业强行灌输给人类的关于秩序的各种概念，始终是关于现状的各种概念。文化工业的意识形态使遵从代替了自觉，这种遵从的趋向，不容许对现存社会秩序有任何偏离或反对，也不容许对现存社会秩序有其他的看法。异常的、相反的、其他的思想方式和行动方式已变得日益不可想象，因为文化工业的力量被扩大到了对民众头脑的支配。文化工业经营各种谎言而不是真理，经营各种虚假需求和虚假解决办法而不是真实需求和现实的解决办法。

在马克思和法兰克福学派否定性的意识形态概念中，意识形态是强制性和操纵性的。马克思对资本主义的批判揭露了新的统治形式，这种统治由表面上客观化和物化的市场力量支撑。根据霍克海默和阿道尔诺的理论，启蒙运动和工业技术带来对异化关系的新形式的屈服。批判理论认为，意识形态不再是一层面纱，它成为“世界的脸面”，它与现实融合，或者更准确地说，现实变成了它自己的意识形态。马尔库塞后来在批判消费社会的时候，对这一看法做了补充和发展：意识形态被吸收进现实，成为坚不可摧的力量，其力量源泉正是生产过程本身。

法兰克福学派对文化工业的物化和异化后果的揭露是有价值的，不过认为由于文化工业的运作，个人必然会被导向顺从，这未免过于悲观。至少他们的批判本身就表明，并非所有人都丧失了自主性和批判能力。在霍克海默和阿道尔诺那里存在着过高估计文化工业使个人异化的能力的危险。除此之外还存在着“内部主义的谬误”，即倾向于从文化产品本身出发估计文化产品的后果，从而忽视了复杂的阐释和接受过程。

(二)想象性关系

法兰克福学派等人道主义的马克思主义假设人们是被动盲目的，或者是需要引导的无知大众。这种意识形态理论的致命弱点，是无力解释在一个现代民主的社会里，人们为什么会“自由地同意”，甚至会主动配合意识形态的牵引。为了解释这一“自由地同意”，结构主义的马克思主义者路易·阿尔都塞提出了一种意识形态理论。他给意识形态下了一个定义：“意识形态是具有独特逻辑和独特结构的表象(形象、神话、观念或概念)体系，它在特定的社会中历史地存在，并作为历史而起作用。”①这个定义说明意识形态有两种功能：作为“表象体系”，意识形态具有理论的功能，这等同于“虚假意识”；作为“历史而起作用”，意识形态又具有实践的功能，即为统治阶级服务。

---

① [法]阿尔都塞：《保卫马克思》，顾良译，201页，北京，商务印书馆，1984。

阿尔都塞提出，意识形态的统治功能是通过“意识形态国家机器”实现的，“意识形态国家机器”是指学校、教会、家庭、大众传媒、文化等。通过这些机构，统治阶级向被统治阶级灌输自己的意识形态，培养人们对现存社会的忠诚和服从，使其感到现存政治秩序是“自然的”和“永恒的”。阿尔都塞举例说，在多数西方资本主义国家，大众传媒始终把社会行为者视为消费者，集中报道人们生活中对需求的满足和即刻获得的满足感，这种过程对于资本主义企业的再生产是必不可少的组成部分。

阿尔都塞认为，意识形态的一大核心机制就是通过“召唤”建构主体。召唤者通常是大主体，如上帝、民族、父权制、普世论，或者是这些因素的交叉。意识形态把具体个人召唤成了具体的主体。意识形态的功能就是推动和保证主体把自己认为是主体，意识形态也正是通过这个过程维持了自己的一致性。

在这里，阿尔都塞的前提是，意识形态代表着个体与其真实存在状况的“想象性关系”。这种想象性关系是一种物质关系，意识形态不只是关于观念的或者对内心状态和意识的追问，而是由各种群体和机构所进行的一种物质实践。意识形态把各种行动赋予生活在它为其限定的想象性关系之中的人们，这些行动实际上就是实践，它们受到在一架意识形态机器的物质存在之中，将那些实践铭记于其中的“仪式”的支配，它只是这架机器的一小部分：一座教堂中的一小群人，一场葬礼，一家体育俱乐部的一场小比赛，一个上学日，一次政党会议等。阿尔都塞对这一问题的解释方法是“安插”理论，即认为意识形态国家机器为每一个体在这架机器中准备好了一个位置，唤出个体并且赋予它一个名称，然后通过自我形象或再现的形式，给每个人提供一种抚慰性的关于整体的幻景，一种抚慰性的一致感。

在广告文化领域，可以看到朱迪·威廉姆森在《解码广告》一书中试图运用阿尔都塞的理论来分析广告。这类研究的方法之一是与精神分析法相关联：如果要使广告中的形象起作用，就必须在消费者那里存在着欲望，同时，广告形象必须与这个欲望相吻合。它暗示消费者，通过消费广告所宣传的品牌，你就可以获得与广告中一致的形象。

(三)谈判版式

阿尔都塞将意识形态带出了强制性和操纵性的阴影，但同时也走到了另一个极端，从结构主义出发的“意识形态国家机器”有如索绪尔的“语言”系统，它无法解释社会的变动和民众的抗争。20 世纪 70 年代以来，西方的意识形态批评家发现，他们需要一种更加能动、更富弹性的意识形态理论，于是重新肯定20世纪30年代马克思主义理论家和共产党领导人安东尼奥·葛兰西的意识形态理论。葛兰西的意识形态理论主要见于《狱中札记》，他把意识形态从阶级斗争的层面提升为一般意义上的世界观，一种特定的价值观念体系。在《狱中札记》中，他为意识形态下了一个定义："意识形态是内在地表现于艺术、法律、经济活动以及个人和集体生活的全部现象的世界观。"①

葛兰西把意识形态理解为一个独立发挥功能的社会领域，认为无产阶级要在整个社会或国家居主导地位，首先要在意识形态领域获得"领导权"。他把国家分为两个层面："一个层面是政治社会，其性质是统治，其功能是强力压制，它依赖于以暴力为基础的政治法律机构。另一个层面是市民社会，其性质是调和，其功能是争取同意，它依赖于意识形态上的领导权。"②所以，葛兰西说国家在其完整意义上是"专政＋领导权"。他指出，市民社会与政治社会不同，警察、军队、监狱等强制性力量对它毫无用处，市民社会的运作无须惩罚或强制性的义务，它以习惯、思想和行为方式、道德等的进化形式来施加集体压力并取得客观效果。任何国家都是政治社会和市民社会的结合，都在强力统治和领导权之间保持平衡。由于历史的发展，这种结合和平衡的内容是不断变化的：

> 在前资本主义的国家中，政治社会压倒了市民社会，强力统治对领导权处于优势状态，统治阶级毫不掩饰在意识形态上确立自己与从属阶级的差别，并用强力机构来保证这种差别。资本主义的诞生把这一切颠倒了过来。资本主义的国家不仅以强力维持自己的统治，而且更注意争取民众的同意，统治阶级自诩为整个社会的代表，并极力在意识形态上同化其他社会阶级，造成整个社会的一致。于是，国家的两个部分之间的关系出现了一种变换：政治社会作用的降低和市民社会作用的提高。③

葛兰西与早期马克思主义冲突的分歧，在于他强调资本主义社会统治阶级与被统治阶级之间的文化与意识形态关系，与其说体现在前者对后者的统治，不如说体现在争夺"领导权"的斗争。就是说，在统治阶级和被统治阶级

---

① 转引自姚大志：《现代意识形态理论》，92～93页，哈尔滨，黑龙江人民出版社，1993。

② 转引自姚大志：《现代意识形态理论》，100页，哈尔滨，黑龙江人民出版社，1993。

③ 转引自姚大志：《现代意识形态理论》，100页，哈尔滨，黑龙江人民出版社，1993。

之间，争夺整个社会道德的、文化的、知识的，因而也是政治的领导权。葛兰西强调，资产阶级之所以可以成为领导阶级，前提是资产阶级意识形态在不同程度上能够容纳对抗阶级的文化和价值，为它们提供空间。资产阶级领导权的巩固不在于消灭工人阶级的文化，而在于联系工人阶级的文化形式，并且在这一形式的表征中来组建资产阶级的文化和意识形态，它的政治属性也在这一过程中发生了改变。

接纳对抗阶级的文化因素，一个结果是“资产阶级文化”不再纯然或者完全是资产阶级的了。相反，它是来自不同阶级区域的文化和意识形态因素的一种有机结合。如果说葛兰西的领导权概念指的是统治阶级的谈判过程：统治阶级试图同对抗阶级的文化进行谈判以赢得它在文化和意识形态领域的领导地位，那么同样确实的是，被认同的便是统治阶级文化和意识形态的一种“谈判版式”。

二、日常生活实践：消费作为生产

(一)编码与解码

在阿尔都塞和葛兰西意识形态理论的基础上，斯图亚特·霍尔从媒体研究中发展出“编码/解码”的模式。霍尔《电视话语中的编码和解码》一文的中心内容是电视话语“意义”的生产与传播，他将马克思主义政治经济学理论的“生产—流通—分配/消费—再生产”的循环模型具体化，用以分析媒体如何编码产生信息、信息如何流通、受众如何使用和解码信息以创造新的意义。

这也是霍尔“接合理论”的具体应用，接合实际上是一个动态的过程，即在各种要素或组成部分之间建立一种关系的实践活动。这些“实践”的对象就是以特定方式组织起来并以符号载体的形式出现的各种意义和信息，它们像任何形式的传播或语言一样，在一种“话语”的语义链范围之内通过符码的运作而组织起来。

实际上，霍尔是在索绪尔语言学的基础上吸收了罗兰·巴特的符号学思想。在巴特所举的例子中，毛衣表示一件“温暖的外衣”(外延)，因而表示“保暖”这一活动/价值；但是，在更多内涵的层次上也有可能表示“冬天的到来”或者“寒冷的一天”。而在时装的具体化的次符码中，毛衣也可以意味着最新女时装的流行款式。如果置于正确的视觉背景之中并被浪漫的次符码定位，它可以意味着“长时间在秋林中漫步”。显而易见，这种次序的符码使符号与社会中更广泛的意识形态领域有了关联，这些符码就是促使权力和意识形态在各种特殊的话语中表达意义的途径。

对霍尔来说，一个经过符号编码的文本可通过三种主要方式来阐释：第一种是“主导—霸权”的读解，受众是在主导符码范围内进行操作，是以信息所提示的预想性意义来阐释文本的，在编码与解码的实践之间存在着意义的一致性。第二种是“协商”的读解，即在解码中包含着与主导符码的相容因素和对抗因素的混合，由解码者和经过编码的信息之间的界面所产生的意义是一种微妙的竞争。第三种是“对抗”的读解，受众知道编码者赋予的主导意义，但却以一种完全相反的方式去解码信息，解码者以自己选择的符码将信息非总体化，以便在另一个参照框架中将信息再次总体化。

霍尔的“编码/解码”模式赋予受众以主体的地位，他宣告意义不是传播者“传递”的，而是接受者“生产”的。意识形态的“被传送”不等于“被接受”。在编码与解码之间没有必然的一致性，前者可以尝试“预先选定”，但不能规定或者保证后者，因为后者有自己存在的条件。意义是在人们认识某种事物的同时被生产、被建构出来的。意义有助于建立起使社会生活秩序化和得以控制的各种规则、标准和惯例。霍尔同时也意识到，“意义也是那些想要控制和规范他人行为和观念的人试图建立起来和形成的东西”①。在意义得以产生的场所中，霍尔认为最具优势的是“媒介”。大众传播媒介主要是凭借各种话语的表述构成，在这个意义上，霍尔是在为福柯辩护，福柯并未否认事物存在于话语之外，但福柯论证了在话语之外事物没有任何意义的观点。

(二)弱者的战术

米歇尔·德赛图也是从福柯的权力理论出发，来揭示日常生活中的意识形态问题的。德赛图关心的是弱者的权力和策略及其积极意义，并用它来解释大众文化现象。在《日常生活实践》一书中，德赛图研究了日常生活中大众战术上的“抵抗”，这是一种文化和象征意义上的抵制。他着眼于大众或“弱者”在文化实践中，如何利用“强者”或利用强加给他们的限制，给自己创造出一个行为和决断的自由空间。德赛图提出“消费者生产”的观点，他认为，与理性化的、扩张主义的、中心化的生产形式相对的，还有一种被称为“消费”的生产形式。

“消费作为生产”的特征是诡计多端、零敲碎打、潜踪偷袭、隐而不露、四处分散的，不过它不知疲倦地在所有地方都暗示着自己的存在，即通过使用产品的方式来显示自己。在其他社会中，这种由消费引起的根本的倒置也一直被研究，比如在西班牙对印第安本土文化殖民“成功”的事情上，印第安

---

① [英]斯图亚特·霍尔编：《表征：文化表象与意指实践》，徐亮、陆兴华译，4页，北京，商务印书馆，2003。

人虽然顺和接受了西班牙人的征服，但是对强加给他们的规约、实践和表征，却常常作出完全不同于殖民者的理解。他们颠覆殖民者的文化的方式，不是拒绝或改变，而是在使用这些文化的时候，赋予它们完全不同于殖民体系的效果和所指。

德赛图认为消费处于日常生活的政治核心。消费包括生产，或者说不得不被理解为生产性的。购买、使用、阅读、观看——没有一项活动使主体、客体，甚至系统保持原样。德赛图说，保持差异性的力量来自“消费”的过程：“消费者活动在由专家统治、建构、书写和操作的空间中，他们的轨道就像随意的句子、有些部分无法解读的穿越空间的道路。虽然使用的是现有语言中的词汇(来自电视、报纸、超市或博物馆的陈列品)，虽然仍然遵守规定的语法形式(进度表的时间模式、空间性和词汇变化顺序等等)，消费者的轨道描绘出了有着另一类兴趣与欲望的策略，既不受其成长于其中的体系的制约，也不被它俘获。”①

德赛图通过地理和军事的隐喻展开分析，即文化被看做不平衡的、变化莫测的“战场”，强者绝不是无懈可击，弱者也不是没有希望。日常生活是一种“游击战”：我们或者在其中发现当代社会的合理性、技术和生产力的裂缝，或者打开它们的弱点，抨击并离开它们，或者不定期地提供短暂的阻击火力反抗它们。游击战术是一种弱者的攻击艺术：他们从不与正规军正面交锋，而是寻找强者的弱点伺机出击。日常生活有很多“弱者的战术”，德赛图分析的就是弱者如何在权力缺场的情况下的抵制和不被打败。

德赛图在时间与空间、战略与战术之间进行了有效的区别，而把二者连接成一体的是一种政治。“战略”是占据理论与物质位置的权力游戏：这个位置适宜于一切事物，一切事物都可以处于这个位置——实际的、体制化的、科学的、全景式与政治的。有权者能把时间转变成空间，把空间转变成位置。德赛图把战略看做占有的领地，成功地维持这块领地取决于改造并限制时间的自由、偶然性与机遇的自由的能力。而“战术”夺取的是时间，它们表达了机会主义者的逻辑，日常中的修辞、狂妄自负和投机取巧。战术是或者可能是既自觉地具有政治意义，又不自觉地与政治无关。然而文化基本上是政治的，而政治也是文化的。德赛图感兴趣的是日常生活的实践：居住、搬迁、交谈、阅读、购物、烹饪、穿着等，也就是消费的所有方面。在这些消

① [法]米歇尔·德赛图：《日常生活实践》，戴从容译，见陆扬、王毅选编：《大众文化研究》，88页，上海，上海三联书店，2001。

费活动里，公众文化和私人文化相遇，商品也变成了对象。

这样，我们就可以在适应或利用强加于人的体制的方式中，发现日常生活的文化。德赛图描绘日常生活之战术的关键词包括适应、改造、耍花招等，他认为大众必须“权且利用”他们拥有的一切，而“日常生活”正是权且利用的艺术。弱者的居住、漫游、交谈、阅读、购物和烹饪这些活动与战术的狡猾、机智、灵活、机动、狂欢、诗学和惊奇的特征是相一致的。德赛图坚信被宰制者所拥有的力量，坚信体制在这种力量前的脆弱性。

在消费社会中，每个人都是作为“消费者”而存在的，消费是获得生活资源的唯一方式，不管这些资源是“物质”(功能意义上的资源，如衣、食、住、行等)还是“符号”(文化意义上的资源，如形象、语言等)。这种二分实际上是为了分析的方便，因为任何一种“物质—功能性”资源都与“符号—文化性”的资源相交叠。每一种消费行为同时也是一种文化生产行为，因为消费的过程，总是意义生产的过程。商品售出之际，它在分配经济中的作用已经完成，但它在文化经济中的作用却刚刚开始。作为日常生活的资源，商品是消费文化借以形成自身的原材料。从德赛图的理论来看，消费行为的生产力，是从财富或阶级中脱身而出的。穷人往往是最具生产力的消费者，当失业者以挑衅的姿态公然展示一些商品时，他们将自身生产为一种街头艺术，而这些商品的创造性便不受其价钱左右。

消费因此可能变成对资本主义体制的战术袭击。正像德赛图所说，这种生产性消费的特征是诡计、分裂、偷袭、秘密性、不知疲倦却悄悄地进行。这种战术性消费的产品没有固定的场所，而只是瞬间存在的空间，它们在那些被媒介传播的、都市化的、官僚化的体验中撒播、消失。它们混融在周遭的环境中，伪装起来不便发现，并随时可能消失在其身处的“殖民化组织”当中。

(三)被动性的主动

在约翰·费斯克写于20世纪80年代后期的《理解大众文化》一书中，多处可见他对德赛图理论的应用：“昔日的越共战士，摇身一变为纯朴的乡民，小心恪守着国家的法律；而那位躲在厕所里抽烟，或在学校课桌上刻印自己名字的女生，则接受了那份毕业证，证明自己是社会体制的一部分；还有那位制造中伤与对抗意义的电视观众，仍被统计着并卖给广告商——他的种种对抗行为，诡秘地混融在周遭的商业环境中。”①

在《理解大众文化》一书中，费斯克仍然沉浸于德赛图的理论体系之中，他引用麦克·普莱斯蒂创造的“无产阶级式的购物”这一术语以及对澳洲一家商场中一群失业青年的行为所做的分析以说明德赛图的消费战术。普莱斯蒂研究的这群失业者没钱而有闲，他们在商场中消费的是场所与形象而非商品，这是一种不会产生效益的感官消费。他们将商场这一场所转化为自己的空间，来展现他们的对抗性文化，维护他们的社会差异以及他们虽受宰制却持敌对态度的社会状况。他们群集于橱窗周围，让那些常规的消费者无法看到或难以进入商场，他们的快感在于搅扰体制，激怒老板露面，与他们对峙或呼叫保安人员来赶走他们。还有商场中的顺手牵羊现象，从这个角度看也是一种“诡计”与“抵制”。

商品被顺手牵羊的原因，从病理学层面到物质经济向度，其因由不一而足，但这里还有战术性的因由，即利用强权策略的弱点带来快感，而且有时通过退回物品，或宣称不合适而要求退款，进一步要弄秩序从而滋生快感。例如，当两位秘书小姐为打发午餐时间而到商店中随意看看并无意购买时，她们合法的“花招”与顺手牵羊、移换价格标签等做法没什么差别。她们试穿服装，在店内的化妆镜前或彼此眼神中消费那“偷来的”形象，将百货商店妇女服饰部这一场所转化为她们的午餐空间，并且对该场所的物品战略性布置的摆设进行战术性的骚扰。服饰部的老板虽了解此等战术，但却无可奈何：他们只是估算着，30个随意看的人当中，将有一个变成购买者。

德赛图和费斯克的理论分析说明，成功的消费体系必定有很“模糊的界限”——在休闲与工作、公共和私人、内在与外在、欲望与满足之间——这是为了吸引消费者并使购物变得愉快。购物从某些方面来说是消费者家庭空间的延展，同时也是一个完全独立的“新世界”。而权力就存在于模糊界限的交接处，其中有着用来幻想、用来颠覆、用来寻找快乐的场所，这种快乐和权力与一种被认可的僭越行为联结在了一起。消费者有可能是被动的、易变的甚至在不知不觉中成为体制的同谋，但它也是动态的、多重角色的，并且可能是以“主动的行为人”非“屈从式主体”的方式，在阶级、性别、年龄、种族、生活方式等社会范畴间从事活动。

从阿多诺、阿尔都塞、葛兰西，到霍尔、德赛图与费斯克，意识形态的

① ［美］约翰·费斯克：《理解大众文化》，王晓珏、宋伟杰译，43～44页，北京，中央编译出版社，2001。

性质已经发生了变化，它不再是统治者完全的操纵，也有被统治者的协调甚至抵抗，而关涉消费主义的一个重要变化是权力被认为是从“生产者”向“消费者”的转换。从消费意识形态的角度，可以说是从“被动消费”向“主动消费”的过程发展，比如德赛图理论，他认为消费者的战术性转用可以颠覆体制的系统性，从而构成“发明”日常生活的艺术。

但是，鲍德里亚基本上反对和质疑德赛图的“颠覆性策略”，他认为消费者发明的符码仍然是一个符码，而“编码者/解码者”的图式本身并没有被打破。事实上，鲍德里亚的消费者是“被动性地主动”，主体的地位仍然是软弱的。主体在这样的思想中，只是玩弄游戏的抽象范畴(虽然在表面上是“主动的”)，而这个游戏由体系而来，主体并没有真正的发明力量。

在鲍德里亚看来，现代社会不只是父权的、使用暴力的手段，它也是母性的、利用恩赏来控制整合。这里涉及的不是抵制、反抗或颠覆等革命意志被建制收编的问题，而是自其开端，便和体系之间存在着“共谋”关系。从这个角度，消费意识形态绝不仅仅是使“异端”行为正式化而已，更准确的描述是，它像一个充满松弛与控制的迷宫，其中离心与向心的趋势并存；这种平衡观深深扎根于复杂的新教传统中，即一方面希望控制，另一方面又培养出渴望解放的冲动。

第二节　自我实现

一、规训社会：权力关系的再现系统

大体说来，“意识形态”这个词在被使用时主要有三种性质：贬义的、描述性的、褒义的。但最能引起人们对有关意识支配问题关注的却是意识形态这一概念的贬义用法。在这一框架内，统治结构是通过意义过程的意识形态结构产生和再现的。意识形态表达的是维护和支持处于统治或优势地位的群体的利益，压制处于从属地位的群体的利益。在这一意义上，意识形态使居支配地位的意义的形成具体化了，使其成为自然的、合理的事物的秩序——就像事物“本来”那样，这样社会结构就不再被认为是人为建立的。

通过掩饰矛盾，意识形态服务于统治阶级的利益。它们可以证明现有的秩序是自然而然的，而且符合社会各阶层的利益。就“消费意识形态”来说，它涉及的统治集团或优势群体最典型地体现为“生产者”，他们通过大众传媒把社会行为者统统视为“消费者”，在广告中描述商品给人们生活带来的享乐与满足，从而谋取市场利益和扩大再生产。但是如果不跳出生产与消费的

“对立”关系，仍然从主宰与被主宰、统治与被统治、剥削与被剥削的层面来解释消费行为和消费意识形态，那么可能不足以全面准确地把握消费文化的内涵。

这并不是意识形态的“终结”问题，也不是其中的操纵或抵制问题，实际上是权力关系的“新规则”，即生产者与消费者在消费文化上的“合谋”。这种关系是如此的自然，其实道理也很简单，就像某人随手买一瓶水：买方和卖方都清楚这是一个怎样的交换行为，作为消费者明确地知道自己必须花一定数量的钱来交换卖方的这瓶水，他也明确地知道卖方通过卖给他一瓶水而获取了一定的利润。这个消费活动得以进行的基础是“合作”而不是“对立”，当然其中有消费意识形态的作用。

广告的意识形态并不仅仅是操纵或控制的问题，广告劝说消费者并非“不道德”行为，实际上人们都希望成功地劝说他人一起做想做的事情，如看电影、吃饭等；如果劝说他人做的事情并非不道德的，或采用的劝导方法是正当的，则这种劝说方法就不是不道德行为。受众或消费者并非被动无知，每一个正常人都知道广告劝说的目的，并且每个人有不同的解码能力，再者，拥有多年接受广告的经验，消费者实际上并不是真的“相信”广告，而是“需要”广告；今天的广告已经不再是内容和证据的逻辑，而是寓言和跟从的逻辑，产品的展示论证事实上不会说服任何人，消费者需要的是广告使其消费行为合理化，正如鲍德里亚所说，这类似于“圣诞老人的逻辑”：

> 儿童们也不会去问他到底是否存在，也不会把他的存在和他们所收到的礼物之间划上原因和结果的关系——对圣诞老人的信仰是一则合理化的寓言，它允许第二儿童期仍能保存幼儿期中父母(特别是母亲)给予小孩的神奇恩赐。这种神奇的关系，在事实中消失了，内化于一个可以将它唯心地延长的信仰中。这个故事并非人为的虚假：它的基础在于双方都有保持这种关系的相互利益。圣诞老人在这里没什么重要性，儿童之所以会相信他的存在，正是因为他事实上并不重要。他经由这个形象、虚构、不在场无罪证明——他即使已经不再相信了还会继续相信——所消费的是父母神奇的关心和他们为了想要成为他的寓言的同谋，所付出的心血。礼物不过是作为此一妥协的奖赏。①

① ［法］尚・布希亚：《物体系》，林志明译，189～190页，上海，上海人民出版社，2001。

在这段话中，“寓言”“内化”“信仰”“同谋”等词勾勒出来的是消费意识形态的权力关系本质，简单地说即消费者与生产者的“合谋”而非“对立”的关系。在这个意义上，运用福柯“规训”这一概念可以更好地对之进行阐释。“规训”一词主要有两个核心意义，第一种意义给人以惩罚的联想：如管教一个不听话的孩子。第二种意义和一个技能知识体系相关：社会有各种学科，如文学、心理学和社会学，人们也可以联想到成为一名服装设计师、新闻记者或职业足球运动员而接受的各种训练。在第一种意义上，规训是种令人联想到惩罚和强制行为的消极力量；而在第二种意义上，规训是一种与“自我实现”和成就联系在一起的积极力量。

福柯通过“权力—知识”这一概念将规训的两种意义联系起来。福柯并不认为知识的发展和掌握能使人更有权力，或者对人们有利。他摒弃了这些传统观念，认为知识使人臣服，因为人们必须要借助各种知识体系来理解自身。例如，作为学生，就要学习各种科目，获得毕业证书和学位证明，以此表明自己适合某些工作。但是作为学生，也必须适应学校的规章制度，这样学校才能监控其进步情况并做出判断，并以各种形式塑造其态度和行为方式。通过这些途径，“知识”和“规训”使人们成为某一类人。福柯强调说，这种规训不单纯是从外部强加给人们的，相反，人们服从这种规训为的是更好地适应社会。规训往往通过惩罚和满足的机制发生作用：人们会由于各种各样的轻率行为而受到惩罚，但通过规训也可能得到回报，使个体在社会序列中上升或达到自我实现。

在这个意义上，消费社会就是“规训社会”，消费意识形态就是“权力关系的再现系统”。在“权力关系”上，消费意识形态抛弃了那种自上而下的压抑、支配、主宰、操纵、统治性的权力，权力随时随地产生于不同事物的关系中，这意味着，权力总是变动的、复数的、再生的、微观的、细节的和流动的。这样的权力不是外在于社会，而是深深根植于社会的每个片段和细节中，它在化做消费者身边不可或缺的物品的同时也内化于普遍的消费意识当中；这样的权力也不是消极的，不是作为一种否定性力量压制我们，而是生产性和愉悦性的，它让消费者“自由地同意”并主动配合消费知识和话语的传播机制。

在“再现系统”上，消费意识形态自有一套合理化的机制。例如，“常识化”，即通过建构日常生活的“常识”而使人们自觉参与意识形态的运作：新闻报道中的特写镜头将名人的日常生活拉到一般观众面前；广告中的明星用亲切感人的语调推销其成功经验。例如，“主体化”，即按照权力关系的要求建构消费主体，使其认同于自己的角色：大众传媒无疑是消费意识形态“召唤”的重要中介，在这一过程中，每一个主体都同时扮演着被召唤者和召唤者的角色，他既是意识形态的接受者又是意识形态的代言人。

二、意象形态：意识形态的新表征

(一)超越真伪

所有的再现在总体上都是一种“意象”，这个概念基本等同于拟像、符号、幻象等，只是为了强调其中隐含的“意识形态”，所以才对应性地引入“意象形态”的说法。米兰·昆德拉在小说《不朽》中比照“意识形态”的概念而发明了“意象形态”的概念，他指出，一种普遍的、全球性的从意识形态向意象形态的转变已经出现：

> 意识形态再有力，总敌不过现实。但正是在这个意义上，意象形态却超越了它：意象形态比现实更强，从各方面说，它都早已不是我祖母时代的样子。她生活在摩拉维亚的一个村庄里，她的一切认识都来源于生活经验：面包怎么烤的，房子怎么造的，怎么杀猪，怎么熏肉，被褥用什么做成，牧师和学校教师对世界的看法；她每天都见到全村的人，她知道过去十年中乡间一共发生多少起谋杀案；可以这么说，她对现实有一种亲身的把握，如果全家人揭不开锅，有人却想骗她说摩拉维亚的农业蒸蒸日上，那是绝对办不到的。而在巴黎，我们邻居在办公室工作，他每天面对一个同事坐上八小时，然后开车回家，打开电视，当他听见播音员说最近一次民意测验显示，大多数人认为他们的国家是全欧最安全的(我最近读到这样一篇报道)，他喜不自胜地打开一瓶香槟，实不知就在这一天，他这条街上发生了三起盗案两起谋杀。①

人们已经从依赖亲身经历转变为依赖影像，后者正在为人们日常生活的种种判断提供越来越重要的依据。可以说，表象化与形式化的简约主义，是意象形态的基本结构。意象形态的出现划分出两个世界的分野：一个是由农业文化形态向工业文化形态转化的世界，“意识形态”是这个世界的座右铭；另一个则是工业文化形态向信息文化形态转化的世界，又叫后工业社会或消费社会，“意象形态”成为消费意识形态最突出的表征。在这个世界，社会的重心由生产转向消费，广告在担负销售这一使命时充当了意象形态发展的生

---

① [捷]米兰·昆德拉：《不朽》，宁敏译，112～113页，北京，作家出版社，1991。

长点，而意象形态又构成错综复杂的大众文化的主体。它不但将广告吸纳其中，而且又以文化的身份直赴广告的初衷——刺激消费。

和意识形态不同的是，它不是采取强制性诉诸理性意识的手段，而是以美妙的视听符号诉诸感官。正是在这个意义上，意象形态超越了意识形态——意象形态比现实更强。意识形态包括概念、理想、信仰、感情、价值观、宗教、道德标准等，而意象形态则包罗了上述种种。它以拟像、影像符号为传播方式，其影响力令人匪夷所思。特别是在电视广告中，它规定了一种交流，这是日常生活语境中不会有的交流，因为被交流的是对交流的一种模拟。广告中的商品与实际消费中的商品已不是同一件东西。作为意象形态的广告的作用主要是维护商品作为社会能指(超真实)的重要性，而不是强调它们作为物质客体(真实)的重要性。

各种意识形态最终被剥去面纱而呈现出幻象的本质，超真实的拟像开始构造现实本身。在这一世界中，娱乐、信息和通信技术提供了比平淡的日常生活更紧张、更刺激的经验。因此，鲍德里亚才说，当一个工人看一则电视广告时，阶级意识是虚假的。就在人们因文化的急遽变革而茫然失措，甚至出现行为方式、鉴赏方式和穿着方式等的混乱时，意象形态成了领路人，它是人类为自己创造的一个新上帝。这个上帝不是禁欲的而是纵欲的；它不再板着面孔，而是以无比温馨和软性的姿态出现在我们面前，从而使人们心甘情愿地缴械投降。

有人因而批评其虚假和幻象，但是，劝导和神化并不完全出自它的“不择手段”，而更多的是由于人们乐意“上当受骗”，即被诱导的愿望。雅克·拉康的欲望论认为，由于渴望继续保持与母亲的无区别状态，在身份认同的辩证法的驱使下，儿童从与母亲认同，进到与母亲的欲望认同。这个可以满足“他者的欲望”的客体被命名为“菲勒斯”(phallus)。意象形态实行的是与此相似的操作。广告是消费者欲望的最集中表达，在其虚拟语境中，广告把消费者的欲望置换为大众欲望，一旦有了“菲勒斯”的特质，便可以迎合消费者的欲望。因此，广告成功地实现了对欲望的编码，它并不欺骗人们——它已经超越了真与伪，正如当代物品就其符号功能而言是超越有用的与无用的一样。

(二)自我实现的哲学

就规训的本质来说，消费文化的意象形态是建立在一种“自我实现”的预言的基础之上的。在让人们去希望的意义上，它所说的并不代表先天的真相，由它表明的预言性话语推动人们在日常生活中通过消费去加以证实。这才是其效率模式。

如果说意识形态这个概念还暗示着符号在掩饰某种现实的话，那么在意象形态的概念上，意象与无论什么现实都没有关系：它纯粹是自己的幻象。因此，意象形态对消费个体来说已成为一种实用性工具，因为它所塑造的“商品自我”与“符号自我”在本质上是一种流动性的自我，也就是说，通过将自身展现为审美化的商品的象征，一个人可以一生坚守一种信仰，也可以在不同的环境中经常改变自己的信仰，或者同时具有多个相互矛盾的信仰。在这个意义上，意象形态是一种“无害的政治”。

尽管意象形态也如意识形态一样具有意识控制的权力结构，但作为一种公共领域，它也承载并包容了芸芸众生，在它的尺度里所有的人都可以被归类，即使将人类改头换面为“男人来自火星，女人来自金星”，也难逃它的变量题项。在今天，生活方式细分已经可能，并且也成为必要。广告商在社会结构中寻找分裂，并出于商业目的强化和扩展这种分裂。帕雷托法则发展到极致就是必要地排除一些非重点客户，通过完美的价格策略消除消费者剩余和无谓损失，使得利润最大化。广告以符合消费者个性化的信息抵达目标受众，达到最有效、最少浪费的传播效果。

从消费主体的角度说，意象形态的魅力就在于其中包含的具有积极意义的生活方式和自我观念。当代消费者不仅被要求合理地使用产品，而且，他们还利用产品表达、展示一种生活方式。商品正在成为一种符号，各种不同的亚文化群体可以用它来建立和传达各自的识别特征。消费者积极使用商品构建和传达一种身份识别，这与法兰克福学派的被动消费观点形成鲜明的对比。在今天的消费社会中，绝大多数人生活中有意识地选择的意义大多来源于他们所消费的东西而不是他们所生产的东西。意象形态与符号消费有助于培养消费者的“自我”观念，通过不断经历具有符号和情感因素的消费活动，消费者可以实现生理和精神上的趋乐避苦，并对这种经验加以组织、解释和系统化，逐渐形成符合自身特点的快乐观和自尊感。

这是消费主体与社会体制之间的合谋，这不是文明的危机，而是一场将社会从过去僵硬的文化规范中拯救出来，催生一个更加灵活、更加多元、更加个人主义并且符合时尚要求的社会的集体运动。当今社会，生活方式的商品化不再遇到结构的、文化的或意识形态的抵抗，社会和个人生活范围依照消费理念进行了重新安排。影像、符号和消费理念已经占据了越来越大的公共和个人生活空间，这是不争的事实；那些被剥夺了先验意义的个人越来越没有确定的主张，变得越来越随波逐流，这也是明显的事实。不能因此认为这些个人的不稳定性是自身的一种过错，事实上，消费不是使所有人越趋越像，而是每一消费个体的多元性。

实际上，意识形态的“主体”只不过是一个神话，那种自主的主体从来就没有存在过。相比较而言，消费文化中的意象形态至少可以让人们做着一个清晰的梦——我消费故我在。意象形态让人们的梦想物化、放大和移情到了所钟情的商品上。很明显，消费已不再是传统意义上的那种与生产活动相对的对于产品的吸纳和占有，它不同于过去那种把生产看成是主动的，把消费看成是被动的认识。今天的消费是一种“能动的关系结构”，传统的关于竞争的意识形态已让位于所谓“自我实现”的哲学，新的主题不再是获取物品，而是通过消费而达到个性的实现。

第三节 广告话语

一、双重言说：广告的叙事技巧

（一）广告的双重言说

理查德·奥曼在《广告的双重言说和意识形态：教师手记》一文中对“意识形态”的界定是：“一群拥有共同利益的人的观点，如一个国家、一个政党、一个社会或者经济阶层、一个职业群体、一个产业等等。最常见的意识形态策略，就是说明这个群体的利益怎样‘真的’大体上等同于整个社会的利益或者整个人类的利益。”①他认为，这样的意识形态问题很容易就能变成“双重言说”，原因很简单：

> 社会上各种各样的群体的利益并不全都相互谐调——不是在所有方面一直相互谐调。人头税有利于白人政治家却无益于黑人佃农。经济来源有限的私立大学中全体教职员的薪水越高，也许意味着文秘人员的薪水就越低，或者学生的奖学金就越少，如此等等。通常利益冲突不是这么富有戏剧性。那么，意识形态便有了最好的机遇，冒着最大的危险进行双重言说。因为它可以更抽象，紧紧维系于一般公认的观点，像（这个社会中的）自由、技术问题的解决、个人主义、家庭、“生态学”等。

---

① ［美］理查德·奥曼：《广告的双重言说和意识形态：教师手记》，王广州译，见罗钢、刘象愚主编：《文化研究读本》，399页，北京，中国社会科学出版社，2000。

如果冲突是模糊的或者被遮掩起来，宏大的概念就会把它们掩盖起来。①

例如，石油公司和消费者都是为了一个清洁的环境，也是为了在市场上的自由选择，因此石油公司说让我们一起努力解决我们的问题；查尔斯·威尔逊的那句名言——“对通用公司有益的，对这个国家也是有益的”便浓缩了意识形态双重言说的根本原则。

理查德·奥曼认为，社会上强有力的群体所占有的意识形态优势胜过贫穷、软弱或者无组织的群体。消费者无疑也有自己的意识形态，但缺乏购买广告媒介的财力，因此就不像能够购买黄金时段的群体那样利用双重言说。因此，广告的双重言说最终维护的是广告主的利益，体现的是广告主的“市场意识形态”。

(二)和谐性广告

可以这样说，如今大多数广告都是以拒斥或隐蔽广告主市场意识形态的方式而呈现的。它不再像以往那样以一种强迫或明显的方式逼使大众接受，而是在竞争中通过自己独特的风格和魅力征服大众，即让位于“意象形态”的竞争。与此相对应的是广告表现上“冲突性广告”到“和谐性广告”的转变。

旧式广告可以被笼统地称之为“冲突性广告”，它的着眼点是“产品”，口号是“推销”，广告主的市场意识形态锋芒毕露；新式广告可以称之为“和谐性广告”，其口号是“交流”，着眼点是“消费者”，广告主的市场意识形态人为地被悬置起来，意象形态则粉墨登场。在旧式的广告中，是“产品”给人以“现实”的感觉；而新式的广告则是“形象”给人以“超真实”的感觉，正如鲍德里亚所说是地图给了我们领土的概念，鲍德里亚又称之为“绝对的广告”“基础为零度的广告”——因为它没有任何深度，它是瞬时性的。

广告中的商品与人们从商店买回家消费掉的商品已不是同一件东西。广告及商场展示的物品是神奇的，可填满欲望的，令人垂涎的，激动人心的。“这两者的差异之所以产生，是因为电视广告的传播在其代码内构建主体。这种超现实(hyperreal)是电视广告语言学上的创造；当其抽象消费者(the consumer)变为一个具体使用者(a user)，当电视传播所构建的抽象主体(the subject)变为一个被构建的具体主体(a subject)并与商品——物体具有日常关

---

① [美]理查德·奥曼：《广告的双重言说和意识形态：教师手记》，王广州译，见罗钢、刘象愚主编：《文化研究读本》，399页，北京，中国社会科学出版社，2000。

系时，这种超现实便荡然无存。"①

这些广告都例证了符码的运作机制：商品本身并非首要的兴趣所在；必须在该商品上嫁接一套与该商品没有内在联系的意义才能把它卖出去。正如马克思将商品分解为使用价值和交换价值一样，符号学把符号译解为能指和所指。鲍德里亚在符号与商品之间发现了一种相同关系：能指与交换价值的关系相当于所指与使用价值的关系。当能指自由飘浮于交流空间中，它们便能被广告商们凭兴致任意地附着于特定商品。

各种意识形态最终被剥去面纱而呈现出幻象的本质，超真实的意象开始构造现实本身。在这一世界中，娱乐、信息和通信技术提供了比平淡的日常生活更紧张、更刺激的经验。超真实的领域(如妇女杂志或生活杂志中鼓吹的理想家居、性生活手册或人际关系杂志中描绘的理想性模式、广告或时尚电视剧中宣传的理想服式等)比现实更现实，而超真实中的模型、图像和符码控制着人们的思想和行为。

鲍德里亚说，民意测验显示，百分之九十的美国人的愿望就是要得到别人所得到的一切，这一点对于其他的国家的人也是一样。广告意象形态的窍门和战略性价值就在于此：通过他人来激起每个人对物化社会的神话产生欲望，它总是在阅读与解释过程中，把亲近的人、团体以及整个等级社会召唤到一起。

例如有这样一类广告，它总是暗示我们共同处于一个"问题"当中，既然面临的是同一个问题，自然在解决问题时大家就有着相同的利益。广告把受众注意的焦点集中在问题的解决之道：我们从"真诚到永远""我们一直在努力"等广告语和优美的广告画面中感受到一种美妙的热心服务，感受到被奉献和善意的组合包围着。即使小到一块香皂或一瓶洗发水，那也是专家们为使您皮肤光滑或头发柔顺而进行了几个月的研究思索后的成果。

二、塑造日常：广告的社会效果

在亨利·列斐伏尔关于日常性的主题中，生活是按照商品的逻辑和资本的节奏而被体验的。在一件他反复提及的事情中，列斐伏尔记得他妻子手捧着一盒新买来的洗涤剂，大叫大嚷："这种产品真是太棒了"。在列斐伏尔看来，这不啻该商品通过一种"腹语术"的行为在他妻子的话中获得了响应。当然，这个事件的性别特征也说明，妇女不仅承受日常的负担，而且妇女最容

① ［美］马克·波斯特：《信息方式：后结构主义与社会语境》，范静哗译，89页，北京，商务印书馆，2000。

易受到日常需求的影响，也对日常的需求最缺乏抵抗力。但是，对列斐伏尔而言，重要的是，他将之看做战后资本主义扩张的东西已经在方方面面彻头彻尾地渗透到日常生活的细节当中了，这对每个人来说都是不可回避的事实。而它最持之以恒的声音就是广告；它最不受限制的形式就是消费。

1939年，摄影大师尼古拉斯·穆雷为McCalls家政杂志拍摄封面，他以和谐愉快的家庭照表现日常生活的美好：年轻夫妇和一双儿女刚进家门，围在精心准备晚餐的祖母身旁，桌上的糕点和满篮的水果，女孩懂事的问候，男孩目不转睛的表情，父母发自于心的微笑，花边装饰的窗帘，每一处细节都不遗余力地表现美国中产阶级家庭的富足与幸福。广告画特有的浓艳颜色，刻意标准的神情，这是典型的家政杂志封面。

今天，日常生活的转型和商品化展现出了前所未有的力量，现代化变成了消费文化的同义语。日常生活暗示了普通、平庸，但是更为重要的是，在列斐伏尔看来，它蕴含了连续的重现，持续的反复。对于列斐伏尔的“日常生活”这个术语的意义来说，至关重要的正是它的重复：每日的家庭杂务和那些意味着对单调乏味的工作进行补偿的已经固定化的快感。即使那种“脱离寻常”的东西，如户外旅行，也是日常生活的一部分，因为它是工作与休闲这个循环中的一部分：年假、周末、生日庆祝、公司聚会等。

正如列斐伏尔在《现代世界中的日常生活》中所说，日常生活是由重现的事情组成的：劳动与休闲的姿态、人和机器本身的机械运动、小时、天、星期、月、年、直线型和圆圈型的重复、自然的和理性的时间。列斐伏尔要表述的是他对于日常生活这个概念最基本的和最彻底的使用：日常生活作为生活的全部方面之间的相互关系。

例如，通过考察每日乘公共汽车上下班者的每日的循环是如何与他们每周一次去电影院发生关联的，这又是如何与某个不规则的规则性如拜访一个家庭成员发生关联的，日常生活可以被看作“在不同领域之间的关系”。通过这种方式，日常就不可能被看作只与某些类型的活动或社会领域相关的，日常生活与所有活动都有深刻的关系，包括它们所有的以及它们之间所有的区别与冲突；它是它们相交会的地方，是它们的纽带，它们的共同基础。

列斐伏尔提出了一种分析视野，即通过坚持日常行为在许多不同的显示器上发出回响而改变人们对日常的行为的观察：即使是最简单的一件事情——如一位妇女买一磅糖——都必须加以分析。知识将会把握隐藏其中的任何东西。列斐伏尔认为，为了理解这个再简单不过的事情，单单描述它是不够的。研究将会揭示纠结在一起的一大团理由和原因，本质和“领域”：这个女人的生活、生平经历、她的职业、她的家庭、她的阶层成分、她的家庭预算、她的饮食习惯、她怎么花钱、她的观点和观念、市场状况等。在列斐伏尔看来，日常生活中那些简单至极的事情有两个方面：一件细小的、个体的、偶然的事情；同时又是一个无穷复杂的事件，比它在它自身之中包含着的许多"本质"要丰富得多。列斐伏尔坚持认为，日常不是一个"对象"或者一个地方，而是各种关系的总体。

日常生活经验是创意的最佳源泉之一，没有什么能比人们日常的行为处世更具趣味性了。创意可以源于最微不足道的事情——吃饼干、拉扯内衣、渴望得到某样东西、被芥末呛到等。"日常把它自身提呈为一个难题、一个矛盾、一个悖论：它既是普普通通的，又是超凡脱俗的；既是自我显明的，又是云山雾罩的；既是众所周知的，又是无人知晓的；既是昭然若揭的，又是迷雾重重的。"①从这个角度可以说，日常生活研究就是做广告的方法。

"生活者"的观点，就是在所有层面重视"整体诱导"。为了理解现代消费社会，需要动用各种各样的专业知识。分析某种商品的购买行为，不仅要考虑同类竞争产品，还必须把握它与完全不同领域的产品的关系。

从"生活者"的心理来看，不同领域的产品是互相竞争的，直到购买瞬间，才能确定钱花在哪边，这就是现代消费行为。另外，也有这样的情况，站在"消费者"的立场上是想购买某件商品的，但是作为一个有较高环保意识的"市民"却会放弃购买此商品，而去购买别的更为环保的产品。"消费者"要理解现代社会，确实需要整体诱导。

从整体研究出发，就能将广告公司的市场营销、创意、媒体购买等功能作为一个整体进行考虑。这一点和"客户统筹计划"具有相同的构思方法。客户统筹计划的构思从英国推广到美国，是在 20 世纪 80 年代。HILL 却在同一时期，从完全独立的视点出发，开发了相同方向的战略。20 世纪 90 年代中期，生活者所需的信息大多从社会单方面获取，此后，随着网络进入人们的日常生活，生活者可以作为发出者与社会共享这些信息。近年来，由于社交网络服务的兴盛，一种新的沟通交流方式出现了。这无形中促使生活者与社会发生双向的沟通与交流。这种交流无论是内容还是做法，都与以往网页或电子邮件有很大差别，被称为"放电沟通"。

"放电沟通"是生活者在日常生活中突发奇想时，不形于色并且不拘泥于

---

① [英]本·海默尔：《日常生活与文化理论导论》，王志宏译，30 页，北京，商务印书馆，2008。

形式地展示给别人的产物，所以具有不同期、无意识、不定型的特点。“放电沟通”需要生活者善于发现日常生活中的细小事物，并容易为之感动。刚刚开始“放电沟通”生活的人会通过“充电沟通”这种形式接受到来自社会的某种刺激，并开始收集生活中的小发现，于是生活者对生活的敏感度也逐渐上升。在不断“放电”与“充电”的过程中，生活者开始发现自己，被称为“发现激活后的自我”，这就产生了生活者与社会之间的生活回路，即“自我激活回路”。“放电沟通”以及与之相伴的“充电沟通”激活了人们的生活，让生活者收集各种各样的生活侧面。HILL 所界定的生活特征是从经济学、市场学、生态学、社会学、社会调查、心理学、精神分析、人文科学、设计理论、文化研究、建筑学、历史学、语言学等各个视点出发，走进调查对象的。

三、人文诉求：广告的神话概念

尽管广告商大多是以品牌、市场、定位、目标消费者、接触点等营销学概念经营广告业务，但广告创意或文本的价值则更多地体现在“人文选择”上。换言之，“消费意识形态”必须改头换面为深入浅出的人类学，以“神话”的形式定义和传播。按罗兰·巴特的理论，“神话”是一个社会构造出来用以使自身存在合理化和合法化的种种隐秘的意象和信仰系统，这实际上相当于“意识形态”概念。

理查德·西蒙指出，没有比莫尔的《乌托邦》能更好地解释当代广告本质的东西了，这不是因为别的东西与广告有基本原则上的差别或相互没有共同之处，而是因为几乎所有《乌托邦》明确关注的东西在“广告乌托邦”里都是含蓄暗指的。莫尔明确表达的正是广告商竭力掩盖的——莫尔对最佳社会的展望是以道德、工作、学习和一夫一妻制为基础的，在那里，懒惰、奢侈、性泛滥和私人财产是与国家为敌的犯罪。而由广告代理商在 20 世纪下半叶创造出来的广告乌托邦则是莫尔乌托邦社会完全的反面。

莫尔教堂的 7 项死罪在广告乌托邦里成了至高无上的道德。贪吃、色欲、懒惰、骄傲、妄想、忌妒和愤怒在广告中悉数登场，不只是作为可以接受的行为，而且是受欢迎的行为。

巴黎国民银行的如下广告值得在这一方向上展开分析：“我对您的金钱感兴趣——礼尚往来——您把钱借我，我让您受益于我的银行。”这是资本第一次如此清晰地、面对面地陈述等价法则，而且是当做“广告论据”陈述的。鲍德里亚评价说：交换的人文主义道德之下掩藏着资本深深的欲望和价值规律令人眩晕的欲望。这个广告试图重新抓住的正是这种经济之内和之外的同谋关系，它在这里表现出了一种政治直觉，尽管它自己也许并没有意识到这一点。但是，广告制作者不可能不知道，对中产阶级而言，这种吸血鬼的面貌、这种淫荡的同谋关系、这种直接的攻击会带来负面反应。

最奇特的陷阱就在这里：这个广告是为了把各种抵抗凝聚到利润和等级法则上——是为了把资本与利润、资本与经济的等价关系（礼尚往来）强加给这一切已经不再真实的时刻，此时资本已经转移了自己的策略，因此它可以宣布自己的“法则”，而这已经不再是它的真相——这个法则的宣布只不过是一种补充性欺骗。

资本不再依靠经济法则生存：所以这个法则才能成为广告论据，跌入符号及其操纵的领域。经济仅仅是价值的数量剧场，广告以自己的方式表达了这一点，而其中的金钱只是一个借口。

由此产生了这个广告本身的可替换性，它可以在所有层面上起作用：

例如：

我对您的潜意识感兴趣——礼尚往来——您把性幻想借我，我让您受益于我的分析。

我对您的死亡感兴趣——礼尚往来——买一份人寿保险吧，我让您的家人幸福。

我对您的生产性感兴趣——礼尚往来——您把劳动力借我，我让您受益于我的资本。

依此类推：这个广告可以作为目前所有社会关系的“一般等价物”。①

鲍德里亚指出，这里的技巧就是邪恶的挑逗，由此产生了这个广告的放荡意味。从经济的淫秽来引诱大家，在资本的残暴性本身造成的邪恶魅力的层面上俘虏大家。埃德加·莫兰也这样说：“带有色情的附加物的商品同时是带有神话的附加物的。……在利用欲望和梦想作为调节供求互动关系的要素和手段时，资本主义远未把人类生活化归为‘唯物主义’的，而是相反地把它浸入梦境和扩张的色情中。”②

在埃德加·莫兰看来，马克思第一个以天才的方式在经济生活的中心发

---

① [法]让·波德里亚：《象征交换与死亡》，车槿山译，43页，南京，译林出版社，2006。

② [法]埃德加·莫兰：《时代精神》，陈一壮译，129页，北京，北京大学出版社，2011。

现了魔法（商品拜物教的概念），并由此发现，传统政治经济学表面上的合理性是一种神话。弗洛伊德是第二个以他特有的天才的方式发现，色情问题是受经济问题束缚的。事实上，从研究广告中所得到的认识有助于对社会的理解：

> 我们的社会不是一个在经济合理性指导下的社会，而是像一个夜游者，被游移的需求与盲目的力量这两者辩证地推动着。技术好像要使世界变成物质化的世界，好像要将一切都简化成实际的效率，资本主义好像要将一切都简化成利率，技术和资本主义在购买这一最实际的行为中将现实和想象混合、搅扰在了一起。在“经济人”(homo economicus)的面目下掩盖着的，仍然是一个“魔法人”(homo magicus)，“经济人”只不过是“魔法人”现代化的一张面具而已。①

根据莫兰的分析，广告叙事的第一阶段是生活必需品的传播，以信息传播为主，注重信息的重复。第二阶段注重进步，不仅强调要把产品的革新告诉公众，而且以神话的方式把革新作为刺激消费的一个决定性因素来对待。第三阶段是前两个阶段的继续，着重发展其中一半是想象的广告，让广告中充满心理情感的因素，即充满神话的因素。罗兰·巴特说，神话的定义，并不来自其信息对象，而是来自神话吐露这一信息的方式。这时神话已和内容无关。事实上，第三阶段的广告叙事使产品具有了它本来所没有的一种神话的功能，让消费者觉得个人至上或引导消费者的自恋心理，或二者兼而有之。“对于第一类产品，商品掩饰着神话；对于第二类产品，神话掩饰着商品；走到极致时，在我们所达到的天地中，所有的工业品都会具有神奇的品质。”②所有这一切都在促成消费，会挑起人类潜意识中“自恋—神奇—自私”所蕴集的一股力量，只有通过购物，才能释放这种冲动或得到暂时的愉悦与兴奋。

拉尼奥在《广告社会学》中指出：20世纪初，广告客户是高喊着口号、展开了战旗冲向市场的。但消费者视角导致了策略的转变——广告必须考虑受众对语言和画面的感知才会有效果。以“定位”理论闻名广告界的营销大师

① [法]艾德加·莫兰：《社会学思考》，阎素伟译，431页，上海，上海人民出版社，2001。

② [法]艾德加·莫兰：《社会学思考》，阎素伟译，430页，上海，上海人民出版社，2001。

艾·里斯和杰克·特劳特也多次强调，市场营销不是产品的竞争而是"感知"的争夺。因此，传统广告中的口号变成了诙谐语，画面变成了联想图。动机研究法借助弗洛伊德和荣格在精神分析方面的贡献，从两方面改革了广告的内容。

弗洛伊德关于"诙谐语"的研究表明，语言交流可以通过心理结构的无意识作用成为纯粹取乐的机会；荣格阐述的"原型"概念则说明，可以把广告象征性地与一些世世代代镌刻在集体无意识中、可以充做动机的形象联系起来。自此，广告得以大胆改变性质，不再是一些由正文和示意图简单拼凑起来的作品，而是我们乐于从事的感官与精神的纯粹游戏。甚至，广告将荒诞逻辑、将意义与无意义的游戏演绎到了极致，在一个将品牌植入作为己任的领域，这是必须的。

广告塑造品牌是与消费者共同建立神话的事业，这也把消费者带入种族、价值、标记与仪式的人类学理想世界中。麦当劳、贝纳通、万宝路、星巴克，每一个成功的品牌都是一个神话的世界，都在通过广告讲述古老故事的现代版——友爱、和平、英雄、品味、性感、图腾、禁忌等的搭配与重组。

从古代雅典开始，"为了两眸晶莹，为了两颊绯红；为了人老珠不黄，也为了合理的价钱；每一个在行的女人都会——购买埃斯克里普托制造的化妆品"，女人对美的追求一直是化妆品广告故事的永恒主题。当性感巨星玛丽莲·梦露在接受采访时说"夜间我只用香奈儿5号"时，全世界的男人与女人脑海中，都会荡漾起阵阵涟漪与遐思。

在《智者之书》中，小说家德克特罗这样评价电视广告的影响：人人都在利用广告，它就是今天的学校。在不到一分钟的时间里，电视广告能够带领你经历整个人生历程。它向你展示婴儿、家庭、汽车、毕业……它能够让你欢乐，也能够让你泪眼思乡。例如，1985年日本"新潮文库"的广告语"知识分子小源的暑假"，成为当时坊间的流行语；台新银行的广告语说"认真的女人最美丽"、中国时报的广告语说"知识使你更有魅力"；司迪麦的电视广告中，从第一个人嘴里说出的一句话"新建筑正在倒塌中"，经过许多人的转述，最后竟变成"猫在钢琴上昏倒了"。无论是幻境咒语，还是分裂的语言学，广告确能赋予生活以形式，在此意义上，人生也不妨是种修辞学。

参考文献

1. 陈丹青．纽约琐记．桂林：广西师范大学出版社，2007

2. 何政广主编．波普艺术大师：安迪·沃霍尔．石家庄：河北教育出版社，2005

3. 李欣频．恋物百科全书．北京：当代中国出版社，2008

4. 刘北成．本雅明思想肖像．上海：上海人民出版社，1998

5. 刘呐鸥．都市风景线．杭州：浙江文艺出版社，2004

6. 柳鸣九主编．未来主义 超现实主义 魔幻现实主义．北京：中国社会科学出版社，1987

7. 罗岗，顾铮主编．视觉文化读本．桂林：广西师范大学出版社，2003

8. 罗钢，王中忱主编．消费文化读本．北京：中国社会科学出版社，2003

9. 茅盾．子夜．香港：南国出版社，1973

10. 史书美．现代的诱惑．南京：江苏人民出版社，2007

11. 唐诺．读者时代．上海：上海人民出版社，2011

12. 王德威主编．第凡内早餐．上海：上海文艺出版社，2001

13. 吴琼等编．形象的修辞．北京：中国人民大学出版社，2005

14. 许舜英：购物日记．台北：漫游者文化事业股份有限公司，2011

15. 许舜英：古着文本．台北：漫游者文化事业股份有限公司，2011

16. 许舜英．大量流出．台北：红色文化事业股份有限公司，2000

17. 许舜英．我不是一本型录．台北：漫游者文化事业股份有限公司，2008

18. 姚大志．现代意识形态理论．哈尔滨：黑龙江人民出版社，1993

19. 易英主编．共享的价值．石家庄：河北美术出版社，2004

20. 张小虹．穿衣与不穿衣的城市．台北：联合文学出版社，2007

21. 张小虹．肤浅．台北：联合文学出版社，2005

22. 张小虹．身体褶学．上海：上海文化出版社，2012

23. 朱天文，朱天心，朱天衣．下午茶话题．北京：龙门书局，2010

24. 朱天文．巫言．上海：上海人民出版社，2009

25. [奥]西格蒙德·弗洛伊德．梦的解析．赖其万，符传孝译．北京：作家出版社，1986

26. [奥]西格蒙德·弗洛伊德．性欲三论．赵蕾．宋景堂译．北京：国际文化出版公司，2000

27. [澳]彼得·柯睿耿．消费社会学．王宏仁译．台北：群学出版有限公司，2010

28. [德]恩斯特·卡西尔．人论．甘阳译．上海：上海译文出版社，1985

29. [德]京特·安德斯．过时的人．范捷平译．上海：上海译文出版社，2010

30. [德]马克思，[德]恩格斯．马克思恩格斯选集．2版．北京：人民出版社，1995

31. [德]马克思：资本论．郭大力，王亚南译．北京：人民出版社，1953

32. [德]马克斯·霍克海默，[德]西奥多·阿道尔诺．启蒙辩证法．渠敬东，曹卫东译．上海：上海人民出版社，2003

33. [德]齐奥尔格·西美尔．时尚的哲学．费勇，吴謇译．北京：文化艺术出版社，2001

34. [德]瓦尔特·本雅明．巴黎，19世纪的首都．刘北成译．上海：上海人民出版社，2006

35. [德]瓦尔特·本雅明．发达资本主义时代的抒情诗人．王才勇译．南京：江苏人民出版社，2005

36. [德]西美尔．货币哲学．陈戎女译．北京：华夏出版社，2002

37. [法]阿尔都塞．保卫马克思．顾良译．北京：商务印书馆，1984

38. [法]埃德加·莫兰．时代精神．陈一壮译．北京：北京大学出版社，2011

39. [法]埃里克·泽穆尔．第一性．谢强译．北京：中国人民大学出版社，2008

40. [法]艾德加·莫兰．社会学思考．阎素伟译．上海：上海人民出版社，2001

41. [法]鲍德里亚．生产之镜．仰海峰译．北京：中央编译出版社，2005

42. [法]波德莱尔．1846年的沙龙：波德莱尔美学论文选．郭宏安译．桂林：广西师范大学出版社，2002

43. [法]吉尔·利波维茨基，[加拿大]塞巴斯蒂安·夏尔．超级现代时间．谢强译．北京：中国人民大学出版社，2005

44. [法]居伊·德波．景观社会．王昭凤译．南京：南京大学出版社，2006

45. [法]罗兰·巴特．神话：大众文化诠释．许蔷蔷，许绮玲译．上海：上海人民出版社，1999

46. [法]让·波德里亚．论诱惑．张新木译．南京：南京大学出版社，2011

47. [法]让·波德里亚．象征交换与死亡．车槿山译．南京：译林出版社，2006

48. [法]让·波德里亚．消费社会．刘成富，全志钢译．南京：南京大学出版社，2000

49. [法]让·博德里亚尔．完美的罪行．王为民译．北京：商务印书馆，2000

50. [法]热拉尔·拉尼奥：广告社会学．林文译．北京，商务印书馆，1998。

51. [法]热拉尔·马瑟．量身定制的幻想．朱珣译．上海：华东师范大学出版社，2010

52. [法]尚·布希亚．物体系．林志明译．上海：上海人民出版社，2001

53. [加拿大]马歇尔·麦克卢汉．机器新娘——工业人的民俗．何道宽译．北京：中国人民大学出版社，2004

54. [加拿大]马歇尔·麦克卢汉．理解媒介：论人的延伸．何道宽译．北京：商务印书馆，2000

55. [美]Sut Jhally. 广告的符码．冯建三译．台北：远流出版事业公司，1992

56. [美]保罗·梅萨里．视觉说服：形象在广告中的作用．王波译．北京:新华出版社，2004

57. [美]大卫·奥格威．一个广告人的自白．林桦译．北京：中国友谊出版公司，1991

58. [美]丹尼尔·杰·切特罗姆．传播媒介与美国人的思想：从莫尔斯到麦克卢汉．曹静生，董艾禾译．北京：中国广播电视出版社，1991

59. [美]道格拉斯·凯尔纳编．波德里亚：批判性的读本．陈维振等译.南京:江苏人民出版社，2005

60. [美]杜鲁门·卡波特．蒂凡尼的早餐．董乐山，朱子仪译．海口：南海出版公司，2008

61. [美]杰克·德·弗拉姆编．马蒂斯论艺术．欧阳英译．济南：山东画报出版社，2004

62. [美]杰克逊·李尔斯．丰裕的寓言：美国广告文化史．任海龙译．

上海：上海人民出版社，2005

63. [美]杰姆逊．后现代主义与文化理论．唐小兵译．北京：北京大学出版社，1997

64. [美]克劳德·霍普金斯．我的广告生涯·科学的广告．邱凯生译．北京：新华出版社，1998

65. [美]克里斯托福·贝里．奢侈的概念：概念及历史的探究．江红译．上海:上海人民出版社，2005

66. [美]肯尼思·戈德史密斯编．我将是你的镜子：安迪·沃霍尔访谈精选．任云莛译．北京：生活·读书·新知三联书店，2007

67. [美]理查德·桑内特．新资本主义的文化．李继宏译．上海：上海译文出版社，2010

68. [美]马克·波斯特．第二媒介时代．范静哗译．南京：南京大学出版社，2000

69. [美]马克·波斯特．信息方式：后结构主义与社会语境．范静哗译．北京:商务印书馆，2000

70. [美]马泰·卡林内斯库．现代性的五副面孔．顾爱彬，李瑞华译．北京：商务印书馆，2002

71. [美]玛格丽特·马克，[美]卡罗·S·皮尔森．很久很久以前：以神话原型打造深植人心的品牌．许晋福等译．汕头：汕头大学出版社，2003

72. [美]米切尔·舒德森．广告，艰难的说服：广告对美国社会影响的不确定性．陈安全译．北京：华夏出版社，2003

73. [美]尼古拉斯·米尔佐夫．视觉文化导论．倪伟译．南京：江苏人民出版社,2006

74. [美]乔治·路易斯．蔚蓝诡计——颠覆市场的广告创意智库．刘家驯译．海口：海南出版社，1996

75. [美]托马斯·弗兰克．酷的征服：商业文化、反主流文化与嬉皮消费主义的兴起．朱珊等译．南京：南京大学出版社，2007

76. [美]约翰·费斯克．理解大众文化．王晓珏，宋伟杰译．北京：中央编译出版社，2001

77. [美]詹姆士·韦伯·杨．广告大师詹姆士·韦伯·杨的创意妙招．李淑娟译．台北：滚石文化公司，1998

78. [美]詹姆斯·特威切尔．震撼世界的20例广告．傅新蕾，蔚然译．上海：上海人民美术出版社，2003

79. [美]朱丽安·西沃卡．肥皂剧、性和香烟：美国广告200年经典范例．周向民，田力男译．北京：光明日报出版社，1999

80. [日]电通株式会社编．广告用语词典．李直等译．北京：中国摄影出版社，1996

81. [西]萨尔瓦多·达利．达利的秘密生活·一个天才的日记．陈训明等译．长沙：湖南美术出版社，1997

82. [意]伊塔诺·卡尔维诺．美国讲稿．萧天佑译．南京：译林出版社，2008

83. [英]奥斯卡·王尔德．谎言的衰落：王尔德艺术批评文选．萧易译．南京：江苏教育出版社，2004

84. [英]保罗·克劳瑟．20世纪艺术的语言——观念史．刘一平等译．长春：吉林人民出版社，2007

85. [英]本·海默尔．日常生活与文化理论导论．王志宏译．北京：商务印书馆，2008

86. [英]哈耶克．致命的自负：社会主义的谬误．冯克利，胡晋华译．北京：中国社会科学出版社，2000

87. [英]劳拉·穆尔维．恋物与好奇．钟仁译．上海：上海人民出版社，2007

88. [英]斯图亚特·霍尔编．表征：文化表象与意指实践．徐亮，陆兴华译．北京：商务印书馆，2003

89. [英]汤林森．文化帝国主义．冯建三译．上海：上海人民出版社，1999

90. [英]西莉亚·卢瑞．消费文化．张萍译．南京：南京大学出版社，2003

91. [英]约翰·伯格．观看之道．戴行钺译．桂林：广西师范大学出版社，2005